Sepp Schnürer

Klettersteige

Dolomiten – Mendelkamm –
Gardaseeberge – Brenta

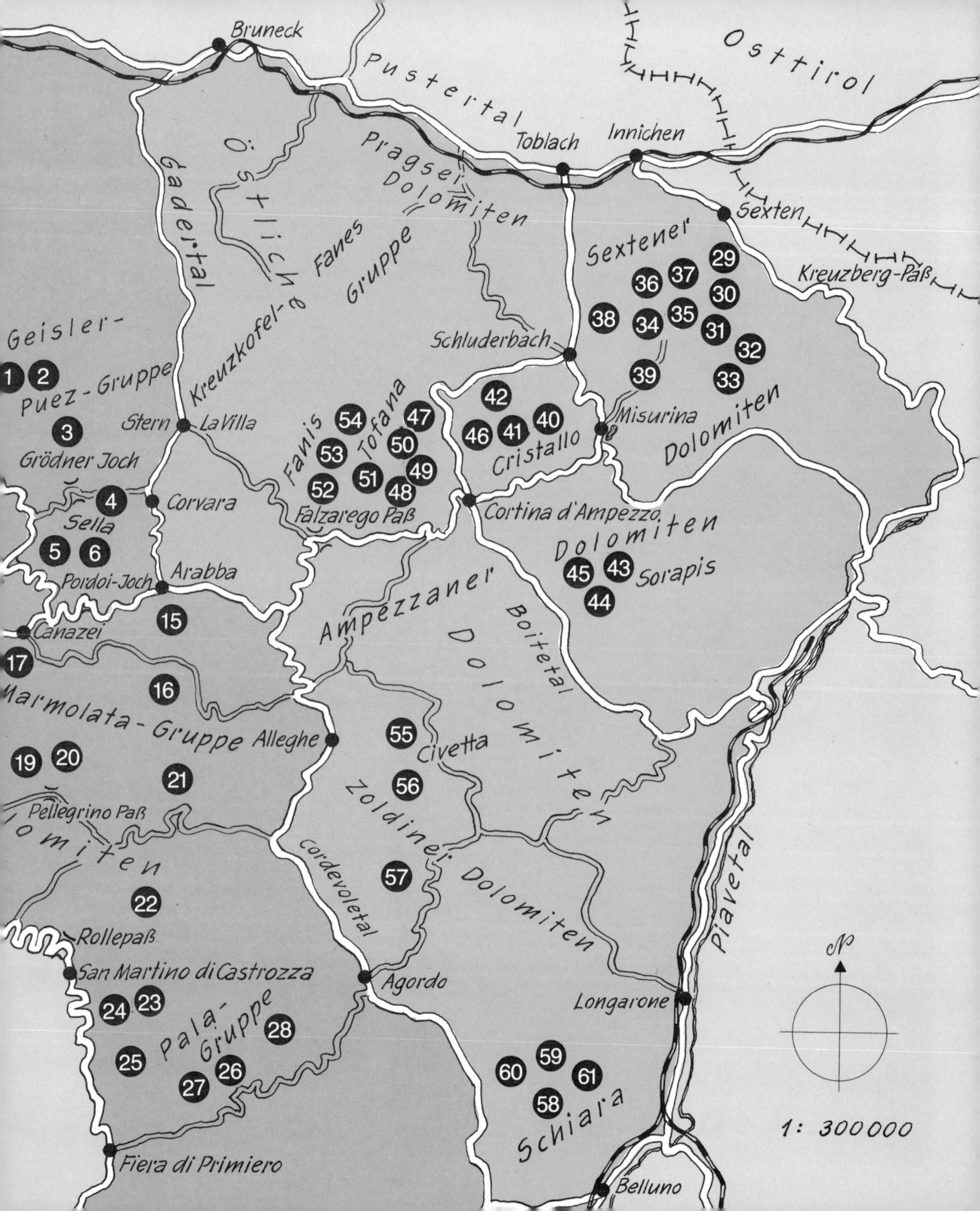

Sepp Schnürer

Klettersteige

Dolomiten - Mendelkamm - Gardaseeberge - Brenta

Neuausgabe

BLV Verlagsgesellschaft
München Wien Zürich

Zum Titelbild:

Die seit Jahrtausenden von Urgewalten der Natur zernagten Felstürme an der Forcella dei Campanili in der Wetterfront des Latemars geben diesem Bild seinen dolomitischen Reiz; einen Reiz, dem der neue Klettersteig am Latemar, die »Attrezzata Campanili del Latemar«, eindrucksvoll vertieft.

Zu Bild Seite 2/3:

Der gesicherte »Hans-Seyffert-Weg«, dieser noch vor dem Ersten Weltkrieg von der Alpenvereinssektion Nürnberg eingerichtete Anstieg über den Marmolata-Westgrat zur Punta di Penia, 3343 Meter, zum höchsten Gipfel der Dolomiten, behielt bis heute seine Faszination. Die Sicherungen, Klammern, kurze Leitern und Stifte, stammen zum Teil noch aus jener Zeit, aber ein neues, stabil verankertes und fast durchlaufendes Drahtseilgeländer entschärft diesen hochalpinen, teilweise sehr ausgesetzten, anspruchsvollen Klettersteig.

Zu Bild Seite 157:

Das Bild auf Seite 157, fotografiert am Ausstieg der Attrezzata Pisetta zum Gipfel der Cima Garzolet, unterstreicht die Aussage, die ich im »Schlußwort« angefügt habe. Die Klettersteige haben ihre Berechtigung bewiesen, Auswüchse sollten die Verantwortlichen nicht zulassen, damit die »Vie Ferrate« das Bergabenteuer bleiben, dem wir mit so viel Freude nachgehen.

»Klettersteige, ein neues Bergerlebnis«, diesen ▷ Anspruch unterstreicht das Bild nebenan, fotografiert am Einstieg in die Ostroute zum Sass Rigais.

Die erste, sehr steile Felsstufe könnte ein im Klettern ungeübter Bergsteiger ohne die fixen Sicherungen nicht überwinden; die Klettersteige aber, die Ost- und die Südwestroute, ermöglichen erfahrenen, trittsicheren Bergwanderern die Überschreitung des Sass Rigais – eine der schönsten und leichtesten Dreitausender-Touren in den Dolomiten.

Schriftliche und bildliche Darstellungen dieses Werkes erfolgten nach bestem Wissen und Gewissen des Autors. Die Begehung der Touren nach diesen Vorschlägen geschieht auf eigene Gefahr. Eine Haftung kann nicht übernommen werden.

Alle Fotos sind Aufnahmen des Verfassers.

Zweite, völlig neubearbeitete Auflage (Neuausgabe)

© 1979 BLV Verlagsgesellschaft mbH, München, 1984

Zeichnungen: Hellmut Hoffmann

Satz und Druck: Georg Appl, Wemding
Bindung: Conzella, Urban Meister, München

Printed in Germany · ISBN-3-405-13010-7

CIP-Kurztitelaufnahme der Deutschen Bibliothek

Schnürer, Sepp:
Klettersteige Dolomiten – Mendelkamm – Gardaseeberge – Brenta / Sepp Schnürer. – 2., völlig neubearb. Aufl. (Neuausg.). – München; Wien; Zürich: BLV Verlagsgesellschaft, 1984.
(BLV Kombi-Bergsteigerbuch)
1. Aufl. u. d. T.: Schnürer, Sepp: Klettersteige Dolomiten-Brenta
ISBN 3-405-13010-7

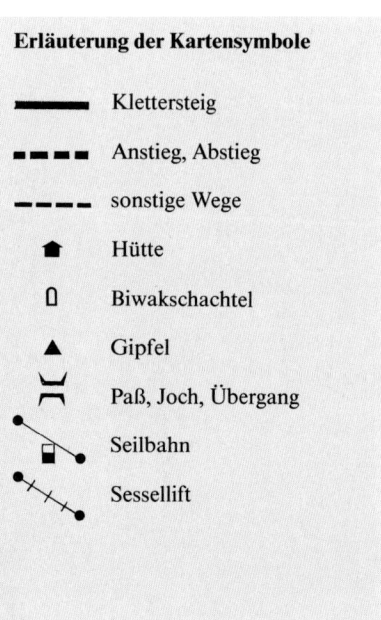

Erläuterung der Kartensymbole

▬▬▬	Klettersteig
▬ ▬ ▬	Anstieg, Abstieg
‒ ‒ ‒	sonstige Wege
⬟	Hütte
▯	Biwakschachtel
▲	Gipfel
⏜	Paß, Joch, Übergang
●	Seilbahn
●	Sessellift

Klettersteige – ein neues Bergerlebnis

Nie vorher war das Gebirge auf Wanderwegen, in steilem Fels und auf Klettersteigen der Erholungsraum so vieler Menschen. Die Leistungsgrenze der Felsgeher, der »Freikletterer«, übertrumpft längst den sechsten Grad, aber auch der Bergwanderer verlegt seinen Spielraum höher – er entdeckt die Klettersteige.

Was ist ein Klettersteig? Ein Klettersteig, eine »Via ferrata«, ist eine Steiganlage, die Felsgelände – gleich welcher Schwierigkeit – durch künstliche Sicherungen wie Drahtseile, Leitern, Eisenklammern und -stifte auch für den Nichtkletterer begehbar macht.

Die »Vie ferrate« sind heute für viele Bergfreunde der Schlüssel zu einem neuen Freizeiterlebnis mit sportlichem Aspekt. In fast atemberaubendem Tempo gewinnt dieses Phänomen ständig neue Anhänger, bergbegeisterte Menschen, die oft nicht wissen, was sie erwartet, wenn sie einen Eisenweg angehen.

Niemand sollte einen Klettersteig unterschätzen, die Gefahr lauert am Weg. Drahtseile, Leitern, Klammern und Stifte sind nur Steighilfen und keine »Versicherung« – wenn sie in der Wartung vernachlässigt werden, sind sie lebensgefährlich. Im Gegensatz zur Wandertrasse ist die »Via ferrata« eine künstlich festgelegte Kletterroute in steilem Fels. Bergerfahrung, etwas Kletterkönnen, Schwindelfreiheit und Ausdauer gehören zu den unbedingt notwendigen Voraussetzungen. Nicht Übermut und falscher Ehrgeiz, nur körperliche und geistige Fitness, realistische Einschätzung der eigenen Möglichkeiten, richtige Ausrüstung, dazu theoretisches Wissen um den Steig garantieren die erfolgreiche Tour (siehe auch Seite 7: »10 Gebote für Klettersteiggeher«).

Allen Anfängern möchte ich den Rat mitgeben: Klein anfangen und allmählich höher trainieren, möglichst unter Anleitung erfahrener Klettersteiggeher oder Führer, denn nur mit Erfahrung und Können stellen sich auch Sicherheit, Freude und das positive Bergerlebnis ein.

Sepp Schnürer

Inhalt

Zum Thema

Seit 1970 verändern auch die Klettersteige unaufhaltsam das Geschehen am Berg. Die »Nacherschließung« einstiger, mehr oder weniger stark begangener Kletterrouten durch die »Vie ferrate« eröffnete in wenigen Jahren ein ungemein populäres alpines Betätigungsfeld. Von dem einen begrüßt und von anderen verurteilt, gerät das Thema »Klettersteige« zunehmend in das Kreuzfeuer der Meinungen und fordert die offiziellen Hüter des Alpinismus – die Alpenvereine – zur Stellungnahme heraus. Es gilt, der unkontrollierten Installierung von weiteren – zunehmend immer schwierigeren – Klettersteigen entgegenzutreten. Eine Übererschließung kann nicht im Interesse des auf Umwelt bedachten Bergsteigers sein, nur ein verantwortungsvoll angelegter Eisenweg nützt letztlich der großen Gemeinde der Klettersteiggeher. Extremrouten dienen nur dem Ehrgeiz einer Minderheit, verführen durchschnittliche Geher zu waghalsigen Abenteuern mit vorprogrammierter Unfallgefahr. Aufklärung tut deshalb not, der Klettersteigfreund braucht eine zuverlässige, aktuelle Information über den jüngsten Stand der Eisenwege und ihre Schwierigkeit.

Für diesen Zweck haben wir, Sepp und Gretl Schnürer, vom Frühjahr bis zum Spätherbst 1983 alle derzeit bekannten Klettersteige in den Dolomiten, im Mendelkamm über dem Etschtal, in den Gardaseebergen und der Brenta begangen, mit kritischen Augen inspiziert, die Schwierigkeiten gewissenhaft abgewogen und das Ergebnis in diesem Tourenbuch festgehalten. Das Inhaltsverzeichnis nennt die Eisenwege, die nach unserer Beurteilung die Bezeichnung »Klettersteig« verdienen, also keine Normalwege mit nur einigen Drahtseilsicherungen. Die Beschreibung spiegelt die Eigenheiten der einzelnen Steige, die Schwierigkeit in der Begehung und die Gefahr, die auch auf gesicherten Steiganlagen ein ständiger Begleiter ist.

Zusätzlich zum Wort soll mein sorgfältig erarbeitetes Bildmaterial informieren; überwiegend Aktionsaufnahmen aus der Route heraus geben unverfälscht einen optischen Eindruck von den so unterschiedlichen Schwierigkeiten und Anforderungen der einzelnen Klettersteige.

10 Gebote für Klettersteiggeher

1. Überprüfe deine Kondition und die Beweglichkeit. Neben der körperlichen und geistigen Fitneß gehört auch absolute Schwindelfreiheit zu den unbedingt notwendigen Voraussetzungen.

2. Die übliche Bergwander-Ausrüstung reicht für das Begehen von Klettersteigen nicht aus. Du brauchst zusätzliche technische Ausrüstung: Steinschlaghelm, Brust- und Sitzgurt, Einfachseil 4 m lang und 11 mm stark sowie zwei Klettersteigkarabiner (siehe Praktische Hinweise Seite 158).

3. Bereite dich anhand von Literatur und Landkarten auf die Klettersteige vor. Schwierigkeit und Anforderung der einzelnen Steiganlagen sind sehr unterschiedlich, deshalb ist vorherige Information wichtig!

4. Wenn du noch keinen Klettersteig begangen hast, beginne mit den »wenig schwierigen« Steigen. Erst mit zunehmendem Können darfst du anspruchsvoller werden.

5. Denke vor einer Tour an die Gefahren, die durch Wettersturz – Gewitter! – auf dich zukommen können. Begehe Klettersteige nur bei voraussichtlich günstiger Wetterlage!

6. Am Einstieg zum Klettersteig mußt du die technische Ausrüstung sofort anlegen! Mehrere Personen sollten ihre Reihenfolge abstimmen und schwächere Begleiter in die Mitte nehmen.

7. Belaste die Sicherungen des Steiges nur nach vorheriger Prüfung. Vermeide ein enges Aufeinandergehen – innerhalb von zwei Fixpunkten eines Drahtseils sollte sich nur eine Person befinden.

8. Klettere bei schwierigen Steigen mit zwei eingehängten Karabinern, schleife sie nicht hinterher, und hänge den ersten Karabiner sofort über dem nächsten Fixpunkt ein, sobald du diesen erreichst.

9. Benütze, so oft es dir möglich ist, auch natürliche Griffe und Tritte und versuche, richtig zu klettern: zur Fortbewegung nur eine Hand oder einen Fuß von der Sicherung bzw. vom Fels lösen!

10. Nimm Rücksicht auf andere Klettersteiggeher; überhole nur an günstigen Stellen mit guten Standplätzen; vermeide Steinschlag; schone die Bergnatur – laß keine Abfälle zurück!

Westliche Dolomiten

Um den Raum der Westlichen Dolomiten abzugrenzen, ist es zunächst notwendig, das gesamte Dolomitengebiet deutlich zu umreißen: Das Tal des Eisack von Bozen nach Brixen, das Pustertal von Brixen bis Toblach (Rienztal) und weiter bis Innichen bilden die Grenze nach Westen und Norden. Die Ost- und die Südgrenze zieht über Sexten und den Kreuzbergpaß nach St. Stefano und mit dem Piavetal fast bis zur venetischen Tiefebene; das Suganatal, das Cismontal von Fiera di Primiero zum Rollepaß, das Travignolo-Tal nach Predazzo und das Eggental hinab nach Bozen schließen den Kreis.

Die Teilung der Dolomiten in Ost und West beginnt mit dem Gadertal. Seine schmale Kerbe von St. Lorenzen im Pustertal bis zum Becken von Corvara, der Passo Campolongo hinüber nach Arabba und der Lauf des Torrente Cordevole hinab zur Einmündung in das Piavetal ziehen die Trennungslinie.

Auf der Fahrt den Eisack abwärts begegnet der Reisende zuerst den abenteuerlichen Geislerspitzen. Am Grödner Joch verbindet sich das Hinterland der Puez-Gruppe mit dem ladinischen Plateaugebirge der Sella, die Sella-Gruppe wiederum strebt am gleichnamigen Joch eine enge Partnerschaft mit dem Langkofel, dem Stolz des Grödner Tales, an. Der Schlern, bekannt als Südtiroler Heimatberg, gibt am Tierser Alpl dem sagenumwobenen Rosengarten die Hand, der einsame Latemar setzt sich vom nahen Karerpaß nach Südwesten zu ab. Dem Marmolata-Massiv gehören die höchsten Gipfel und der einzige größere Gletscher der Dolomiten; die Pala, südlich der Marmolata, wirbt mit ihrem zauberhaften, wilden Felsgebirge.

An den Wänden, Graten, Türmen und in den Schluchten dieser Dolomiten-Gruppen findet der Klettersteiggeher seine Wege: »Vie ferrate« von einfacher Routenführung bis hin zu sehr schwierigen Anstiegen, die Klettern können und höchsten Einsatz fordern.

Dieser Ausblick von der Ferrata Masarè zeigt das Fassatal: rechts Vigo di Fassa, darüber die Marmolata, links den Talverlauf nach Canazei, darüber die Sella-Gruppe.

Sass Rigais 3025 m

1 Südwestanstieg
2 Ostanstieg

Zwei Klettersteige zu einem beliebten Dreitausender

mäßig schwierig

Auf der Fahrt von der alten Bischofsstadt Brixen den Eisack abwärts zur Hauptstadt von Südtirol, nach Bozen, zeigen sich dem Reisenden zur Linken über eine kurze Strecke die höchsten Gipfel der Geisler-Gruppe. Nur der Sass Rigais 3025 Meter und die gleich hohe Furchetta erheben sich über 3000 Meter Seehöhe. Sie repräsentieren über das bewaldete Mittelgebirge hinweg dieses nordwestliche Gebirge der Dolomiten. Das Villnößtal öffnet noch vor dem Städtchen Klausen die nördliche Eingangspforte, eine neue Höhenstraße führt von hier hinüber zum Grödner Tal im Süden der Geisler-Gruppe. In dieser Talschaft ist St. Christina (1426 m) der maßgebliche Ausgangsort zu den Geislerspitzen und zu den Klettersteigen am Sass Rigais.

Zwischen den genannten Tälern von Villnöß und Gröden entwickelt die Geisler-Gruppe von West nach Ost zwei Gebirgsstöcke. Der westliche, der Fermedastock, schließt zur Mittagsscharte (2597 m) auf, und dieser tiefe, für beide Täler touristisch wichtige Einschnitt ist die Brücke zum Sass Rigais. Mit der Furchetta, dem Wasserkofel, dem Torkofel und den Kanzeln bildet der Sass Rigais den zweiten, wesentlich massiveren Stock und ragt darin als Hauptgipfel der gesamten Gruppe.

Südwestanstieg

Die Regensburger Hütte (2039 m), auch Geisler-Hütte genannt, und die Bergstation Col Raiser (2125 m) auf der Cisles-Alpe sind die südseitigen Stützpunkte für die Klettersteige zum Sass Rigais. Aus der Sicht von diesen Stationen erscheint die Geisler-Gruppe als ein geschlossenes Ganzes, in dem der wuchtige Sass Rigais dominiert. Die Mittagsscharte ist nicht einzusehen, erst oben am weiten Plan d'Ciantier (2322 m) – ein Schild lenkt dort zum Südwestanstieg – zeigt sich der Geröllschlauch hinauf zur Scharte. Diese Abzweigung müssen wir beachten, denn verführerisch lockt der breite Einschnitt des Wasserrinnentales, der den Ostanstieg weist. Bis zum Plan d'Ciantier führen sowohl von der Regensburger Hütte als auch vom Col Raiser markierte Wanderpfade, sie laufen in seiner Wiesenebene gegen die helle Schuttreise, die von der Mittagsscharte herabkommt. Etwaige Richtungszweifel beseitigt die große rote Schrift »Mittagsscharte« (= Forcella Mesdi). Bei einer Höhe von etwa 2500 Meter zeigt ein roter Pfeil aus der Hauptschlucht nach rechts in eine schmale Seitenschlucht, das »R« verheißt den richtigen Gipfel und den Start des Klettersteiges.

In der schmalen, felsigen Seitenschlucht hilft das erste Drahtseil zu einer Querung, dem abgewetzten Fels sieht man an, daß bereits unzählige Bergsteiger dem Sass Rigais auf dieser Route einen Besuch abstatteten. Diese erste Felspassage, mit Drahtseilen und sogar einigen Trittbrettern gut gesichert, führt in das offene Gelände der geräumigen Südwestflanke. In der mit Rasen durchsetzten Flanke braucht der Steig keine Sicherung, erst weiter oben im schrofigen Fels sichern wir uns in dem teils brüchigen Gestein gerne wieder an den Drahtseilen, ebenso droben am luftigen Südgrat, der den Schlußanstieg vermittelt.

Der Südwestanstieg ist der beliebteste Weg zum Sass Rigais. Früh im Jahr ist diese Route schon schneefrei und noch spät im Herbst, wenn kaum mehr ein Sonnenstrahl den Winkel, in dem der Ostgrat ansetzt, erreicht, schenkt diese Tour noch einen Dreitausender mit berühmter Aussicht! Vom hohen, einfachen Gipfelkreuz reicht die Schau ungemein prächtig über ein weites Dolomitenland und nach Norden bis hin zu den glitzernden Firnbergen der Zentralalpen.

Die schönste Tour aber am Sass Rigais – wenn es die Verhältnisse zulassen – ist die Überschreitung des Gipfels; die Möglichkeit hierzu eröffnet der im Jahre 1973 eingerichtete Klettersteig am Ostgrat.

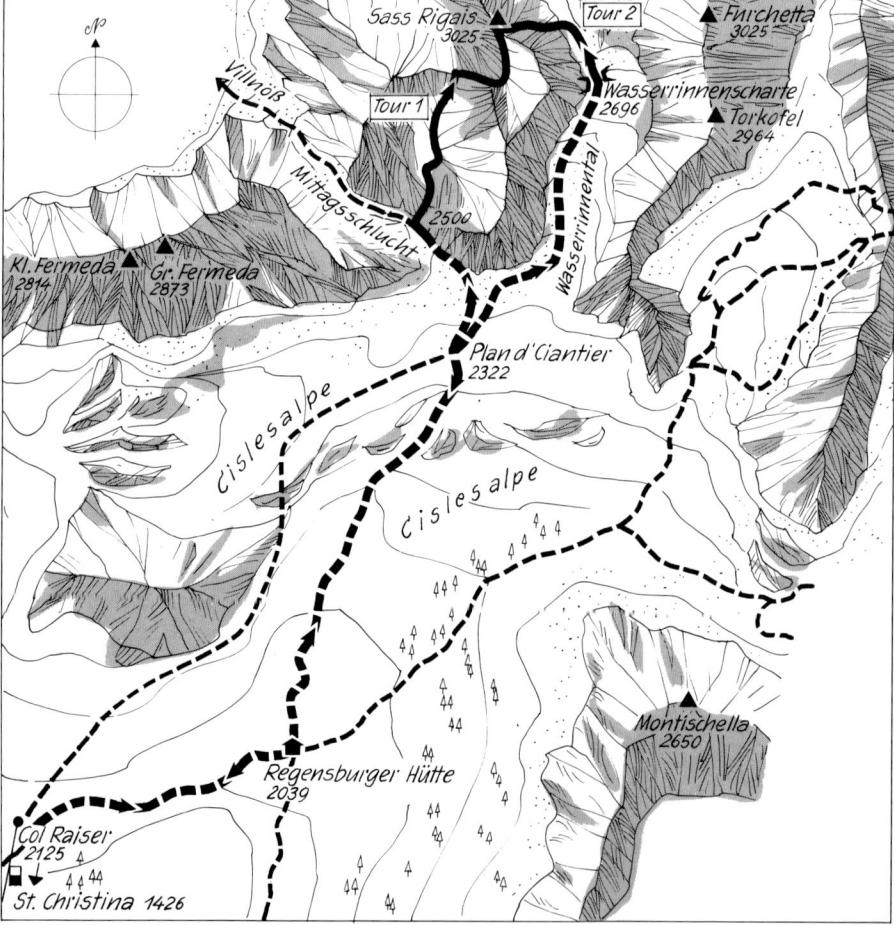

Tourensteckbrief

Ausgangsort
St. Christina 1426 m im Grödner Tal.

Die Tour in Stichworten
St. Christina 1426 m – Lift Col Raiser 2125 m – Plan d'Ciantier 2322 m **oder** St. Christina – Regensburger Hütte 2039 m – Plan d'Ciantier – Südwestanstieg – Sass Rigais 3025 m **oder** Wasserrinnenscharte 2696 m – Ostanstieg – Sass Rigais.

Schwierigkeit: II = mäßig schwierig
Südwestanstieg im Auf und Ab sehr stark begangen, nur Drahtseilsicherung. Ostanstieg meist Anstiegsroute, mit Drahtseilen, Klammern und Stiften gesichert.
Zugang: Von der Bergstation Col Raiser oder von der Regensburger Hütte auf markierten Steigen zur Wegeteilung am Plan Ciantier. Zum Südwestanstieg nach links steil aufwärts in die Mittagsschlucht, zum Ostanstieg auf Steig in das Wasserrinnental und mäßig steil zur Wasserrinnenscharte.

Ostanstieg
Dieser Klettersteig ist kürzer, die gesamte Wegestrecke jedoch länger, aber eindrucksvoller als der Anstieg über die Südwestflanke. Die Anforderungen sind nur wenig höher, doch verlangt der Steig mehr Bergerfahrung als die Sonnseite der Südwestroute.
Auch der Zugang zum Ostgrat nimmt zuerst die Wege hinauf zum Plan d'Ciantier wahr, trennt sich aber dort vom Hauptweg, der zur Mittagsschlucht hochzieht. Als noch bequemer Steig läuft er hinein in das weitgeöffnete Wasserrinnental (= Val di Salieres) und in Kehren höher zur Wasserrinnenscharte (2696 m). Ein Ausblick ist nur nach rückwärts hinab zur grünen Cisles-Parklandschaft gegeben, sonst versperren die scheinbar himmelhohen Felswände des Torkofels, der Furchetta und des Sass Rigais jeglichen Umblick. Steil zieht der Steig zur engen Kerbe der Wasserrinnenscharte, die den Sass Rigais von der Furchetta trennt und sich mit einer hohen Schulter dem Sass Rigais-Ostgrat anschließt. Von der Wasserrinnenscharte sehen wir das Gipfelkreuz, aber erst 100 Meter höher, an einer zum Villnößtal vorspringenden, aussichtsreichen Felsnase (2800 m), steigen wir in den Ostgrat ein. Drahtseile, Klammern und Stifte sichern den unteren, sehr steilen Fels hinauf zu einer Kante. Die Route zieht durch eine seichte Rinne zu einem Absatz, Gehgelände über Schotter und Schrofen, noch ein Drahtseil – ein geübter Klettersteiggeher steigt ab Wasserrinnenscharte, ohne sich besonders anzustrengen, eine Stunde später am Gipfel aus.

Klettersteige, Südwestanstieg:
Aus der Mittagsschlucht bei ca. 2500 m nach Markierung »R« in eine rechte Nebenschlucht, mit Drahtseilsicherung hinaus in die offene Südwestflanke und in ihrer Querung mäßig steil zum Südgrat; Drahtseile leiten über den teils ausgesetzten Grat zum Gipfel.

Ostanstieg:
Von der Wasserrinnenscharte über einen Felsvorbau zur Ostflanke (ca. 2800 m); Klammern, Stifte und Drahtseile entschärfen die untere, sehr steile Wandstufe. In einer Rinne steil höher zum leichteren, schotterbedeckten Fels im mittleren Teil des Anstieges. Im Steilfels vor dem Gipfel nochmals Drahtseilsicherung.

Höchste Wegestelle/Gipfel
Sass Rigais 3025 m.

Anstiegsleistung
Ab Col Raiser 900, ab Regensburger Hütte 1000 Höhenmeter. Klettersteig Südwestanstieg 500, Ostanstieg 300 Höhenmeter.

Abstieg
Auf der Anstiegsroute oder in Überschreitung des Gipfels auf dem zweiten Klettersteig.

Gehzeiten
Bergstation Col Raiser 2125 m – Plan d'Ciantier 2322 m: 1 Std.; St. Christina 1426 m – Regensburger Hütte 2039 m – Plan d'Ciantier: 2½ Std.; Plan d'Ciantier – Südwestanstieg – Sass Rigais 3025 m: 2 Std.; Plan d'Ciantier – Wasserrinnenscharte 2696 m: 1 Std.; Ostanstieg – Sass Rigais: 1½ Std.
Abstieg: Südwest- oder Ostroute – Regensburger Hütte: 2½ Std., zum Col Raiser + ½ Std.
Gesamtgehzeit: 6–8 Std.

Hütten/Stützpunkte
Regensburger Hütte (Rif. Firenze) 2039 m, CAI-Sektion Florenz, 92 Betten/Matr., bew. Anf. Juni–Mitte Okt.
Bergstation Col Raiser, 2125 m, Berggasths.

Landkarten
Kompass-Wanderkarte 1:50 000, Blatt 59 »Sellagruppe – Marmolata«.

Aus dem Ostanstieg zum Sass Rigais Blick zu den Wiesen der Gampen Alm im obersten Villnößtal.

3 Klettersteig Westliche Cirspitze 2520 m

Kurze Trainingstour über dem Grödner Joch

mäßig schwierig

Das Grödner Joch (2137 m) als Mittler zwischen den ladinischen Talschaften Gröden und Abtei ist von einer großen Bergwelt umgeben, die einlädt, das Auto abzustellen und die Bergschuhe anzuziehen. Besonders wanderfreundlich zeigt sich die Puez-Gruppe, in deren Mitte die Puez-Hütte (2475 m) oder am Nordrand die Östliche Puezspitze (2913 m) das Ziel

Diese, auf wenige Meter glatte und sehr steile Wand ist die schwierigste Stelle in dem Klettersteig zur Westlichen Cirspitze.

sein können. Den südwestlichen Rahmen der Puez-Gruppe, direkt über dem Grödner Joch, gestaltet die gezackte Kammlinie der Cirspitzen. Der interessierte Bergsteiger zählt sieben fast gleich hohe Gipfel, angeführt von der Großen Cirspitze (2592 m). Die siebte Spitze, die 2520 Meter hohe Westliche Cirspitze – wie ich sie nennen möchte – erhebt sich als markanter Eckturm genau über der Wasserscheide des Grödner Jochs nahe der Liftstation Danterceppies. Die Natur hat dem Berg eine sehr steile, aber kurze südseitige Anstiegsroute gegeben, in der vom Frühjahr bis zum Spätherbst auch weniger trainierten Klettersteiggehern der Sprung zum Gipfel ohne größere Anstrengung gelingt. Vom Grödner Joch oder von der Liftstation aus gehen wir auf einem Wiensensteiglein gegen den Berg. Eine steile Rinne im Sockelfels weist höher zu einem Absatz (ca. 2450 m), an dem ein kleines Leiterl den Klettersteig anzeigt – also nur 100 Meter Höhenunterschied zur Spitze. Für den flinken, versierten Geher ist diese kurze Ferrata ein Genuß, weniger Geübte tun gut daran, den Steig nicht zu unterschätzen. Nur ein dünnes Drahtseil hilft beim Anstieg, der nach einer schmalen Scharte in einer glatten Wand, aber nur auf wenige Meter, die schwierigste Stelle präsentiert. Der Klettersteig verliert nichts von seiner Ausgesetztheit, bis er, schon in den Gipfelfelsen, nach Osten schwenkt und durch einen kurzen Kamin eine kleine Plattform gewinnt – den höchsten Punkt der Westlichen Cirspitze.

Tourensteckbrief

Ausgangsort
Grödner Joch 2137 m.

Die Tour in Stichworten
Grödner Joch 2137 m – Bergstation Danterceppies 2315 m – Klettersteig Westl. Cirspitze 2520 m – Grödner Joch.

Schwierigkeit: II = mäßig schwierig
Kurzer Südanstieg, sehr steiler, ausgesetzter Fels; eine kurze Leiter, Drahtseile, Stifte.
Zugang: Vom Grödner Joch zur Lift-Station Danterceppies und auf Rasensteig hinauf zu einer Steilrinne im Sockelfels.
Klettersteig: Einstieg bei einer kleinen Leiter (2450 m), Drahtseilsicherung zu einer Scharte, zur Schlüsselstelle in einer glatten Wand und im Ausstieg zum Gipfel.

Höchste Wegestelle/Gipfel
Westliche Cirspitze 2520 m.

Anstiegsleistung
Ab Grödner Joch 400 Höhenmeter, Klettersteig 170 Höhenmeter.

Abstieg
Auf Klettersteig oder in der Trennungsschlucht zur Nachbarspitze zurück zum Einstieg.

Gehzeiten
Grödner Joch 2137 m – Bergstation Danterceppies 2315 m – Einstieg ca. 2450 m: 1 Std.; Klettersteig Westl. Cirspitze 2520 m: ½ Std. Abstieg Grödner Joch: 1 Std. Gesamtgehzeit: 2½ Std.

Hütten/Stützpunkte
Häuser am Grödner Joch.

Landkarten
Siehe Tour 1 und 2.

Sella-Gruppe

4 Pisciadù-Klettersteig

Ferrata Brigata Tridentina

»Paradesteig« am Grödner Joch

schwierig

Die Pisciadù-Hütte (2583 m) steht auf einer Weitung im nördlichen Schotterbalkon der Sella mit freiem Blick zur Geisler- und zur Puez-Gruppe, ein romantisches Bergwasser, der Pisciadùsee, ist ihr besonderer Anziehungspunkt. Diese Vorzüge und die direkten Zugänge von der Grödner-Joch-Straße sowie von Colfuschg sicherten dem schmucken, weißen Schutzhaus schon immer eine rege Gästefrequenz – in jüngerer Zeit kommt noch die Attraktion eines Klettersteiges hinzu. In zwei Bauabschnitten, zuletzt 1968, finanziert durch einen bis heute ungenannten

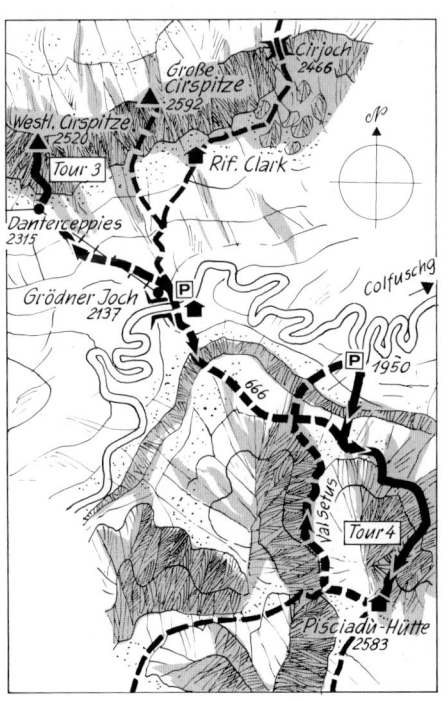

Gönner, schufen die CAI-Sektion Bologna und Alpini-Soldaten aus dem Trentino die *Via ferrata Brigata Tridentina*. Damit ist der Pisciadù-Klettersteig angesprochen, der von der Grödner-Joch-Straße einen interessanten Felsanstieg zur Pisciadù-Hütte erschließt. Diese reizvolle Ferrata erfreut sich überaus großer Beliebtheit und dürfte eine der meistbegangenen Eisenrouten in den Dolomiten sein. Allgemeiner Ausgangsort ist der Parkplatz (ca. 1950 m) bei einer Schottergrube an der Grödner-Joch-Straße unterhalb des Jochs, Richtung Colfuschg. Ein Schild kennzeichnet dort die Ferrata und weist den Weg zum nahen Einstieg. Den Auftakt, eine glatte Wandstufe mit Klammern, Stiften und Drahtseilen, sollten Klettersteig-Anwärter als erste Prüfung betrachten, denn 50 Meter über diesem Felssockel mündet der Weg herüber vom Grödner Joch ein und erlaubt eine leichte Rückkehr zum Parkplatz. Dieser Weg führt uns weiter zu einem sichtbaren Wasserfall, dem Abfluß des Pisciadùsees. Erst dort, in der Ostwand des Exnerturmes, legt der Pisciadù-Klettersteig über 500 Höhenmeter seine anspruchsvolle, teilweise sehr ausgesetzte Route hinauf zur Pisciadù-Hütte fest.

Drahtseile und Eisenstifte zähmen den gewölbten Felsvorbau rechts der Wasserfallschlucht. Die Schwierigkeiten bleiben im Rahmen, man kann – wenn nicht zu viele eilige Hintermänner drängen – auch mal nach Colfuschg hinunterschauen und den Verkehr auf der Paßstraße beobachten. Die Schlucht weitet sich zu einem Kessel, dort, an der mit dem Schild »Salita facile« (= leichter Anstieg) bezeichneten Wegeteilung (ca. 2350 m), fordert die Ferrata eine Entscheidung: Der dritte und schwierigste Abschnitt des Steiges bleibt im Wandfels des Exnerturmes und verlangt über etwa 100 Höhenmeter hinauf zur »Ponte ferrata« noch Mut und Kondition. Im Kessel jedoch führt ein normal gangbarer Pfad über rasendurchsetzte Schrofen hinauf zur schon sichtbaren Hütte.

Den ernsthaften Klettersteig-Liebhaber prüft sofort die Schlüsselstelle. Fast senkrecht, aber mit einer Leiter, Drahtseilen und Stiften gut gesichert, gewinnt die Ferrata die Südseite des Exnerturmes und damit ihre Attraktion: die Pendelbrücke über einen tiefen Felsspalt hinüber zum Terrassenband der Sella. Die »Ponte ferrata« verabschiedet den Klettersteig, noch ein kurzes Bergauf über rasendurchsetzte Schrofen, und wir erreichen die nahe Pisciadù-Hütte mit ihrem See, das Ziel dieser anspruchsvollen Tour.

Tourensteckbrief

Ausgangsort
Colfuschg 1616 m, oder Grödner Joch 2137 m.

Die Tour in Stichworten
Grödner Joch 2137 m oder Parkplatz ca. 1950 m an der Paßstraße nach Colfuschg – Pisciadù-Klettersteig – Pisciadù-Hütte 2583 m – Val Setus – Parkplatz.

Schwierigkeit: III = schwierig
Außerordentlich stark begangener Klettersteig; Nordanstieg, sehr steiler, ausgesetzter Fels, anstrengend, mit Drahtseilen, einer Leiter und Klammern sehr gut gesichert.
Zugang: Vom Grödner Joch auf Weg Nr. 666 zum Pisciadù-Wasserfall, *oder* hierher vom Parkplatz an der Grödner-Joch-Straße.
Klettersteig: Ab Parkplatz auf Steig zum nahen Einstieg. Über eine glatte Wand, mit Drahtseilen, Klammern und Stiften gesichert, zu einer Terrasse; der Zugang vom Grödner Joch mündet hier ein. Vor dem Wasserfall an einer Felsrippe und im östlichen Wandfels mit Drahtseilsicherung steil hinaus zu einem Hochkessel. Dort, ca. 2350 m, Wegeteilung: leichter, markierter Anstieg durch den Kessel zur Hütte. Nach rechts, in fast senkrechtem Fels, aber mit einer Leiter, Drahtseilen und Klammern gut gesichert, wird der Klettersteig hinauf zur »Ponte ferrata« sehr anspruchsvoll! Von der Hängebrücke (ca. 2430 m) kurzer, leichter Ausstieg zum Terrassenband der Sella und zur Hütte.

Höchste Wegestelle/Gipfel
Pisciadù-Hütte 2583 m.

Anstiegsleistung
Ab Parkplatz an der Grödner-Joch-Straße 600, Klettersteig 400 Höhenmeter.

Abstieg
Durch die Nordschlucht (Val Setus) auf sehr steilem, gesichertem Steig zurück zum Parkplatz mit Abzweigung zum Grödner Joch.

Gehzeiten
Parkplatz ca. 1950 m – Pisciadù-Klettersteig – Pisciadù-Hütte 2583 m: 2½ Std.
Abstieg: Val Setus – Parkplatz: 1½ Std.
Gesamtgehzeit: 4 Std.

Hütten/Stützpunkte
Pisciadù-Hütte 2583 m, CAI-Sektion Bologna, 42 Betten/Matr., bew. Ende Juni–Ende Sept.

Landkarten
Kompass-Wanderkarte 1:50 000, Blatt 59 »Sellagruppe – Marmolata«.

Tip
Besteigung der Cima del Pisciadù 2985 m, sehr lohnend, wenig schwierig.

Diese drei Klettersteiggeher nehmen den ▷
schwierigsten Abschnitt des Pisciadù-Steiges, die Querung unter dem Exnerturm mit Ausstieg an der »Ponte Ferrata«, in Angriff. Im Tiefblick der Ort Corvara.

Sella-Gruppe

5 Pößnecker Klettersteig

Piz Selva 2941 m

Senkrecht durch die Nordwestabstürze der Sella

sehr schwierig

Nicht die Gipfel, die Wände sind in der Sella-Gruppe das große Abenteuer. Von dem breiten Terrassenband, das als Besonderheit die Sella umgürtet, fallen sie, winkelig zueinander gegliedert, als unverrückbare Naturkulissen über Hunderte von Metern zur Tiefe, senkrecht hineingerammt in grüne Alpweiden. Auch die Klettersteig-Offerte *Pößnecker Steig* lobt eine Wand, luftig und nahezu senkrecht: die Nordwestwand des Piz Ciavazzes. Die Route für den späteren Pößnecker Steig fanden im August 1907 die Bozener Bergsteiger Paul Mayr und Georg Haupt. Sei-

nen Namen erhielt der Steig nach der thüringschen Sektion Pößneck des damaligen Deutschen und Österreichischen Alpenvereins, die noch vor dem Ersten Weltkrieg, im Jahre 1910, die Aufgabe übernahm, diesen neuen westlichen Zugang zum Sella-Plateau zu sichern. Ihr Eisenweg gilt als eine der ältesten Anlagen dieser Art, auch heute noch, in Konkurrenz mit den modernen »Ferrati«, verdient er die Einstufung: kühn, anspruchsvoll, äußerst interessant!

Wenn früh am Morgen vom Sella-Joch (2240 m) oder vom Parkplatz am Jochhaus (2180 m) die Bergsteiger ausschwärmen, sind immer Klettersteiggeher unter ihnen, die an den drei Sellatürmen vorbei dem Pößnecker Steig zustreben. Der Einstieg am Wandfuß (ca. 2300 m) liegt zu dieser Zeit noch tief im Schatten, erst die Nachmittagssonne beleuchtet die schwarzgestriemte Nordwestwand. Das Schild »Nur für Bergerfahrene« untertreibt, »Nur für klettererfahrene Bergsteiger« würde richtig sein! Am hellen Wandvorbau – der nasse, schwarze Fels bleibt zur Linken – übernimmt ein dünnes Drahtseil die Führung hinein in einen engen, meist feuchten Kamin. Den wenigen intakten Stiften und Klammern, die dort noch aus der Erschließerzeit die Senkrechte sichern, sieht man das ehrwürdige Alter an, aber sie sind immer noch tauglich genug, mit ihrer Unterstützung 30 Meter höher einen schmalen Spalt zu erreichen, der den Klettersteig hinaus in die freie Wand schickt. Dort hilft

die erste, nur kurze Leiter von einem Felspodest höher, Stifte, viele Klammern, ein mitlaufendes dickes Drahtseil, nochmals ein Leiterl – in großer Ausgesetztheit überwindet dieser Urahn aller Eisenwege mit seinen alten Sicherungen die Wandstufe bis zum Rand einer seichten Felsmulde. Brav zieht die Route in diesem Trichter höher und mündet im breiten Ringband der Sella. Ausstiegshöhe aus der Senkrechten bei etwa 2550 Meter – in dieser 250-Meter-Differenz ab Einstieg liegt das Abenteuer des Pößnecker Steiges! Es kann, je nach Einstellung, so atemberaubend sein, daß man versäumt, das Gegenüber, die im Morgenlicht glänzende Ostfront des Langkofels, zu bewundern, und erst oben an der sonnigen Terrassenbank wieder dazukommt, die umgebende Bergwelt aufzunehmen. Die Fortsetzung des Klettersteiges nach links, hinauf zum Felsvorsprung des Piz Selva, ist, obwohl noch Sicherungen nötig sind, nicht mehr aufregend.

Vom Piz Selva 2941 Meter leiten Markierungen entlang der Nordabstürze zum hohen Holzkreuz des Piz Gralba, in der Linie der sieben benannten gipfelartigen Wandvorsprünge stellt er mit der Kote 2974 den höchsten Punkt. An der Gamsscharte (2914 m) weisen Markierungen abwärts nach Norden zur Pisciadù-Hütte, auf der Hochfläche weiter zur Boè-Hütte (2873 m) und durch das Val Lasties hinab zur Sella-Joch-Straße und damit zurück zum Ausgangsort.

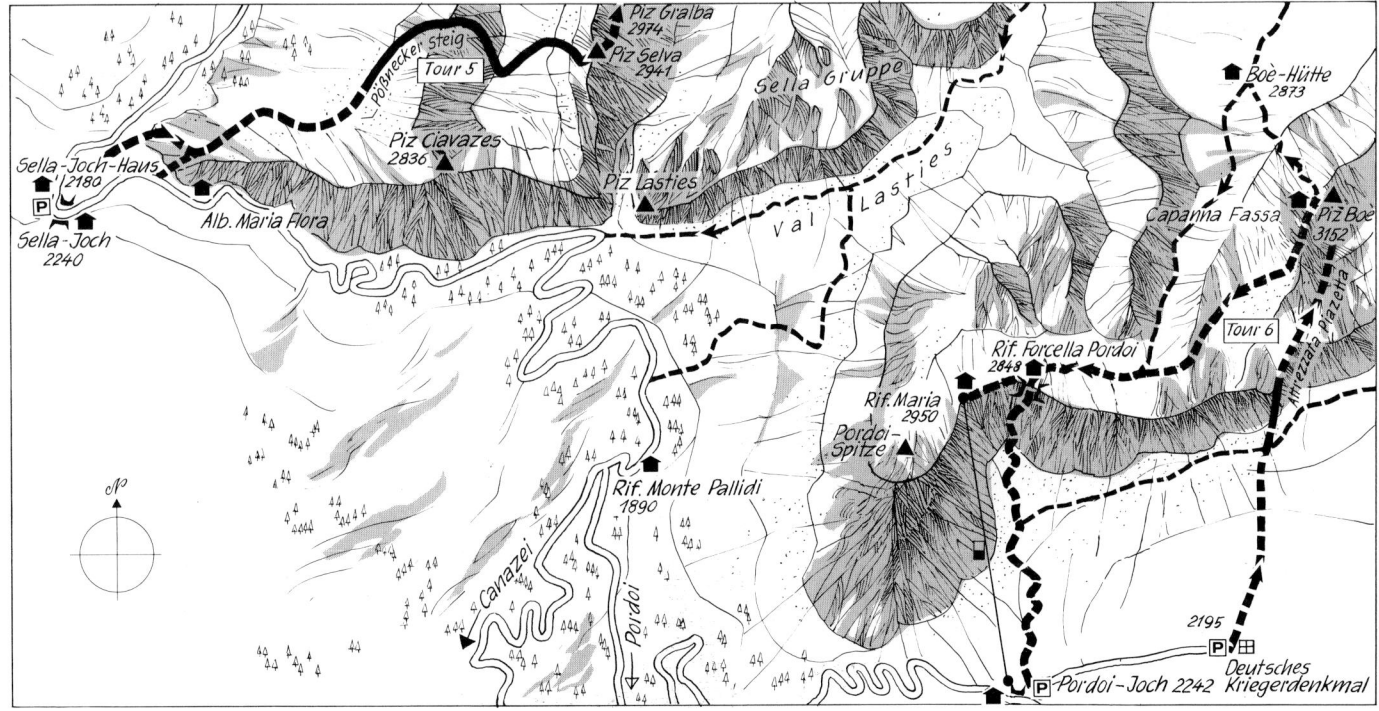

Tourensteckbrief

Ausgangsort
Sella-Joch 2240 m.

Die Tour in Stichworten
Sella-Joch 2240 m *oder* Sella-Joch-Haus 2180 m – Pößnecker Klettersteig – Piz Selva 2941 m – Piz Gralba 2974 m – Gamsscharte 2914 m – Val Lasties – Sella-Joch; **oder** Gamsscharte – Pisciadù-Hütte 2583 m – Grödner Joch 2137 m.

Schwierigkeit: IV = sehr schwierig
Vielbegangener Klettersteig. Nordwestanstieg, sehr steil, teilweise senkrecht, äußerst ausgesetzt, Klettererfahrung erforderlich! Mit Drahtseilen, zwei kleinen Leitern, Klammern und Stiften ausreichend gesichert.
Zugang: Vom Sella-Joch oder -Haus auf mark. Steig zum Einstieg ca. 2300 m.
Klettersteig: Am Pfeilervorbau mit Drahtseilsicherung links höher zu einem engen, feuchten Kamin. Spärliche Stifte, Klammern und Tritte führen zu einem Felsspalt, durch den man auf dem Pfeilerkopf aussteigt. Mit der ersten Leiter hinaus in die freie, senkrechte Wand, Klammern und Drahtseile leiten in großer Ausgesetztheit 50 m höher zur zweiten Leiter und hinauf zum Rand ca. 2550 m einer Geröllmulde; von dort ohne Schwierigkeiten zum großen Terrassenband. Dort nach links zum Felsaufschwung des Piz Selva, in einer drahtseilgesicherten Schlucht ohne besondere Schwierigkeiten zum Gipfel.

Höchste Wegestelle/Gipfel
Piz Selva 2941 m, Piz Gralba 2974 m.

Anstiegsleistung
Ab Sella-Joch 800 Höhenmeter, davon Klettersteig etwa 500 Höhenmeter.

Abstieg
Ab Piz Selva nach Markierungen zum Piz Gralba und auf der Hochfläche zur Gamsscharte, dort Abstieg zur Pisciadù-Hütte; oder weiter bis zur Abzweigung Val Lasties – Rif. Boè. Durch das Val Lasties zurück zur Sella-Joch-Straße, 2½ km vor dem Paß.

Gehzeiten
Sella-Joch 2240 m oder -Haus 2180 m – Einstieg ca. 2300 m: ½ Std., Pößnecker Steig – Piz Selva 2941 m: 3 Std.
Abstieg: zur Pisciadù-Hütte 2583 m: 2½ Std., Val Lasties und zurück zum Paß: 3½ Std.
Gesamtgehzeit: 6–7 Std.

Hütten/Stützpunkte
Sella-Joch-Haus 2180 m, CAI-Sektion Bozen, 72 Betten/Matr., ganzjährig bew.
Pisciadù-Hütte 2583 m, siehe Tour 4.
Boè-Hütte 2873 m, CAI-SAT Trient, 43 Betten/ Matr., bew. Ende Juni–Ende Sept.

Landkarten
Kompass-Wanderkarte 1:50000, Blatt 59 »Sellagruppe – Marmolata«.

Im Pößnecker Steig: Ausstieg aus dem Kamin und Einstieg in die freie Nordwestwand. Am linken Bildrand Wolkenstein.

Sella-Gruppe

6 Via attrezzata Piazzetta al Piz Boè 3152 m

Kurzer, »extremer« Klettersteig am Pordoi-Joch

besonders schwierig

Eine neue, äußerst schwierige Eisenroute erschließt seit 1982 die Südfront des Sellastockes. Ausgangsort zur *Via attrezzata Cesare Piazzetta* ist das deutsche Kriegerdenkmal nahe dem Pordoi-Joch (2242 m). Nach 1 Stunde Gehzeit über Alpwiesen und durch eine grüne Schrofenmulde stehen wir in etwa 2600 Meter Höhe am Einstieg. Ein Schild und ein Drahtseil an senkrechtem und auf den ersten 10 Metern absolut tritt- und grifflosem Fels verkünden den Klettersteig, für den sich die Erbauer augenscheinlich mit Absicht die abweisendste Wand der Südseite ausgesucht haben.

Weniger geübte Klettersteiggeher resignieren – wohlweislich – bei diesem Anblick, aber auch wir fragten uns: Müssen neue Klettersteige so extrem sein? Ich meine: nein! Für diese Ferrata braucht man solide Klettererfahrung, starke Armmuskeln und neben der selbstverständlichen Ausrüstung auch ein Seil! Die Höhe der Wandstufe, die nur mit Drahtseilen und ein paar künstlichen Tritten gesichert ist, beträgt bis zu einem eingehängten Seilsteg etwa 80 Meter, aber nur den Könner werden die Flügel der Begeisterung dort hinauftragen. Nach der Hängebrücke begleitet ein Drahtseil den nun gut gestuften Fels noch etwa 50 Meter, dann läuft die Route, gewiß zur Enttäuschung der versierten Leute, hinaus auf Gehgelände – noch 1 Stunde bis zum Boè-Gipfel! Das Erlebnis, in einer freien, senkrechten Dolomitenwand zu klettern, prickelt demnach nur über die Differenz von etwa 100 Höhenmetern. Aber die Attrezzata Piazzetta öffnet abseits der überlaufenen Normalwege eine neue Route zum berühmten und vielbestiegenen, 3152 Meter hohen Piz Boè, und darin mag ihre Berechtigung liegen.

Tourensteckbrief

Ausgangsort
Pordoi-Joch 2242 m.

Die Tour in Stichworten
Pordoi-Joch 2242 m – Parkplatz Kriegerdenkmal 2195 m – Attrezzata Piazzetta – Piz Boè 3152 m – Pordoi-Scharte 2848 m – Pordoi-Joch.

Schwierigkeit: V = besonders schwierig
Extreme, kraftraubende, nur mit Drahtseilen und wenigen künstlichen Tritten gesicherte Route in südseitigem Fels. Sehr hohe Anforderung, aber nur über etwa 80 Höhenmeter ab Einstieg.
Zugang: Vom Parkplatz zum Kriegerdenkmal und nach Markierungen zum Sockelfels.
Klettersteig: Ab Einstieg ca. 2600 m senkrechter, griffloser Fels, nur Drahtseil! Ausgesetzte Querung, sehr schwieriger Wandanstieg bis zur Seilbrücke ca. 2700 m. Ab Brücke leichter Fels, Drahtseilsicherung, Theniushaken, nach roten Pfeilmarkierungen über Gehgelände zur Einmündung in den Touristensteig im Anstieg von Corvara.

Höchste Wegestelle/Gipfel
Piz Boè 3152 m (Capanna Fassa).

Anstiegsleistung
Ab Parkplatz 1000, ab Einstieg 500 Höhenmeter.

Abstieg
Normalroute zur Pordoi-Scharte, auf Steig oder mit der Seilbahn zurück zum Pordoi-Joch.

Gehzeiten
Parkplatz Kriegerdenkmal 2195 m – Einstieg Klettersteig ca. 2600 m: 1 Std., Attrezzata Piazzetta (Ende der Sicherungen): 1 Std., – Piz Boè 3152 m: 1 Std.
Abstieg: Piz Boè – Pordoi-Scharte 2848 m – Pordoi-Joch 2242 m: 2 Std.
Gesamtgehzeit: 5 Std.

Hütten/Stützpunkte
Capanna Fassa 3152 m, Gipfelhütte.
Boè-Hütte 2873 m, CAI-SAT Trient, 43 Betten/Matr., bew. Ende Juni–Ende Sept.

Landkarten
Siehe Tour 7.

Einstiegswand der Attrezzata Piazzetta.

Langkofel-Gruppe

7 Oskar-Schuster-Klettersteig

Plattkofel 2955 m

Im Felsenlabyrinth des Plattkofels

mäßig schwierig

Vom Sella-Joch (2240 m), dieser Brücke zwischen der Sella-Gruppe und dem Langkofelstock, ergeben sich die vielfältigsten touristischen Möglichkeiten: Wanderer, Bergsteiger und Kletterer finden einen fast unbegrenzten Auslauf, auch Klettersteigfreunde kommen vom Sella-Joch aus auf ihre Kosten. Das Langkofelmassiv lockt mit dem *Oskar-Schuster-Steig,* und diesem Wink folgen an schönen Sommertagen die Klettersteiggeher in nicht geringer Zahl. Dieser weitgehend naturbelassene Felsanstieg aus dem Plattkofelkar im Inneren des Massivs hinauf zum dreigipfeligen Grat des Plattkofels garantiert – wenn die Verhältnisse gut sind, also die Route schneefrei ist – ein volles Bergerlebnis! Schon der Zugang von der Langkofelscharte aus ist dazu ein stimmungsvoller Auftakt. Wir glauben uns eingefangen von bedrängend nahen, himmelhohen Felskulissen, der Reiz, aber auch die Drohung unmittelbarer Bergnatur bleibt bis zum Ausstieg am mittleren Gipfel erhalten.

Die Tour beginnt denkbar bequem mit der Kleingondelbahn hinauf zur Langkofelscharte (2679 m). Die Toni-Demetz-Hütte füllt die enge Kerbe fast völlig aus, von ihr leitet ein Steig steil abwärts in das Langkofelkar zur Langkofel-Hütte (2252 m). Bergsteiger und Kletterer profitieren von der Lage dieser Hütte an der Vereinigung von Langkofel- und Plattkofelkar, sie brauchen nur zuzugreifen, rundum warten Anstiege aller Schwierigkeitsgrade – und für uns der Oskar-Schuster-Steig. Das Plattkofelkar zeigt die Richtung zum Plattkofel-Ostanstieg und damit den Weg zum Einstieg. Ein Felsenzirkus hoher, zerrissener Wände und Pfeiler umgibt das Kar, in dessen hinterstem Winkel der Plattkofelgletscher noch immer einen kleinen Eisschatz bewahrt. Die Anforderungen des Klettersteiges beginnen im Karinnern an einem meist schneebedeckten Geröllkegel (ca. 2550 m), der zum Fels aufschließt. Auf dem Schrofenvorbau schlüpft der Steig durch die kleine Scharte zwischen einem Felsköpfl und der stark gegliederten Ostwand und mündet über ein Band in die steile, felsige Geröllschlucht, die 100 Meter höher in einer Schotterterrasse ausläuft. Dort oben, bei etwa 2750 Meter, öffnet eine meist von Eis verbrämte, mit vertikalen Linien markant geschlagene Scharte das einzige Felsenfenster, das im Oskar-Schuster-Steig einen Ausblick in die Bergwelt außerhalb des Langkofelmassivs freigibt. Gäbe es nicht die gute Markierung, könnten wir an dieser Stelle – von Zweifeln verführt – vielleicht die richtige Route verlieren. Die roten Farbtupfen leiten durch das Felsenlabyrinth nach links, wir meistern einen Kamin und folgen dem schmalen Band, das bei einer Wandformation endet. Mehrere kurze Drahtseillängen sichern schräg aufwärts den Durchstieg, eine seichte, steinschlaggefährdete Rinne führt den Klettersteig hinaus zum Gipfelkamm.

Am Metallkreuz des 2955 Meter hohen Mittelgipfels belohnt uns und die vielen Bergwanderer, die sich vom Plattkofel-Schutzhaus (2256 m) auf dem Normalweg über das »Platt« heraufplagten, eine großartige Rundschau. Mit den Wandersleuten steigen wir hinab zum Schutzhaus, der Friedrich-August-Weg garantiert die problemlose Rückkehr zum Sella-Joch.

König Friedrich August III. von Sachsen (1865–1932) war ein begeisterter Bergsteiger und auch in den Dolomiten auf vielen Touren unterwegs. Auf seine Anregung hin wurde diese Wegeverbindung eingerichtet, im Bereich des Langkofels blieb der Name erhalten.

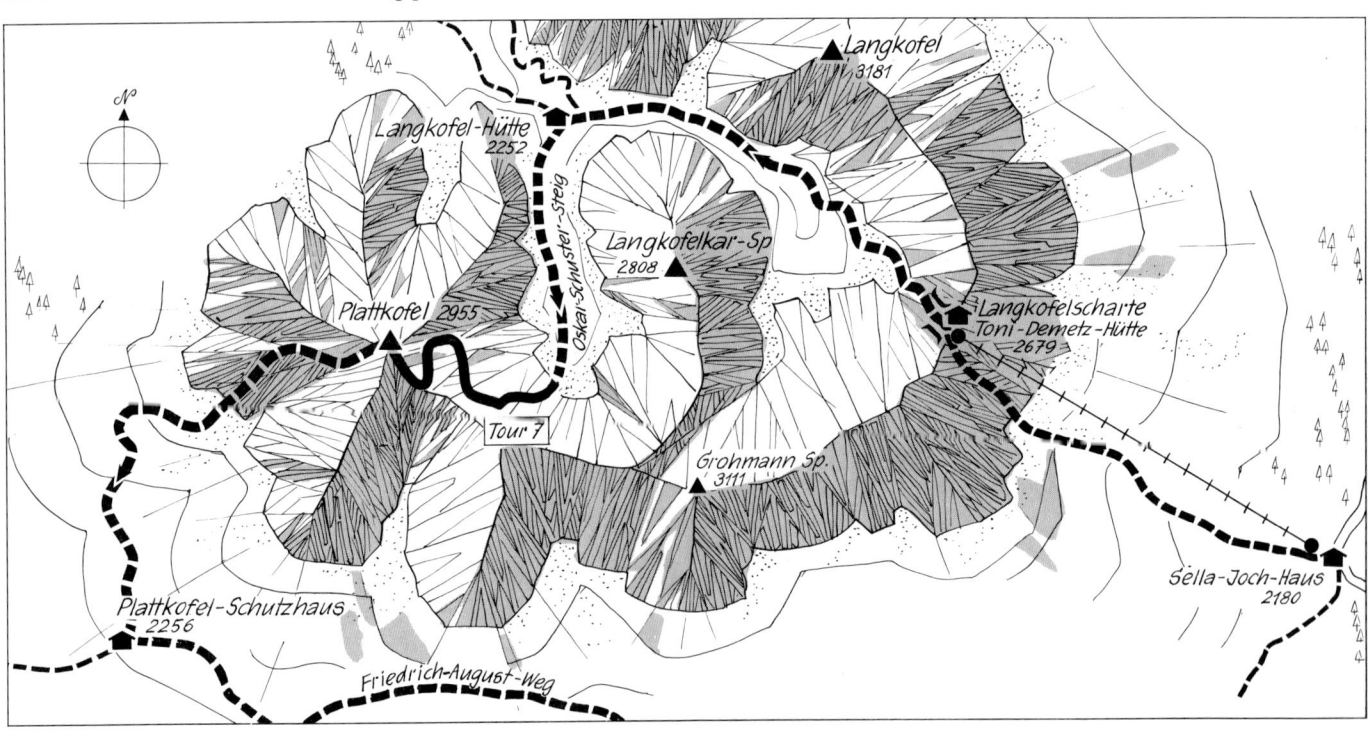

Tourensteckbrief

Ausgangsort
Sella-Joch-Haus 2180 m.

Die Tour in Stichworten
Sella-Joch-Haus 2180 m – Gondellift Langko-felscharte (Demetz-Hütte) 2679 m – Langkofel-Hütte 2252 m – Oskar-Schuster-Steig – Plattko-fel 2955 m – Plattkofel-Schutzhaus 2256 m – Sella-Joch.

Schwierigkeit: II = mäßig schwierig
Stark begangener Klettersteig (Achtung: Stein-schlag!), weitgehend naturbelassene ostseitige Felsroute, nur einige kurze Drahtseilsicherun-gen, durchgehend markiert.
Zugang: Vom Sella-Joch-Haus mit Lift zur Langkofelscharte. Dort mark. Abstieg zur Lang-kofel-Hütte. Ab Hütte markierter Steig in das Plattkofelkar zum Einstieg auf etwa 2550 m.
Klettersteig: Nach Markierungen über einen Schrofenvorbau in eine schmale Schlucht, die steil höher zu einer Terrasse unter einer mar-kanten Scharte zieht. Dort nach links und mit einigen Drahtseilsicherungen in die seichte Felsrinne, die den Ausstieg zum Gipfelgrat frei-gibt.

Höchste Wegestelle/Gipfel
Plattkofel-Mittelgipfel 2955 m.

Anstiegsleistung
Ab Langkofel-Hütte 700 Höhenmeter, davon Klettersteig 400 Höhenmeter.

Abstieg
Markierter Normalweg zum Plattkofel-Schutz-haus. Friedrich-August-Weg zurück zum Sella-Joch.

Gehzeiten
Langkofelscharte 2679 m – Langkofel-Hütte 2252 m: ½ Std., Langkofel-Hütte – Oskar-Schu-ster-Steig – Plattkofel 2955 m: 2 Std.
Abstieg: Plattkofel-Schutzhaus 2256 m: 1 Std. – Friedrich-August-Weg – Sella-Joch: 2 Std.
Gesamtgehzeit: 5½ Std.

Hütten/Stützpunkte
Sella-Joch-Haus 2180 m, CAI-Sektion Bozen, 72 Betten/Matr., ganzjährig bew.
Demetz-Hütte 2679 m, privat, 34 Betten/Matr., bew. Anf. Juni–Anf. Okt.
Langkofel-Hütte 2252 m, CAI-Sektion Vicenza, 50 Betten/Matr., bew. Mitte Juni–Ende Sept.
Plattkofel-Schutzhaus 2256 m, privat, 41 Betten/ Matr., bew. Mitte Juni–Ende Sept.

Landkarten
Kompass-Wanderkarte 1:50 000, Blatt 59 »Sel-lagruppe – Marmolata«.

Im Frühsommer und nach schlechtem Wetter, das Schnee und einen Temperatursturz brach-te, ist die Begehung des Oskar-Schuster-Steiges ungünstig und riskant!
Aus dem Firnfleck im Bild rechts unten erfolgt der Zugang in die steile Geröllschlucht, in der die Klettersteiggeher etwa 100 Meter zu einer Schotterterrasse ansteigen.

8 Maximilianweg

Roterdspitze 2655 m
Großer Roßzahn 2653 m

»Spaziergang« hoch über der Seiser Alm

wenig schwierig

Der Wanderer, der von den Schlernhäusern in Richtung Tierser Alpl geht, trifft nach einer knappen Stunde auf die Abzweigung mit der Tafel: *»Roterdspitze-Maximilianweg«*. Ein gemächlicher Anstieg über Rasenpolster führt zum Gipfelkreuz der Roterdspitze, 2655 Meter. Aus dieser hervorragenden Position übersehen wir das Schlernplateau und die Seiser Alm; die Roterdspitze ist der höchste Punkt im Reiche des Schlern, das auch den Kamm-

verlauf zu den Roßzähnen mit einschließt. Vor dem Weiterweg hinab zu diesem Verbindungsgrat, der den Maximilianweg trägt, mahnt ein Schild: *»Solo per esperti – Nur für Geübte!«*

Der Maximilianweg beginnt steil und ausgesetzt, aber Sicherungsseile erleichtern den kurzen Abstieg zum Grat. Trittsichere, geübte Leute gehen spielerisch und mit Genuß über die teilweise schmale, fast horizontale Schneide hinweg, weniger Geübte brauchen vielleicht Seilhilfe, denn die nächsten Sicherungen gibt es erst drüben am Großen Roßzahn. Die kurze Kletterei an seiner Nordwestflanke macht ein Felsenfenster noch interessanter, damit gewinnt der Maximilianweg die sonnige Südseite und bald darauf die kleine Gipfelplattform des Großen Roßzahn, 2653 Meter. Eine Vorkanzel gönnt uns den Tiefblick auf das rote Dach der Tierser-Alpl-Hütte – Höhenunterschied 200 Meter! Nicht ganz so senkrecht und direkt, aber doch sehr steil, leitet die erste Drahtseillänge abwärts zu einer Scharte, die den Großen Roßzahn von der nach Osten ausgebildeten »Zahnreihe« trennt. Ein letzter Blick zur Seiser Alm, dann taucht dieser kurzweilige Klettersteig südseitig in eine schmale Schlucht – unser hoher »Spaziergang« läuft an der Schuttreise nahe der Alpl-Hütte (2438 m) aus.

Tourensteckbrief

Ausgangsort
Parkplatz Bellavista, Seiser Alm 1870 m.

Die Tour in Stichworten
Parkplatz Seiser Alm 1870 m – Touristensteig – Schlernhäuser 2457 m – Roterdspitze 2655 m – Maximilianweg – Großer Roßzahn 2653 m – Tierser Alpl-Hütte 2438 m – Roßzähnescharte 2495 m – Hotel Goldknopf 2070 m – Parkplatz Seiser Alm.

Schwierigkeit: I = wenig schwierig
Maximilianweg fast horizontale Gratroute von West nach Ost, teils ausgesetzter, brüchiger Fels, schwierigere Stellen drahtseilgesichert; in beiden Richtungen empfehlenswert.
Zugang: Ab Parkplatz auf dem Touristensteig zu den Schlernhäusern, dort Übergang zum Tierser Alpl, vorher Abzweigung zur Roterdspitze.
Klettersteig: Von der Roterdspitze steiler Abstieg auf Steig zum Verbindungsgrat hinüber zum Großen Roßzahn. Teils Steigspuren, abschüssiges Gelände, Felsansatz mit Drahtseil zum Großen Roßzahn. Steiler, drahtseilgesicherter Abstieg zu einer Scharte, durch eine Schotterschlucht hinab zum Tierser Alpl.

Höchste Wegstelle/Gipfel
Roterdspitze 2655 m, Großer Roßzahn 2653 m.

Anstiegsleistung
Ab Parkplatz Seiser Alm 800 Höhenmeter.

Abstieg
Vom Tierser Alpl kurzer Anstieg zur Roßzähnescharte, von dort auf Steig Abstieg zum Hotel Goldknopf und mit Lift oder auf Weg zurück zum Parkplatz Seiser Alm.

Gehzeiten
Parkplatz Seiser Alm 1870 m – Touristensteig – Schlernhäuser 2457 m – Roterdspitze 2655 m: 3½ Std.; Roterdspitze – Maximilianweg – Großer Roßzahn 2653 m – Tierser Alpl-Hütte 2438 m: 2½ Std. Abstieg: Tierser Alpl-Hütte – Parkplatz Seiser Alm: 2 Std. Gesamtgehzeit: 8 Std.

Hütten/Stützpunkte
Schlernhäuser 2457 m, CAI-Sektion Bozen, 90 Betten/Matr., bew. Mitte Juni–Ende Sept. *Tierser Alpl-Hütte* 2438 m, privat, 68 Betten/Matr., bew. Mitte Juni–Anf. Okt.

Landkarten
Kompass-Wanderkarte 1:50000, Blatt 59 »Sellagruppe – Marmolata«.

Tip
Zwei-Tage-Tour: Erster Tag Schlernhäuser, Petz und Burgstall, Übernachtung, zweiter Tag Übergang Roterdspitze – Maximilianweg.

Im Maximilianweg von der Roterdspitze herüber überrascht kurz vor dem Gipfel des Großen Roßzahn dieses Felsenfenster, durch das der Weg von der Nord- zur Südseite wechselt.

Kesselkogel
3004 m

9 Westanstieg
10 Ostanstieg

Überschreitung auf zwei Klettersteigen

mäßig schwierig

Der erste Abschnitt des Kesselkogel-West-anstieges: Von der Felsnase auf dem schmalen Band und über eine Leiter zu dem breiten Band läuft der schwierigste Teil der Route.

In der weithin sichtbaren, etwa 9 Kilometer langen Rosengarten-Westfront glänzt die Rosengartenspitze (2987 m) als Hauptgipfel. Der 3004 Meter hohe Kesselkogel ist weniger auffällig postiert, sein Platz ist im Inneren der Gruppe, dort ragt er als gewaltiger Felsaufbau zwischen dem Hochtal von Vajolet und dem Kessel von Antermoia. Der Kesselkogel markiert die einzige Dreitausender-Höhenkote im Rosengarten und war deshalb schon zur Pionierzeit sehr begehrt und umworben. Der Lorbeer der Erstbesteigung gebührt englischen Alpinisten. Die Engländer kamen im Jahre 1872 von der »Hinterseite«, vom Antermoia-Kessel, über die Ostflanke zum Gipfel. Das Signal dieser fremden Herren erreichte den einheimischen Bozener Bergsteiger Johann Santner und weckte seinen Ehrgeiz. Santner konzentrierte sich auf die Erschließung der noch unberührten Westflanke, und 1876, an einem Tag im Oktober, gelang ihm dieses große Vorhaben. In dem Jahrhundert bis heute gehört sein Weg zum Klettergut aller Normalbergsteiger.

Westanstieg

Das Vajolettal ist die touristische Hauptschlagader im Rosengarten. Oben an der Felsenschwelle, auf der die Preuß- und die Vajolet-Hütte residieren, öffnet es sich zu einem weiten Hochtal, abgeschlossen von der mächtigen Westflanke des Kesselkogels gegen Nordosten, im Osten von der Larsec-Gruppe und im Westen von der berühmten Rosengarten-Hauptkette.

Ein Stehenbleiben lohnt sich, um dieses Bergbild zu betrachten, denn auch das bloße Auge erkennt das Gipfelkreuz, den Anstieg zu ihm kann man sich sogleich vorstellen: Das breite Band, das die Westflanke so auffällig diagonal gliedert, trägt im oberen Abschnitt die Route hinaus zum Nordgrat, über ihn gewinnt sie den höchsten Punkt. Auch der Grasleitenpaß mit seiner Hütte (Rifugio Passo Principe), dem die Wanderer in Scharen zulaufen, ist sichtbar, er ist der Startplatz für den Klettersteig durch die Westflanke. Am Grasleitenpaß (2601 m) verstärkt sich die Zahl der Kesselkogel-Anwärter, denn viele Bergsteiger kommen von der beliebten Süd-

tiroler Grasleiten-Hütte (2129 m) herauf, nachdem sie dort meist über Nacht geblieben sind.

Ein Schotterkegel nimmt die Route auf, führt den Steig zum Fels und damit zur ersten Drahtseilsicherung. Dem Durchschlupf durch einen Kamin folgt die schmale, horizontale Passage zu einer kurzen Leiter hinab zu einem breiten, sandigen Band. Drahtseile helfen hinauf zum steilen Ausstieg auf einer Felskanzel neben einer engen Scharte – in diesem schwierigsten Abschnitt testet der Westanstieg seine zahlreichen Liebhaber. Wer mit Geschick diese Probe besteht, darf aufatmen, denn wenig später mündet der Steig in das breite, gut gangbare Diagonalband. Ohne Schwierigkeiten überwinden wir, gesichert an festverankerten Drahtseilen, die Felsabsätze hinauf gegen ein deutlich eingeschnittenes Schartl, bleiben aber bei den Sicherungen rechts und steigen hoch oben am Nordgrat nahe dem Gipfelkreuz aus. Wer früh aufgestanden ist, hat trotz ausgiebiger Gipfelrast noch einen langen Tag vor sich, den er am besten damit ausfüllt, den Kesselkogel hinab nach Antermoia zu überschreiten.

Ostanstieg

Die West- sowie die Ostroute empfehlen sich gleichermaßen für den Anstieg wie für den Abstieg. Immer mehr bürgert sich jedoch der östliche Klettersteig als Abstiegsroute ein, denn in der Umschau vom Gipfel erscheint der abgelegene Antermoiakessel als eine Oase der Stille gegenüber dem lauten, lebhaften »Bahnhof« am Grasleitenpaß. Antermoia lockt zudem mit seinem sagenumwobenen See und einer neu renovierten, schmucken Hütte. Mit der Rückkehr über den Antermoiapaß (2769 m) nach Vajolet wird das Unternehmen Kesselkogel zu einer äußerst lohnenden Rundtour.

Auch die Kesselkogel-Ostflanke besitzt ein stark ausgeprägtes, breites Diagonalband. Diese »Strada« (Weg der Erstersteiger) erkannte die Trientiner Alpinistenvereinigung SAT als Idealroute für den ostseitigen Klettersteig, den sie im Jahre 1973 erbaute. Zwei kurze Leitern und eine großzügige Drahtseilsicherung erlauben auch dem weniger trainierten Berggeher diese genußreiche Route durch eine eindrucksvolle Felswand mit weiten Ausblicken zum Langkofel und zur Sella.

Tourensteckbrief

Ausgangsort
Gardeccia 1960 m im Vajolet-Tal.

Die Tour in Stichworten
Gardeccia 1960 m – Grasleiten-Paß 2601 m (Rif. Principe) – Westanstieg – Kesselkogel 3004 m – Ostabstieg – Antermoia-Paß 2769 m – Grasleiten-Paß – Gardeccia.

Schwierigkeit: II = mäßig schwierig
Westroute sehr stark, Ostroute weniger begangen (meist im Abstieg). Fast durchlaufende Drahtseilsicherungen, in der Westroute eine, in der Ostroute zwei kleine Leitern.

Zugang: Aus dem Fassatal zum Parkplatz Gardeccia. Ab Gardeccia markierter Weg vorbei an der Preuß- und der Vajolet-Hütte zum Grasleiten-Paß mit dem Rif. Principe.

Klettersteig Westanstieg: Vom Grasleiten-Paß zum nahen Einstieg. Drahtseile leiten zu einer ausgesetzten Passage, auf einer Leiter hinab zu einem sandigen Band. Auf diesem zu einer Felsrinne, die in einer engen Scharte ausläuft. Dieser untere Abschnitt ist der schwierigere Teil im Westanstieg! Die Route läuft hinaus zum breiten Diagonalband der Westwand, links aufwärts zu einer Scharte, steiler Ausstieg zum luftigen, horizontalen Gipfelgrat.

Klettersteig Ostabstieg: Nach Überschreitung des Gipfels zu den Drahtseilen, die hinab auf das breite Diagonalband der Ostwand leiten. Auf diesem und über gut gestufte Wandfelsen, zwei Leitern, zum Ausstieg bei einem kleinen Sattel, 2750 m. Über den schrofigen Wandvorbau hinab zum Antermoia-Kessel.

Höchste Wegestelle/Gipfel
Kesselkogel 3004 m.

Anstiegsleistung
Ab Gardeccia 1200 Höhenmeter, davon ab Grasleiten-Paß im Westanstieg 400 Höhenmeter; Klettersteig im Ostabstieg 200 Höhenmeter.

Abstieg
Ab Antermoia-Kessel nach Markierungen entweder Anstieg zum Antermoia-Paß – Grasleiten-Paß **oder** hinab zur nahen Antermoia-Hütte und auf dem Scalette-Weg zurück nach Gardeccia (3½ Std., sehr lohnend!).

Gehzeiten
Gardeccia 1960 m – Grasleiten-Paß 2601 m: 2 Std., Grasleiten-Paß – Westanstieg – Kesselkogel 3004 m: 1½ Std.
Abstieg: Ostabstieg 1 Std.; Anstieg Antermoia-Paß 2769 m – Grasleiten-Paß: 1 Std. – Gardeccia: 1½ Std.
Gesamtgehzeit: 7 Std.

Hütten/Stützpunkte
Siehe Tour 11.
Antermoia-Hütte 2496 m, CAI-SAT Trient, 44 Betten/Matr., bew. Ende Juni–Ende Sept.

Landkarten
Siehe Tour 11.

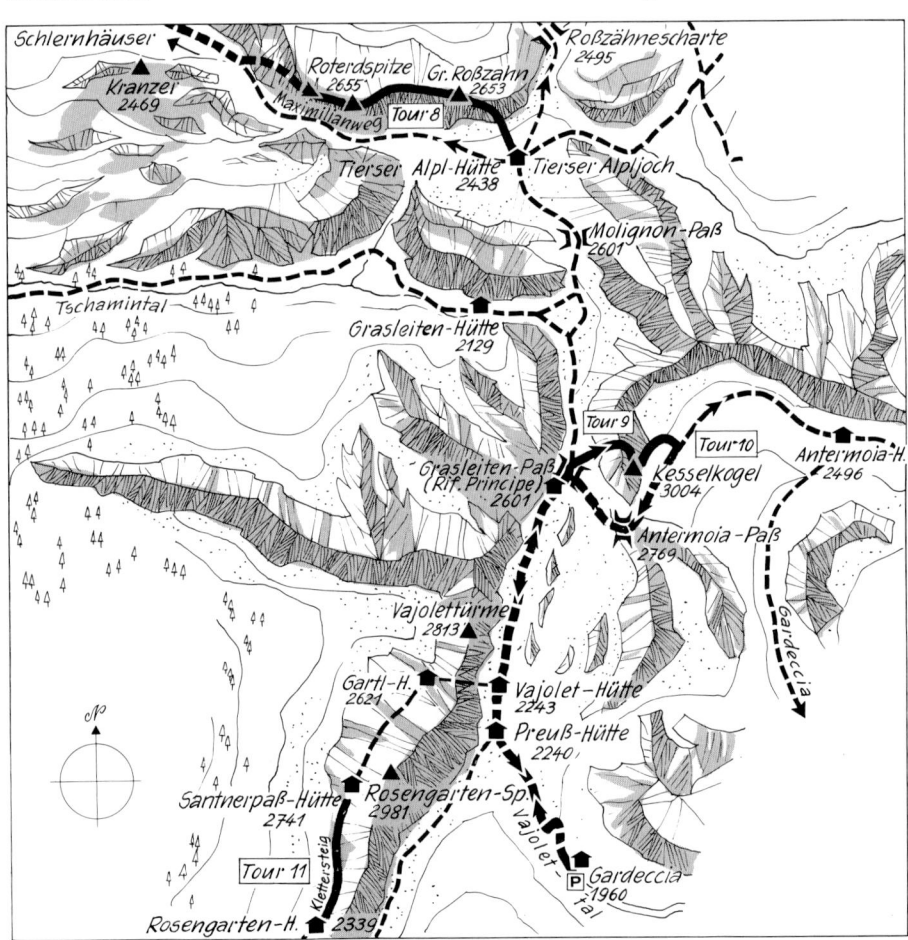

Kesselkogel-Ostanstieg, im Zugang zum Diagonalband der Ostflanke.

Rosengarten-Gruppe

11 Santnerpaß-Klettersteig

*Im Sockelfels der
Rosengartenspitze*

mäßig schwierig

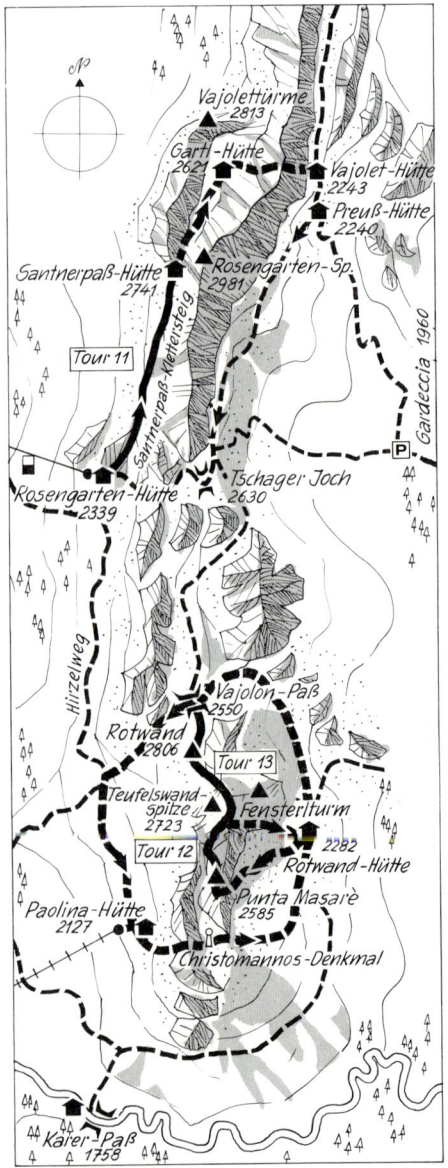

Der romantische Name »Rosengarten« ist für Dolomitenreisende ein Magnet. Das berühmte Rosengarten-Panorama strahlt seine Faszination bis hinab nach Bozen, und so wundert es nicht, daß die meisten Dolomiten-Rundfahrten mit einem Rosengarten-Besuch beginnen.

Von Bozen bringt uns die Dolomitenstraße über Welschnofen hinauf zum Karersee (1519 m). Am Parkplatz vor diesem verwunschenen Seeauge vergessen aber die Rosengartenfreunde doch für kurze Zeit ihr Ziel, denn der von Urgewalten zerklüftete Latemar im Spiegel des klaren Wassers erregt allgemeine Bewunderung. Bei der Weiterfahrt erscheint jedoch nach wenigen Kehren in voller Ausdehnung die Rosengarten-Hauptkette vom Karerpaß hinüber zur Laurinswand. Wir erkennen die 2981 Meter hohe Rosengartenspitze, unter ihrem Gipfel markiert bis in den Sommer hinein ein deutlich sichtbarer Schneefleck den Santnerpaß – die Bergfahrt kann beginnen.

Die erste Möglichkeit bietet der Sessellift zur Paolina-Hütte (2127 m), der Auffahrt schließt sich eine gut 1stündige Wanderung auf dem beliebten, fast horizontalen Hirzelweg unter der Rosengarten-Hauptkette hinüber zur Rosengarten-Hütte (2339 m, auch Kölner Haus genannt) an. Dieses große Schutzhaus kann mit Zufahrt auf der Niger-Straße zur Frommer Alm und mit dem Laurin-Lift auch direkt erreicht werden. Die überaus vorteilhafte Position auf einer aussichtsreichen, nach Westen zu offenen Schotterterrasse unter der Rosengartenspitze beschert dem Haus einen ständigen Gästestrom. Anspruchsvollere Bergwanderer, mit dem Hirzelweg allein nicht zufrieden, gehen von der Rosengarten-Hütte recht häufig den Klettersteig zum Santnerpaß, denn diese Route öffnet einen schnellen und direkten Zugang in das Herz des Rosengartens, ins »Gartl«, zu den berühmten Vajoletürmen. Der Anstieg ist markiert und mit der Nummer 542 gekennzeichnet, der Hinweis auf einen Klettersteig aber fehlt! Dies verführt oft auch Wanderer, die nicht entsprechend ausgerüstet sind und keine Klettersteigerfahrung haben, diesen »Weg« zu gehen.

Nach der Überwindung des kurzen, steilen, abgekletterten Felssockels hinter der Hütte läuft der Steig auf einem breiten, terrassenartigen Schotterband fast eben gegen das südwestseitige Felsmassiv der Rosengartenspitze. Dort beginnen die Schwierigkeiten, denen nur der geübte, trittsichere Bergwanderer gewachsen ist. Eisenklammern, eine Eisenleiter und Drahtseile führen über Steilabsätze, durch

seichte Schluchten und enge Felsschartl hinauf zu einem markanten Turm. Es folgt ein kurzer Abstieg zur sogenannten Eisrinne, der gefährlichsten und schwierigsten Passage. In diesem Winkel klebt, je nach Witterungsablauf, fast das ganze Jahr über ein steiler, eisiger Firnfleck, und auch der geübte Mann hat dort zu tun, wenn das Sicherungsseil an der Felswand zur Linken noch im Eis eingefroren ist. Nach Meisterung dieser heimtückischen Schlucht – besonders gefährlich im Abstieg! – lenkt die Felsenszenerie den Klettersteig nach links zu einer gestuften Wand. Der steile Ausstieg zum Paß erfordert nochmals Aufmerksamkeit, aber auf der Höhe von 2741 Meter dürfen wir Gefahr und Anstrengung vergessen: Die kleine Santnerpaß-Hütte, die Laurinswand und die Türme von Vajolet heißen uns im Rosengarten willkommen!

Tourensteckbrief

Ausgangsort
Obereggen 1522 m, Parkplatz Meierl Alm 2037 m.

Die Tour in Stichworten
Obereggen 1552 m – Meierl Alm 2037 m – Rif. Torre di Pisa 2671 m – Forc. dei Campanili 2685 m – Attrezzata Campanili del Latemar – Große Latemarscharte (Biv. Rigatti) 2620 m – Rif. Torre di Pisa – Meierl Alm.

Schwierigkeit: I = wenig schwierig
Fast horizontaler Routenverlauf in südseitigem, offenem Felsgelände. Sehr gute Drahtseilsicherung, eine Leiter. In beiden Richtungen gut begehbar.
Zugang: Auf schmaler Straße zur Meierl Alm oder mit Lift ab Obereggen. Ab Meierl Alm gegen die Bergstation eines Sesselliftes, dort nach rechts und auf markiertem Steig zum Rif. Torre di Pisa am südl. Kammauslauf des Latemar. Vom Rif. nach Markierung 516 in durchschnitt-licher Höhe von 2500 m zum weiten Einschnitt der Forc. dei Campanili (= Rotlahnscharte).
Klettersteig: Ab Scharte nach Markierung 511 und Drahtseilsicherung quert der Klettersteig in etwa 2700 m die schottrigen Südflanken der Westl. Latemartürme, berührt fünf Scharteneinschnitte und läuft an der Großen Latemarschar-te am Biv. Rigatti aus. Aus den Routenverlauf, vor dem Abstieg zur letzten Scharte, nach Steinmännern in 15 Min. leichter Anstieg zum Großen Latemarturm = Diamantiditurm.

Höchste Wegestelle/Gipfel
Großer Latemarturm 2846 m.

Anstiegsleistung
Ab Meierl Alm 900 Höhenmeter, davon Klettersteig 200 Höhenmeter.

Abstieg
Ab Biv. Rigatti auf Weg 18 und 516 zurück zum Rif. Torre di Pisa, **oder** Anstieg auf Weg Nr. 18 zur Östl. Latemarspitze 2800 m, mit Nr. 18 zur Kleinen Latemarscharte 2526 m und Abstieg zum Hotel Karersee 1609 m (3½ Std.).

Gehzeiten
Meierl Alm 2037 m – Rif. Torre di Pisa 2671 m: 1½ Std.; Rif. Torre di Pisa – Forc. dei Campanili 2685 m: 1 Std.; Forcella – Attrezzata – Campanili del Latemar – Große Latemarscharte 2620 m: 1½ Std.; Gr. Latemarscharte – Rif. Torre di Pisa: 2 Std.
Abstieg: Meierl Alm: 1 Std.
Gesamtgehzeit: 7 Std.

Hütten/Stützpunkte
Meierl Alm 2037 m, Almwirtschaft.
Rifugio Torre di Pisa 2671 m, privat, 16 Betten/Matr., bew. Anf. Juni–Mitte Okt.
Bivacco Mario Rigatti 2620 m, ständig geöffnete Notunterkunft.

Landkarten
Kompass-Wanderkarte 1:50 000, Blatt 74 »Tramin – Cavalese«.

Tip
Vom Weg 516 Besteigung der Reiterjochspitze, 2799 m, und der Erzlahnspitze, 2749 m.

15 Ferrata delle Trincèe
La Mesola 2727 m

Zu Kriegsstellungen im Vorfeld der Marmolata

sehr schwierig

Der fast 10 Kilometer lange, gestreckte Rücken des Padonkammes vom Pordoi-Joch hinab nach Pieve di Livinallongo vollzieht die Nordabgrenzung der Marmolata-Gruppe. Mit seinem schwarzen, fest gefügten Vulkanstein steht dieser auffällige Kamm in starkem geologischen Gegensatz zum hellen Dolomitfels der benachbarten Sella. Dieser Gebirgszug wird vor allem wegen seiner großartigen Aussicht hinüber zur Marmolata von zahlreichen Jochbummlern gerne besucht; auf dem berühmten Bindelweg zwischen dem Pordoi-Joch (2242 m) und der Porta Vescovo (2516 m) herrscht bei Wanderwetter in beiden Richtungen ein lebhafter Verkehr. Die Porta Vescovo unterteilt den Kammverlauf in der Mitte und ist das Ziel einer Seilbahn herauf vom nördlichen Talort Arabba (1605 m). Neben der klassischen Dolomitenpromenade des Bindelweges empfiehlt die Bergstation seit 1973 auch einen Klettersteig: Für Liebhaber von Eisenwegen preist sie die *Via ferrata delle Trincèe* als kurze, sportliche Tour.
Nur etwa 20 Minuten beträgt die Gehzeit von der Bergstation auf markiertem Steig über Grashänge zum Einstieg (ca. 2600 m). Die erste Übersicht rät entweder gleich zum Verzicht, oder sie wirkt derart herausfordernd, daß ein versierter Klettersteiggeher es kaum erwarten kann, in das

locker gespannte, starke, durch massive Ringhaken gefädelte Drahtseil zu greifen. Eine Tafel macht den deutschen Namen des Berges, »*Mittagspitze*«, bekannt, aber der Hinweis »*Nur für Geübte*« ist wichtiger und sollte ernst genommen werden. Der Blick zur Einstiegswand unterstreicht diese Warnung. Die erste Seillänge überwindet schräg nach links den fast tritt- und grifflosen Fels hinauf zu einer bewachsenen Rampe. Bei fehlender Klettertechnik müssen kräftige Arme zum Ausgleich herhalten! Die Route wird kaum leichter, auch der geübte Geher sollte seine Sicherung nicht vernachlässigen. Bei den luftigen, trittarmen Querungen schätzen wir die Reibung guter Profilsohlen, die Hände bleiben am Drahtseil, denn das vor hunderttausend Jahren fast fugenlos gegossene Vulkangestein geizt mit Griffen und Tritten. Die letzte, fast senkrechte Verschneidung überlisten wir auf Zehenspitzen, so flach sind die körnigen, gerunde-

ten Vorsprünge. In der Gipfelregion überrascht eine Hängebrücke, die Ferrata gewinnt in kurzem, nordseitigem Anstieg den höchsten Punkt, den Gipfel der Mesola, 2727 Meter. Ein kurzer, steiler Abstieg beendet den technisch anspruchsvollsten Teil der Ferrata. Wesentlich leichter führt die Route nun nach Osten zu interessanten Örtlichkeiten im Dolomitenkrieg 1915–1917. Am Ostgipfel berührt der Klettersteig die Stellungen der Österreicher; das Geviert einer Feldküche, Kavernen, Mauerreste und Holzstützen an senkrechtem Fels weckt die Ferrata delle Trincèe – der »Schützengrabenweg« – aus ihrer jahrzehntelangen Ruhe. An einem jähen Abbruch verläßt der Steig in fast senkrechter Routenführung, aber in gegliedertem Fels, mit Drahtseilen und Klammern gesichert, den einstigen Kriegsschauplatz. Ein harmloser Wanderweg schließt die Runde zurück zur Gondelbahn an der Porta Vescovo.

Auch in der Ferrata delle Trincèe ist eine Hängebrücke installiert, die einen tiefen, sonst ungangbaren Spalt knapp vor dem schwarzen Basaltgipfel der Mesola überwindet.

Tourensteckbrief

Ausgangsort
Arabba 1605 m, oder Fedaja 2044 m.

Die Tour in Stichworten
Arabba 1605 m – Seilbahn Porta Vescovo, Bergstation 2516 m – Ferrata delle Trinceè – Bergstation.

Schwierigkeit: IV = sehr schwierig
Vielbegangener, kurzer Klettersteig im West-Ost-Kammverlauf. Sehr steiler Fels, nur Drahtseilsicherung, im Abstieg Klammern, Klettererfahrung erforderlich, anstrengend.
Zugang: Seilbahnauffahrt zur Porta Vescovo; **oder** Anstieg von den Parkplätzen auf Fedaja 2053 m; **oder** auf dem Bindelweg herüber vom Pordoi-Joch 2242 m. Von der Bergstation auf markiertem Steig in 20 Min. zum Einstieg.
Klettersteig: Ab Einstieg (ca. 2600 m) in fast tritt- und grifflosem Fels, nur ein locker gespanntes Drahtseil, etwa 30 m hinauf zu einer kleinen Rampe (Schlüsselstelle). Weiterhin sehr ausgesetzter Steilfels bis zu einer Hängebrücke knapp unter dem Gipfel der Mittagsspitze 2727 m. Abstieg zur breiten Scharte, hinüber zum Ostgipfel (aus der Scharte Abstieg zum Verbindungsweg zur Porta Vescovo möglich). Der Klettersteig führt weiter durch die ehem. Kriegsstellungen am Ostgipfel, zuletzt Steilabstieg hinunter zum Wiesenweg zurück zur Porta Vescovo.

Höchste Wegestelle/Gipfel
La Mesola (Mittagsspitze) 2727 m.

Anstiegsleistung
Ab Porta Vescovo 200 Höhenmeter.

Abstieg
Siehe Routenverlauf.

Gehzeiten
Bergstation Porta Vescovo 2516 m – Einstieg 2600 m: 20 Min. – Ferrata delle Trinceè: 1½ Std.; Rückweg Bergstation: 40 Min. Gesamtgehzeit: 2½ Std.

Hütten/Stützpunkte
Bergstation Porta Vescovo 2516 m, Bergrestaurant.
Rifugio Marmolada auf Fedaja 2054 m, CAI, 72 Betten/Matr., ganzjährig geöffnet.

Landkarten
Kompass-Wanderkarte 1:50000, Blatt 59 »Sellagruppe – Marmolata«.

Tip
Rückkehr auf dem aussichtsreichen Bindelweg zum Pordoi-Joch, von dort mit Bus zurück nach Arabba.

Dieses Bild zeigt den Gipfel der Mittagsspitze = »La Mesola« von Osten. Die Klettersteiggeher beenden mit seiner Überschreitung den schwierigsten Abschnitt der Ferrata delle Trinceè, von dem grünen Sattel läuft die Route nach Osten zu den Kriegsstellungen.

Die Marmolata

Die Marmolata glänzt mit ihrem Gletschermantel als höchster und berühmtester Berg der Dolomiten. Fast das ganze Jahr über kommen Menschen zu ihr, sei es zum Skilauf oder zum Bergsteigen. Trotz Gondelbahn und totaler Ski-Erschließung der Nordseite blieb die Marmolata bis heute ein begehrtes Bergsteigerziel. Der gewaltige, von Ost nach West gestreckte Kamm bildet mehrere benannte Gipfel aus, von denen die Punta di Penia 3343 m und die Punta di Rocca 3309 m die höchsten sind.

Zur in Bildmitte deutlich erkennbaren Eisschulter vor der Punta di Rocca führt vom östlichen Talgrund, der Malga Ciapela (1450 m), eine Seilbahn in drei Sektionen zur Höhe und verteilt an der Bergstation (3270 m) das großartige Geschenk der Marmolata: die Sicht über einen Bergraum, wie sie keinem Dolomitengipfel mehr gegeben ist!

Noch zur Mitte des vorigen Jahrhunderts galt die Marmolata als alpine »Terra incognita«, ihre höchsten Erhebungen waren – nach fehlgeschlagenen Versuchen einheimischer Honoratioren – noch unbetreten. Wie in den Westalpen, so leisteten auch an der Marmolata britische Alpinisten die Pionierarbeit. John Ball erreichte 1860 mit seinem Landsmann Birkbeck und Victor Tairratz aus Chamonix die Punta di Rocca. Der Griff nach der Krone gelang jedoch Paul Grohmann mit den Führern Angelo und Fulgencio Dimai aus Cortina: Am 27. September 1864 erreichten sie die Punta di Penia. Grohmann schreibt: *»Um 10.37 Uhr betraten wir die höchste Spitze der Marmolata, auf der schon so lange vor mir meine Wünsche angelangt waren!«*

Souverän beherrscht die Marmolata, die »Königin der Dolomiten«, ihre Untertanen. Auch der von Canazei aus so mächtige Große Vernel (3205 m, im Bild rechts außen) führt neben seiner Königin nur das Schattendasein eines Prinzgemahls.

Voller Verehrung singt ein altes ladinisches Volkslied: »O Marmolèda – Ti es regina« – Marmolata, du bist die Königin.

Die Marmolata von Norden mit ihrem höchsten Punkt, der 3343 Meter hohen Punta di Penia. Nach rechts fällt der Westgrat zur Marmolatascharte ab.
Kleines Bild: die Kriegsstellungen in der Marmolatascharte.

16 Marmolata-Westgrat

Punta di Penia
3343 m

Klettersteig zum höchsten Gipfel der Dolomiten

schwierig

Für den Normalbergsteiger bedeutet die Tour zur Marmolata – weit abseits der großen Gondelbahn – die Erfüllung eines Wunschtraumes. Den guten, ausdauern-

den Berggeher lockt besonders die Kombination: Anstieg über den Klettersteig des Westgrates – Abstieg über den Marmolata-Gletscher nach Fedaja. Ausgang für dieses anspruchsvolle Unternehmen kann einmal der Talort Alba (nahe Canazei) mit Stützpunkt Contrin-Haus sein, zum anderen Fedaja mit der Liftstation Pian dei Fiacconi auf der Marmolata-Nordseite. Beide Zugänge treffen in der Marmolatascharte den Klettersteig über den Westgrat. In den Plan einer Marmolata-Überschreitung wird Contrin gerne mit einbezogen. 1½ Stunden nur nimmt die reizvolle Wanderung von Alba hinauf zum Contrin-Haus in Anspruch, das inmitten einer großartigen Gebirgskulisse steht. Die Cima Ombretta, der Vernelstock und vor allem die Südwestwand der Marmolata wirken ungemein eindrucksvoll. Der Verlauf des Marmolata-Westgrates ist gut zu übersehen: Vom tiefen Einschnitt der Marmolatascharte formen Pfeiler, Wandvorsprünge, zuletzt eine Eiskalotte, eine kühne Linie, die am höchsten Punkt, an der Punta di Penia, 3343 Meter, gipfelt.

Am Contrin-Haus (2016 m) beginnen wir die Bergfahrt mit dem Anstieg in Richtung Ombretta-Paß bis zur Wegeteilung »Mar-

molatascharte«; diese Abzweigung (ca. 2350 m) ist gut bezeichnet und nicht zu übersehen. Über Schotterhänge zieht ein steiler, mühsamer Steig, zuletzt unterstützt von einer Eisenleiter, in die enge Schartenkerbe zwischen dem Großen Vernel und der Marmolata, das Schild: »Hans-Seyffert-Weg« verkündet die gesicherte Westgratführe. Der Zugang von Norden, von der Liftstation Fiacconi (2625 m) herüber, ist schwieriger, aber kürzer; er läuft über einen Seitenflügel des Marmolata-Gletschers, zum Schluß über Firn und steiles Eis (Steigeisen!) zur Scharte. Immer häufiger wird jedoch diese Route bevorzugt, denn mit einer frühen Auffahrt zur hochgelegenen Bergstation paßt die Marmolata-Überschreitung gut in den Rahmen einer normalen Tagestour.

Schon der hohe Einstieg – 2910 Meter – unterscheidet diesen Klettersteig von der Mehrzahl der übrigen Anlagen. Die Erstbegeher des Westgrates, die Nürnberger Seyffert und Bittmann, erschlossen im Jahre 1898 mit ihrem Anstieg eine Route, die das Prädikat »hochalpin« verdient. Die Alpenvereinssektion Nürnberg, damals Besitzer des Contrin-Hauses, hat noch vor dem Ersten Weltkrieg die

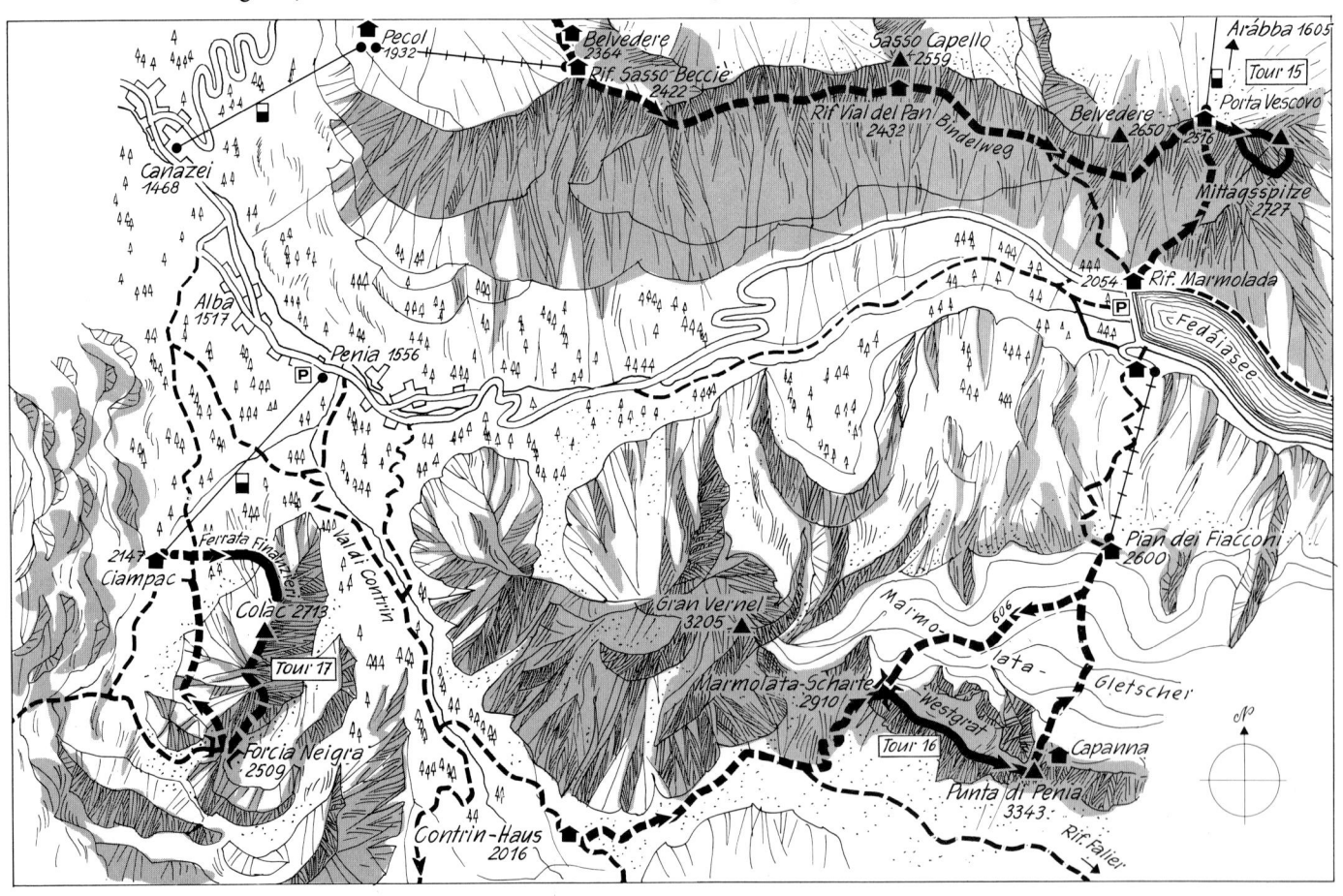

schwierigen Stellen gesichert, aber trotzdem muß man mit der Höhe und der Ausgesetztheit fertig werden und dem nie leichten, doppelt abschüssigen Gratverlauf gewachsen sein. Dazu kommen häufige Vereisung sowie die Gefahr einer plötzlichen Wetterverschlechterung – Gewitter! Trotz der großen Anforderungen nimmt die Begehung des Westgrates ständig zu, für den erfahrenen und geübten Normalbergsteiger ist er der schönste Marmolata-Anstieg!

In der am Morgen schattigen Marmolatascharte erinnern dunkle Kavernenaugen an den Dolomitenkrieg, der an der Marmolata mit großer Dramatik tobte. Eine Klammernreihe überwindet den ersten Steilaufschwung, abschüssiges Gehgelände auf feinem Schotter führt uns höher gegen den Grat. Teile der Sicherung, wie

Klammern, Stifte, kurze Eisenstege knapp am Fels befestigt, und in den Stein gehauene Tritte stammen noch aus der Erschließerzeit. Teilweise abgetreten und wackelig erfordern sie Aufmerksamkeit, aber ein verläßliches Seilgeländer läuft mit und hilft zur Sicherung über glatte Plattenschüsse und schmale Bänder. Der »Seyffert-Weg« bleibt auf der Nordseite des Grates, berührt selten die Kante und wird technisch nie schwierig. Aber auch bei günstigen Verhältnissen ohne Probleme durch Eis, Schnee oder Gewitter, erfordert die Westgrat-Begehung absolute Trittsicherheit, Erfahrung und ruhiges Blut, damit auch ungesicherte Abschnitte keine Gefahr bedeuten. Bei der Höhe von etwa 3150 Meter führen die Sicherungen nochmals zur Abbruchkante und laufen über eine Senke zum Eis des Marmolata-

Anstieg auf dem Marmolata-Westgrat. Im Gletscher die deutlich erkennbare Trasse von der Liftstation Pian dei Fiacconi zur Marmolatascharte.

Gletschers aus. Die Begegnung kann heikel sein – Steigeisen und Pickel hat der umsichtige Bergsteiger für diese Tour jedoch dabei! Der Übertritt zur Eiskalotte mündet in eine meist vorhandene Trasse, der Schlußanstieg am Gletscher birgt keine Tücken. Nur mäßig steil überwindet er die noch übrigen 200 Höhenmeter zur »Capanna Punta Penia« auf dem Scheitel der Marmolata.

Diese kleine Gipfelhütte ist im Sommer ständig bewartet und seit der Erweiterung 1980 auch gut bewirtschaftet – zur Unterstützung und zum Schutz der vielen Bergsteiger, die zur Marmolata kommen.

Tourensteckbrief

Ausgangsort
Canazei 1468 m, oder Alba 1517 m im Fassatal.

Die Tour in Stichworten
Canazei 1468 m – Parkplätze auf Fedaja 2053 m – Lift Pian dei Fiacconi 2600 m – Marmolatascharte 2910 m (hierher auch Canazei – Contrin-Haus 2016 m) – Klettersteig Westgrat – Punta di Penia 3343 m – Pian dei Fiacconi – Fedaja.

Schwierigkeit: III = schwierig
Vielbegangene, anstrengende, hochalpine Tour. Westgrat, Routenverlauf nordseitig, knapp am Grat, mit Drahtseilen, Klammern und Stiften, kurze Leitern, ausreichend gesichert. Bei Vereisung und Gewitter sehr gefährlich!
Zugang: Von Fedaja zum Korblift (1. Auffahrt 8.15 Uhr), mit ihm zur Bergstation Pian dei Fiacconi. Von dort markierter Steig 606 zur Marmolatascharte, letzte Wegstrecke über Gletscher, oftmals vereister Steilanstieg. (Hierher auch mark., eisfreier Anstieg vom Contrin-Haus, 2½ Std.)

Klettersteig:
Aus der Marmolatascharte Einstieg in den Westgrat. Fast durchlaufendes Seilgeländer, Klammern, Stifte und flache Steigleitern über etwa 250 Höhenmeter, abschüssiges Felsgelände. Im Schlußanstieg ab ca. 3200 m einfache, mäßig steile Gletscherroute zur Gipfelhütte = Capanna Punta Penia.

Höchste Wegestelle/Gipfel
Punta di Penia 3343 m.

Anstiegsleistung
Ab Pian dei Fiacconi 700 Höhenmeter, davon Klettersteig 300 Höhenmeter.

Abstieg
Auf Marmolata-Normalroute: Ab Gipfel über den Firngrat zur Einmündung nach rechts in die gesicherte, schrofige Felsrinne hinab zum Marmolata-Gletscher und auf ihm, meist Trasse (Spaltengefahr!), zur Bergstation Fiacconi. Eisausrüstung notwendig!

Gehzeiten
Pian dei Fiacconi 2600 m – Marmolatascharte 2910 m: 1½ Std.; Marmolatascharte – Klettersteig Westgrat – Punta di Penia 3343 m: 2 Std.
Abstieg: Bergstation Fiacconi: 2 Std.
Gesamtgehzeit: 5½ Std.

Hütten/Stützpunkte
Rifugio Marmolada 2054 m auf Fedaja, CAI, 72 Betten/Matr., ganzjährig bew.
Capanna Punta Penia 3343 m, CAI, 15 Matr., bew. Ende Juni–Ende Sept.
Contrin-Haus 2016 m, Ass. Nationale Alpini, 90 Betten/Matr., bew. Mitte Juni–Ende Sept.

Landkarten
Kompass-Wanderkarte 1:50 000, Blatt 59 »Sellagruppe – Marmolata«.

Tip
Aus der Marmolatascharte nur wenig schwieriger Felsanstieg zum Kleinen Vernel 3092 m. Informativer Blick auf die Marmolata und den Verlauf des Westgrates zum Gipfel.

Der steile Aufschwung des Marmolata-Westgrates wird auf der sehr abschüssigen Nordflanke begangen. Alte Eisenstifte und ein neues Drahtseilgeländer sichern die ausgesetzten Passagen.
Im Hintergrund der Colàc (siehe Ferrata dei Finanzieri).

Marmolata-Gruppe

17 Ferrata dei Finanzieri
Colàc 2713 m

Am »Hausberg« von Canazei

sehr schwierig

Der Blickfang aus dem Talkessel von Canazei gehört dem Großen Vernel, 3210 m und dem 2715 Meter hohen Colàc. Der Colàc steht jedoch dem Talort näher und so kann er mit seiner prächtigen Berggestalt sehr gut als der »Hausberg« von Canazei gelten. Die zum Ort gerichtete Nordwestflanke wird durch eine riesige Verschneidung auffällig gegliedert, und diesen Vorteil nützte die Alpinschule der italienischen Finanzer für ihre Ferrata. Der Klettersteig, der seit 1980 den Colàc zähmt, durchläuft diese Verschneidung; auf dem sehr steilen, plattigen, breit angelegten Felsband gewinnt er etwa 200 Höhenmeter, bevor er in den Kaminen und Rissen der Gipfelregion verschwindet.

Die neue Gondelbahn vom Talort Alba (1517 m) hinauf nach Ciampac (2147 m) war sicher die erste Voraussetzung für die Ferrata. Die »Funivia Ciampac« durcheilt in Minutenschnelle 600 Höhenmeter, von der Bergstation sind wir 30 Minuten später am Einstieg (2175 m). Dort verkündet die Tafel »*Via ferrata dei Finanzieri 1979/1980*« den Klettersteig. Nach einem kurzen Schrofenvorbau beginnt die glatte, felsige «Rutschbahn» der Verschneidung. Die fast durchlaufende Drahtseilsicherung mindert Schwierigkeit und Gefahr, schmale Querrampen sollten jedoch nicht zur Rast verleiten, denn immer lauert die Drohung: »Achtung, Steinschlag!« Nach dem Auslauf der Verschneidung (ca. 2400 m) folgt ein enger Kamin; dieser und der Kamin kurz vor dem Ausstieg zum Gipfel sind die technisch schwierigsten Stellen dieses anspruchsvollen, aber vorzüglich gesicherten Klettersteiges.

Aus dem Wiesenfleck erfolgt der Zugang zur Ferrata Finanzieri. Die Kletterer befinden sich am Anfang der großen Nordwest-Verschneidung

Tourensteckbrief

Ausgangsort
Canazei 1468 m, oder Alba 1517 m im Fassatal.

Die Tour in Stichworten
Canazei/Alba 1517 m – Seilbahn Ciampac Bergstation 2147 m – Ferrata dei Finanzieri – Colàc 2713 m – Forcia Neigra 2509 m – Bergstation Ciampac.

Schwierigkeit: IV = sehr schwierig
Exponierter, nordseitiger, sehr steiler Flankenanstieg. Fast durchlaufende, sehr gute Drahtseilsicherung, einige Klammern; anstrengend; Achtung: Steinschlag.
Zugang: Von Alba mit der Seilbahn zur Bergstation Ciampac. Kurzer Abstieg zu einer Schottergrube und auf Steig hinauf zum Einstieg 2175 m.
Klettersteig: Nach dem Wandvorbau hinein in die markante, sehr steile, tritt- und griffarme Verschneidung in der Nordwestflanke, bei etwa 2400 m nach rechts in einen senkrechten, mit Klammern gesicherten Kamin = 1. Schlüsselstelle. In leichterem Fels höher zur 2. Schlüsselstelle, dem Ausstiegskamin zum Vorgipfel.

Höchste Wegestelle/Gipfel
Colàc 2713 m.

Anstiegsleistung
Ab Bergstation Ciampac 600 Höhenmeter, davon Klettersteig 500 Höhenmeter.

Abstieg
Ab Gipfel teilweise gesicherter, markierter Steig = Normalanstieg. Nach Wegweisung »Ciampac« durch die steile Ostschlucht des Colàc, über die Forcia Neigra auf Wiesensteig zurück zur Bergstation.

Gehzeiten
Bergstation Ciampac 2147 m – Einstieg ca. 2175 m: ½ Std. – Ferrata Finanzieri – Colàc 2713 m: 2½ Std.
Abstieg: Forcia Neigra – Ciampac: 1½ Std.
Gesamtgehzeit: 4½ Std.

Hütten/Stützpunkte
Private Berggasthäuser nahe der Bergstation.

Landkarten
Kompass-Wanderkarte 1:50 000, Blatt 59 »Sellagruppe – Marmolata«.

Tip
Auch Normalanstieg sehr lohnend!

18 Ferrata Gadotti

Cima Dodici 2443 m
Sass Aut 2555 m
Punta Vallaccia 2639 m

Abwechslungsreiche Tour über Pozza di Fassa

mäßig schwierig

Das Vallaccia-Gebirge bildet in dem Winkel zwischen dem Fassatal und dem Pellegrinotal, der bei Moena auseinanderläuft, die südwestliche Vorhut der Marmolata-Gruppe. Diese Bergwelt verbirgt im Inneren das entlegene Hochtal Vallaccia, abgeschlossen von der gleichnamigen Punta

Das »Teufelsloch« ist eine unerwartete Attraktion der Ferrata Gadotti. Die Gruppe steigt hinab zum unteren Ausgang.

und gerahmt von der Cima Dodici, dem Sass Aut und dem Sasso Undici. Weit oben, dort, wo die Felswände das Hochtal einkesseln, besitzt die Vallaccia einen Stützpunkt, das Bivacco Zeni (2090 m); Kletterer waren in der Vallaccia wohl schon seit langem tätig, daher auch die Biwakschachtel. Seit 1978 kommen auch die Klettersteiggeher, denn die *Via ferrata Franco Gadotti* erschließt mit Ausgang am Biwak die dem Fassatal zugewandte Gipfelkette. Die Ferrata ist kein Steig der Superlative, ihr Reiz liegt in einer naturgegebenen, technisch nur mäßig schwierigen Routenführung, die zur allgemeinen Überraschung auch verborgenste Winkel aufspürt.

Der Anstieg beginnt nicht weit von Pozza di Fassa entfernt im Val San Nicolo beim Ristorante Soldanella (1415 m). Wer sich vorher unterrichtet, weiß: Der Höhenunterschied beträgt etwa 1300 Meter, dazu kommt eine erhebliche Wegestrecke. Der steile Pfad durch den Bergwald hinauf in das Hochtal ist geeignet, hochgespannte Erwartungen etwas zu dämpfen. Im Anblick der unerwarteten Felsenszenerie des Hochkessels gewinnen jedoch die Unternehmungslust und die Neugierde auf das Unbekannte wieder Oberhand. Die Erbauer widmeten die Ferrata einem am Berg verunglückten Kameraden; nur wenig über dem Bivacco weist die Gedenktafel für den blutjungen Franco Gadotti in etwa 2150 Meter Höhe den Einstieg.

Bei einer Felskante verlangt der Klettersteig hinein zu ostseitigem Wandfels die erste Mutprobe. Über die schwarzen Quader eines Vulkanschlotes klettern wir durch einen Kamin und auf einer Verschneidung hinaus zu Rasenterrassen, die den Steig, nun auf Gehgelände, steil zu einer Scharte höherreichen. Dort sehen wir das erste Bergziel mit einem bis oben begrünten Giebel: die Cima Dodici, 2443 Meter. Über einen Sattel gelangen wir auf harmlosem Pfad zum Gipfelkreuz und schauen hinab in das Fassatal.

Zurück am Sattel, folgen wir dem Schild, das die mit Drahtseilen gut gesicherte Ferrata über gestuften Fels zum nahen Sass Aut, 2555 Meter, führt. Auf dem mit einer dichten Grasnarbe bedeckten Gipfelplateau gehen wir dem Wegweiser »Cima Vallaccia« zu, der den Klettersteig über etwa 120 Höhenmeter sehr steil in die Ungewißheit einer engen Schlucht und im Schlupf unter Klemmblöcken schließlich in die Dunkelheit des interessanten »Teufelsloches« hinabschickt. Im Wiederanstieg zu einem grasigen Felsköpfl, durch eine Steinmulde im westseitigen Schrofengelände der Punta Vallaccia, 2639 Meter, lacht wieder der Dolomitenhimmel. An diesem dritten Tagesgipfel freuen wir uns nochmal über die großartige Aussicht und die Stille – der Abstieg auf dem Normalweg in das Monzonital zur gleichnamigen Baita und im Nicolotal zurück zum Parkplatz schließt diese erlebnisreiche Runde.

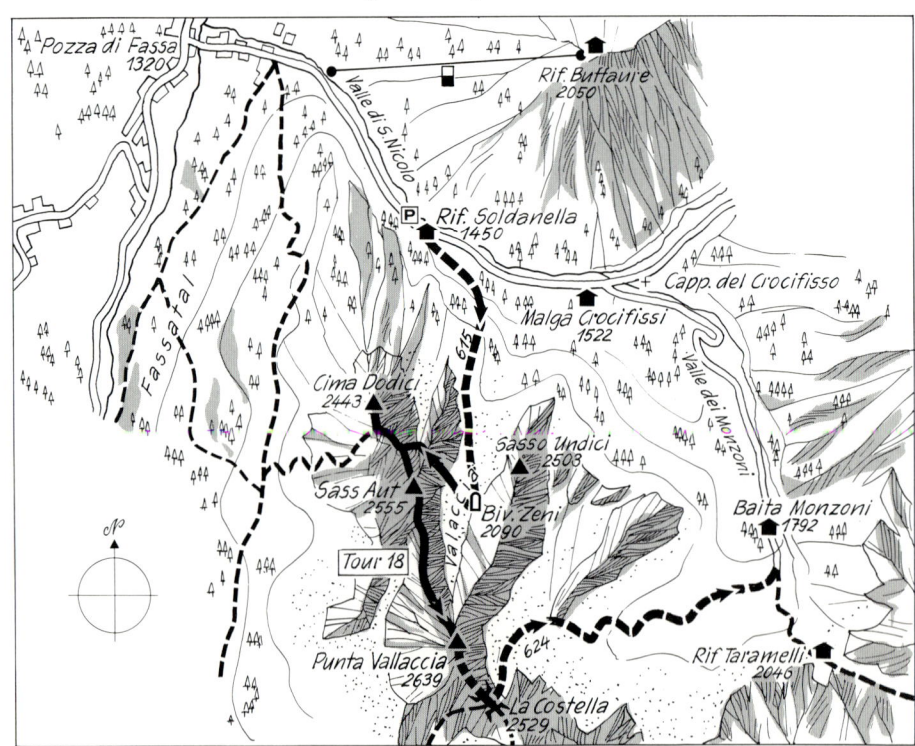

Tourensteckbrief

Ausgangsort
Pozza di Fassa 1320 m im Fassatal.

Die Tour in Stichworten
Pozza di Fassa 1320 m – Parkplatz Rif. Soldanella 1450 m – Biv. Zeni 2090 m – Ferrata Gadotti – Cima Dodici 2443 m – Sass Aut 2555 m – Punta Vallaccia 2639 m – La Costella 2529 m – Baita Monzoni 1792 m – Rif. Soldanella.

Schwierigkeit: II = mäßig schwierig
Etwas verwickelte Routenführung, aber gut markiert, in ost- und westseitigem Fels. Sehr gute Drahtseilsicherung; erheblicher Höhenunterschied, lange Strecke, Ausdauer notwendig!
Zugang: Von Pozza di Fassa Auffahrt zum Rif. Soldanella, Parkplatz. Auf markiertem, steilem Waldweg Nr. 615 hinauf zum Biwak Zeni im Vallaccia-Hochkessel. Dort nach Schild zum nahen Einstieg (ca. 2100 m).
Klettersteig: Mit Drahtseilsicherung am ostseitigen Fels höher, eine ausgesetzte Felskante, ein Kamin und eine Verschneidung sind die einzi-

gen Schwierigkeiten hinauf zu steilen Grasterrassen, von denen die Ferrata durch eine Steilrinne zu einem Sattel (ca. 2370 m) zieht. Dort auf einer Felsplatte kurzer Abstieg und auf Steig über einen Sattel zum Gipfel der Cima Dodici. Zurück zum Sattel (von hier markierter Abstieg in das Fassatal möglich) und nach Schild über gut abgestuften Fels, gesichert von Drahtseilen, zum nahen Gipfel des Sass Aut. Über sein begrastes Gipfelplateau abwärts zum Wegweiser »Cima Vallaccia«. Dort sehr steil in eine enge Schlucht und unter den Klemmblöcken des »Teufelsloch« hindurch, insgesamt ca. 120 m abwärts. Wiederanstieg auf Steig zu einem grasigen Felsköpfl, an der Westflanke der Vallaccia durch eine Steinmulde höher zu einem Sattel und in wenigen Minuten zur Punta Vallaccia.

Höchste Wegestelle/Gipfel
Cima Dodici 2443 m, Sass Aut 2555 m, Punta Vallaccia 2639 m.

Anstiegsleistung
Ab Rif. Soldanella 1300 Höhenmeter, davon Klettersteig 600 Höhenmeter.

Im Übergang vom begrünten Giebel der Cima Dodici zum Sass Aut.

Abstieg
Ab Punta Vallaccia nach Markierungen und Steigspuren zum sichtbaren Sattel der Costella, nach Markierung 624 über die Malga Monzoni zur Baita Monzoni und auf teilweise gesperrter Fahrstraße zurück zum Rif. Soldanella.

Gehzeiten
Parkplatz Rif. Soldanella 1450 m – Biv. Zeni 2090 m: 1½ Std.; Biv. Zeni – Ferrata Gadotti – Cima Dodici 2443 m: 1½ Std. – Sass Aut 2555 m: ½ Std.; Sass Aut – Punta Vallaccia 2639 m: 2 Std.
Abstieg: La Costella 2529 m – Baita Monzoni 1792 m: 1½ Std. – Rif. Soldanella: 1 Std.
Gesamtgehzeit: 8 Std.

Hütten/Stützpunkte
Bivacco Zeni 2090 m, ständig geöffnete Notunterkunft.
Baita Monzoni 1792 m, Almwirtschaft.

Landkarten
Siehe Tour 17.

19 Via attrezzata Bepi Zac

20 Ferrata Cima Uomo 3003 m

Durch die Kriegsstellungen am Pellegrino-Paß

wenig schwierig
schwierig

Vom Gipfel der Marmolata überblicken wir alle Untergruppen, die zu ihrem Reich gehören, so auch den Zug der Costabella-Uomo-Kette. Dieser vielgipfelige Kamm, in der Ausdehnung vom Passo Le Selle (2529 m) zum Passo delle Cirelle (2683 m), schließt hinab zum Pellegrino-Paß (1919 m) den südwestlichen Bergraum der Marmolata-Gruppe. Die weite Senke der Forcella Ciadin teilt den Gebirgskamm in die westliche Cresta di Costabella (= Schöne Schneid) und in den östlichen Uomo-Kamm. Wie es der Name verrät, sind die Cima Costabella und die Cima Uomo die Hauptgipfel.

Alta via attrezzata Bepi Zac

Im Ersten Weltkrieg war der Costabella-Uomo-Kamm ein Teil der Dolomitenfront. Nach dem »Grande Guerra« störte über Jahrzehnte hinweg kaum jemand die Stille der verlassenen Kriegsstellungen. Im Sommer 1981 installierte die SAT (= Societa Alpinisti Tridentini) eine gesicherte Steiganlage vom Passo Le Selle zur Forcella Uomo und von der Forcella eine Ferrata zum Gipfel der Cima Uomo. Die Benennung »Bepi Zac« ehrt den verstorbenen Wirt der »Bergvagabunden-Hütte« am Passo Le Selle. Am Paß zeigt die Gedenktafel für Bepi Zac die Attrezzata an, ein Kreuz aus verrostetem Stacheldraht gibt uns den ersten Hinweis, daß wir in die verlassene Arena des Dolomitenkrieges eindringen.

Die österreichische Front verlief im Auf und Ab über die Höhen Piccolo Lastei 2687 m – Gran Lastei 2713 m – Cima di Campagnaccia 2737 m – Cima Costabella 2759 m – Sasso Costabella 2729 m zur Forcella Ciadin 2664 m; der heutige Bepi-Zac-Steig folgt dieser Linie. Wir passieren die verfallenen Laufgräben der Soldaten, schauen durch Schießscharten und in Stollengänge; halbverfaulte Hölzer von Brücken, Leitern und Unterständen bezeugen die mitleidlose Strenge des damaligen Gebirgskrieges. Die Überschreitung der Cresta Costabella nach der markierten Route von West nach Ost hinüber zum Sattel der Forcella Ciadin ist an keiner Stelle schwierig, wegen der alpinen Wegeführung in durchschnittlicher Höhe von 2700 Meter und dem Einblick in die Kriegsstellungen jedoch ein Abenteuer von großer Eindringlichkeit.

An der Forcella Ciadin betreten wir nach Osten zu die Höhen des Uomo-Kammes. In der Route über drei Gipfel, der Cima delle Vallate 2832 m – Cima di Colbel 2795 m – Punta del Ciadin 2919 m und hinüber zur Forcella Uomo 2840 m steigern sich die Anforderungen an Erfahrung und Ausdauer, mit der Höhe und den engen Felskulissen wächst das Bergerlebnis über das Abenteuer an der Costabella hinaus. Im Uomo-Kamm begegnen wir den Kampfstellungen der italienischen Alpinisoldaten, und wiederum zwingen uns finstere Kavernen, Felsennester an senkrechter Wand und feuchte Unterstandslöcher die kaum vorstellbare Härte allein nur des Daseinskampfes auf. In diesem Abschnitt muß die Attrezzata Bepi Zac dem zerklüfteten Gipfelkamm nord- und südseitig ausweichen, sie überschreitet jedoch die Cima della Vallate und quert den Fels der Punta Ciadin auf der Südseite hinüber zur Forcella Uomo.

Via ferrata Cima Uomo

Im südlichen Gefüge der Marmolata-Gruppe gelingt nur wenigen Gipfeln die Profilierung zum Dreitausender. Die Umschau erkennt diese hohen Berge sofort, so auch die 3003 Meter hohe Cima dell'Uomo, die mit ihrem wuchtigen Felskopf von Contrin wie vom Pellegrino-Paß aus den Bergsteiger zu einem Besuch ermuntert.

Interessant ist die Überschreitung auf der Ferrata Uomo im Anstieg und auf dem Normalweg – ein steiler Schottersteig – im Abstieg. Der neue, gut gesicherte Klettersteig bändigt mit fast durchlaufenden Drahtseilsicherungen zuerst ausgesetzten, westseitigen Fels, schlüpft an seiner schwierigsten Stelle abwärts durch einen engen Fels-Eis-Spalt, quert etwas heikel in die Nordflanke und erreicht in einer seichten, steilen Rinne den Gipfel. Tief befriedigt betrachten wir von exzellenter Aussichtswarte die südliche Marmolatawelt, denn die Kombination: Attrezzata Bepi Zac – Ferrata Cima Uomo innerhalb einer Tagestour läßt auch bei vielerfahrenen Klettersteiggehern keinen Wunsch offen.

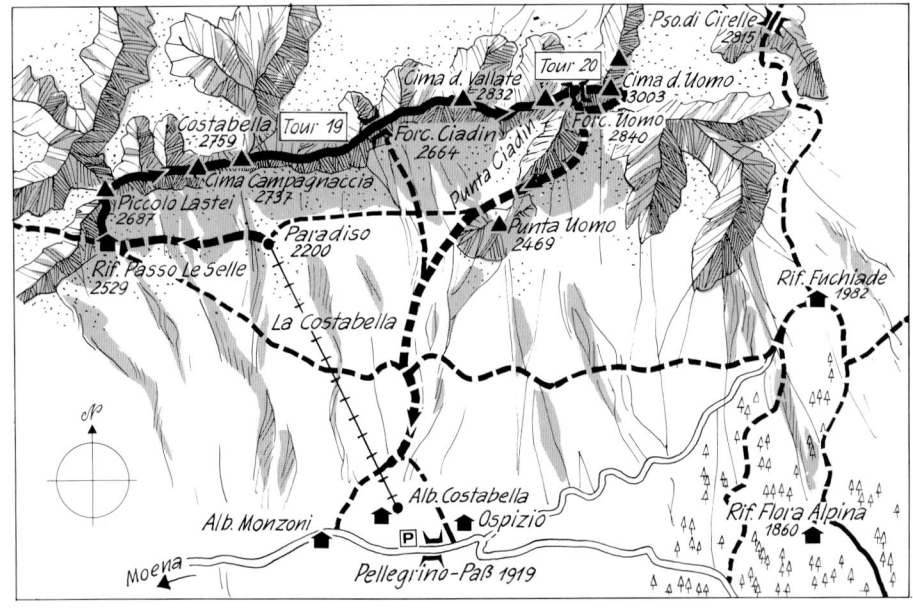

In der Ferrata Uomo ist dieser enge und das ganze Jahr über mit Schnee und Eis mehr oder weniger hoch aufgefüllte, nordseitige Felsspalt die heikelste Stelle. Die Passage muß abwärts begangen werden, die in zwei Höhen angebrachten Drahtseile veranschaulichen die unterschiedlichen Verhältnisse.

Tourensteckbrief

Ausgangsort
Pellegrino-Paß 1919 m.

Die Tour in Stichworten
Pellegrino-Paß 1919 m – Sessellift Costabella Bergstation Paradiso 2200 m – Rif. Passo Le Selle 2529 m – Attrezzata Bepi Zac – Forc. Uomo 2840 m – Ferrata Uomo – Cima Uomo 3003 m – Liftstation Punta Uomo 2467 m – Pellegrino-Paß.

Schwierigkeit: I = wenig schwierig
Attrezzata Bepi Zac: Häufig begangene, durchgehend markierte, übersichtliche Route in West-Ost-Kammverlauf. Fast immer auf der Grathöhe, viel Auf und Ab, an schwierigeren Stellen Drahtseilsicherung. Ausdauer notwendig.
Zugang: Vom Pellegrino-Paß mit Sessellift zur Bergstation Paradiso (1. Auffahrt 8.30 Uhr). Ab Bergstation auf markiertem Weg zum Rif. am Passo Le Selle.
Klettersteig: Vom Paßeinschnitt nach Tafel »Attrezzata Bepi Zac« markierter Steig hinauf zum Piccolo Lastei 2687 m, der ersten Höhe in der Costabella-Gipfelkette. Der Klettersteig läuft durch die verfallenen österreichischen Costabella-Kriegsstellungen, überschreitet die Ci-

ma Campagnaccia 2737 m, die Cima Costabella 2759 m zum Auslauf der Gipfelkette an der Forc. Ciadin 2664 m. (Hier mark. Abstieg zum Pellegrino-Paß.) Ab Forc. Ciadin durch die italienischen Stellungen im Uomo-Kamm: In der ersten Hälfte hält die Route die Kammlinie ein, überschreitet die Cima delle Vallate 2832 m, wechselt im zweiten Abschnitt zwischen nord- und südseitigem, teils steilem Fels und quert die Punta Ciadin zur Forc. Uomo 2840 m. Hier mark. Abstieg zum Pellegrino-Paß und Anschluß an die

Ferrata Uomo: III = schwierig
Ab Forc. Uomo sehr steiler, teils ausgesetzter Fels; mit fast durchlaufenden Drahtseilen gut gesichert. Achtung: steile Eisrinne! Vom Einstieg eine Felsrippe westseitig höher, bei ca. 2900 m in die Eisrinne. Mit doppelter Seilsicherung ca. 20 m abwärts (bei Eis gefährlich!); am Ausgang der Schlucht heikle, kurze Querung, Ausstieg in die Nordflanke und durch eine seichte Felsrinne zum Gipfel der Cima Uomo.

Höchste Wegestelle/Gipfel
Cima Costabella 2759 m, Cima delle Vallate 2832 m, Cima Uomo 3003 m.

Anstiegsleistung
Ab Bergstation Paradiso 1200 Höhenmeter, davon Ferrata Uomo 200 Höhenmeter (Attrezzata Pepi Zac viele Gegenanstiege).

Die »Alta via attrezzata Bepi Zac« weckt die österreichischen Stellungen aus dem Dolomitenkrieg an der Costabella aus ihrer jahrzehntelangen Ruhe. Im Hintergrund links die Marmolata-Südfront, rechts die Cima Uomo.

Abstieg
Ab Cima Uomo markierter Steig = Normalroute. In südseitiger, abschüssiger Schotterflanke zurück zur Forc. Uomo, nach Markierungen durch eine steile Schotterreise abwärts, bis ein Steig nach rechts, hinaus zur Liftstation Punta Uomo führt. Weiter zur sichtbaren Bergstation Paradiso oder direkt hinab zum Pellegrino-Paß.

Gehzeiten
Bergstation Paradiso 2200 m – Rif. Passo Le Selle 2529 m: 1 Std. – Attrezzata Bepi Zac – Forc. Uomo 2840 m: 4 Std.; Ferrata Uomo – Cima Uomo 3003 m: 1 Std.
Abstieg: Forc. Uomo: 1 Std. – Pellegrino-Paß: 1½ Std.
Gesamtgehzeit: 8½ Std.

Hütten/Stützpunkte
Rifugio Passo Le Selle 2529 m, privat, 15 Betten/Matr., bew. Ende Juni–Ende Sept.

Landkarten
Siehe Tour 18.

21 Ferrata Paolin-Piccolin
Cima dell'Auta Orientale 2622 m

Einsame Tour zwischen Marmolata und Pala

mäßig schwierig

Südlich der Marmolata, dort, wo ihr Gebirge nach Canale d'Agordo zu absinkt, beherrschen die Cima dell'Auta, die »hohen Gipfel«, eine touristisch nur wenig bekannte Zone. Auf diese Zwillingsgipfel – Cima Occidentale 2609 Meter und Cima Orientale 2622 Meter, mit ihren hochragenden Felsgestalten von der Marmolata wie von der Pala aus gut zu erkennen – drückt der Schatten dieser mächtigen Nachbarn. Diesen Nachteil muß auch die von deutschsprachigen Klettersteigfreun-

den bisher kaum entdeckte *Via ferrata Paolin-Piccolin* auf sich nehmen. Den Klettersteig gibt es seit 1969, auch einen guten, vollbewirtschafteten Stützpunkt bieten die Cime dell'Auta auf ihrer Südseite an. Diese Hütte, die hübsche Baita dei Cacciatore (1740 m) ist der Ausgangsort für den Tourenvorschlag: Überschreitung der Cima Orientale, die Via ferrata im Anstieg und die Via normale im Abstieg. Im Norden der Baita, in nur kurzer Entfernung und 900 Meter über ihr ragen die beiden Cime dell'Auta, getrennt durch den Sattel der Forcella del Medil (ca. 2450 m) und einer Schlucht, die zu einem Felssockel absinkt. An diesem Sockel (ca. 2240 m) beginnt der Klettersteig und schreckt oder begeistert sogleich mit seiner schwierigsten Stelle, dem leicht überhängenden, aber mit Leitern, Drahtseilen und Klammern ausreichend gesicherten

Durchstieg über etwa 25 Meter hinauf zum Eingang der breiten Geröllschlucht. An ihrem Rand, auf der Seite des Westgipfels, folgt der Steig dem leichten, aber mühsamen Gelände hinauf zum sanftgeschwungenen Sattel der Forcella Medil, rechts ragt die Cima Orientale. Über ihre steile, plattige Westflanke zieht ein dünnes Drahtseil eine fast direkte Linie zu einem Band unter dem Vorgipfel. Geübte Geher sehen keine Probleme, Hände und Füße finden genügend Griffe und Tritte. Anfänger dürfen oben am Band aufatmen – leichter Fels bereitet den nur noch kurzen Weg zum »Libro di Vetta« am Gipfel.

Felsbänder als angenehme Rastplätze zur rechten Zeit unterbrechen die steile Route der Ferrata Paolin-Piccolin und gestalten die Tour nicht allzu schwierig.

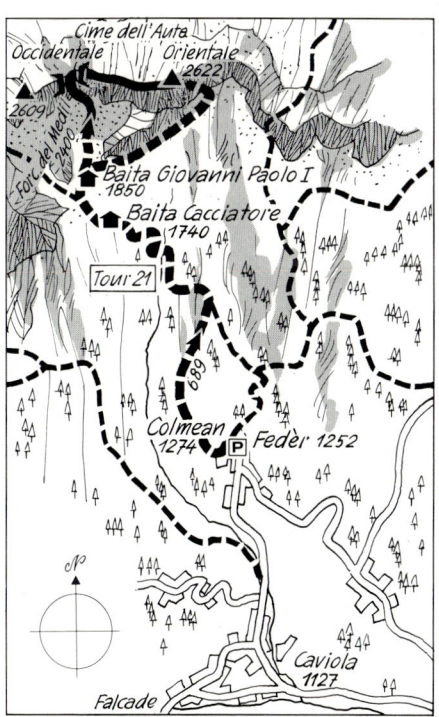

Tourensteckbrief

Ausgangsort
Falcade/Caviola 1127 m, Parkplatz Colmean.

Die Tour in Stichworten
Falcade/Caviola 1127 m – Parkplatz Colmean 1274 m – Baita dei Cacciatore 1740 m – Baita Giovanni Paolo I 1850 m – Ferrata Paolin-Piccolin – Forcella del Medil 2400 m – Cima dell'Auta Orientale 2622 m – Baita Cacciatore – Parkplatz Colmean.

Schwierigkeit: II = mäßig schwierig
Klettersteig mit sehr langem, anstrengendem Zugang. Süd- und westseitiger Routenverlauf in steilem Fels, mit Drahtseilen, zwei kurzen Leitern und Klammern ausreichend gesichert.
Zugang: Ab Parkplatz Colmean mark. Waldweg 689 zur Baita Cacciatore und weiter zur Baita Giovanni Paolo I. Dort nach rechts und auf Steig steil höher gegen die Cime dell'Auta. Bei etwa 2100 m Wegeteilung: nach rechts mark. Normalanstieg, nach links zum Klettersteig.

Klettersteig: Einstieg ca. 2200 m am Auslauf einer Schlucht zwischen den beiden Cime dell'Auta. Drahtseile, zwei Leitern und Klammern überwinden die fast senkrechte, 30 m hohe Felsstufe hinauf zur Schlucht = schwierigste Stelle. Am linken Schluchtrand höher zum Sattel der Forc. del Medil 2400 m. Dort nach rechts zur Cima Orientale und mit Drahtseilsicherung über den mäßig steilen, plattigen Fels in fast direkter Linie bis unter den Vorgipfel. Auf einem Band nach links und über leichten Fels zum Gipfel.

Höchste Wegestelle/Gipfel
Cima dell'Auta Orientale 2622 m.

Anstiegsleistung
Ab Parkplatz Colmean 1400 Höhenmeter, davon Klettersteig 400 Höhenmeter.

Abstieg
Ab Gipfel auf der Normalroute: Mark. Schrofensteig durch die Ostflanke; sehr steil entlang südseitiger Sockelfelsen hinab zu abschüssigen Grashängen, bis der Steig durch Geröll bei etwa 2100 Meter in den Anstiegsweg zum Klettersteig mündet.

Gehzeiten
Parkplatz Colmean 1274 m – Baita Cacciatore 1740 m: 1½ Std.; Baita Cacciatore – Baita Giovanni Paolo I 1850 m – Einstieg Klettersteig 2200 m: 1½ Std. – Ferrata Paolin-Piccolin – Cima dell'Auta Orientale 2622 m: 1½ Std.
Abstieg: Normalweg – Baita Cacciatore: 2 Std. – Parkplatz: 1 Std.
Gesamtgehzeit: 7½ Std.

Hütten/Stützpunkte
Baita dei Cacciatore 1740 m, privat, 25 Betten/ Matr., bew. Mitte Juni–Mitte Sept.
Baita Giovanni Paolo I 1850 m, unbew. Notunterkunft.

Landkarten
Kompass-Wanderkarte 1:50000, Blatt 59 »Sellagruppe – Marmolata«.

Vom Sattel der Forcella del Medil (unter den Bergsteigern) verläuft die Ferrata Paolin-Piccolin durch eine westseitige, steile Felsflanke. Fast durchlaufende Drahtseile und Klammern sichern den Anstieg.

22 Ferrata Bolver-Lugli

*Im Westwandfels des
Cimon della Pala*

sehr schwierig

Wollen wir in der Pala bergsteigen und wandern, so kommen wir über den Rollepaß (1980 m) in das Cismontal, nach San Martino di Castrozza (1466 m). Der Pala-Hauptzug, vom Cimon della Pala bis hinab zur Cima della Madonna, baut diesem berühmten Touristenzentrum eine grandiose Bergkulisse.

Inmitten der Front hoher Dolomitwände ragt die Cima della Rosetta dem Talort am nächsten. Die Rosetta bekam deshalb eine Gondelbahn, mit der wir mühelos unseren Eintritt in die Pala, hinauf zum zentralen Rifugio Pedrotti-Rosetta (2581 m) – im deutschen Sprachgebrauch »Rosetta-Hütte« genannt – vollziehen können. Dort sind wir dem Cimon della Pala, der nach San Martino seine breite Westwand zeigt, schon nah, müssen aber, um zum Einstieg der Ferrata Bolver Lugli zu gelangen, von der Bergstation (2609 m) zur Mittelstation Col Verde (1965 m) absteigen. Diese Station erreichen wir jedoch auch sehr günstig mit einem Sessellift herauf von San Martino.

Der Cimon della Pala ist nicht der höchste, aber der anerkannte Hauptgipfel der Pala-Gruppe, zu sehr dominiert sein Felshorn über dem Rollepaß und im Hauptzug entlang des Cismontales. Zum Jubiläum des 100. Jahrestages seiner Erstbesteigung bekam der Cimone im Sommer 1970 ein großzügiges Geburtstagsgeschenk. Die Führergilde von San Martino sicherte in Zusammenarbeit mit freiwilli-

Die Ferrata Bolver-Lugli ist das Musterbeispiel eines überlegt eingerichteten, interessanten, anspruchsvollen Dolomiten-Klettersteiges. Solid verankerte Drahtseile sichern durch Kamine, über Quergänge, Wände und Pfeiler die Höhendifferenz von 700 Meter.

gen Helfern die 1921 von den Geschwistern Langes eröffnete »Higusi-Führe« in der Westwand des Cimon della Pala. Diese Fleißarbeit einer Handvoll Idealisten fand in der Bergsteigerfamilie Bolver-Lugli aus Fiera di Primiero noble Finanziers, die Initiatoren tauften deshalb die Ferrata auf den Namen dieser Gönner.

Die Route beginnt harmlos am Fuße eines Schrofenvorbaues bei der Gedenkplatte »Bolver Lugli«, erst bei einer Höhe von 2550 Meter, am Sockel der vertikal aufsteilenden Westwand, wird aus dem Schrofenanstieg eine Dolomitenroute, die ungesichert den III. Schwierigkeitsgrad aufweist. Eine Kletterführe mit diesem Anspruch darf auf längere Strecken ausgesetzt sein, sie weist Rinnen, Kamine, Quergänge durch glatte Wände auf und ist immer steil. Aber sie hat auch gute Griffe und Tritte, vor allem zur rechten Zeit kleine Felskanzeln, die als hochwillkommene »Bahnhöfe« ein Beinezittern dämpfen und den Tiefblick genießen lassen.

So ideal erweist sich auch dieser Klettersteig: Im »Bolver Lugli« nehmen fest verankerte 500 Meter Drahtseil den glatten Wandpartien, luftigen Pfeilerkanten und fast senkrechten Kaminen das »Unmögliche«. Trotzdem aber gehören ein geübter Griff und Tritt, ein kühler Blick in immer größere Tiefen zu den unerläßlichen Voraussetzungen. Diese begehrte Ferrata steigert sich zu einem Erlebnis, aus dem wir fast mit Bedauern in 2950 Meter Höhe nahe dem Bivacco Fiamme Gialle (3005 m) auf die Südschulter des Cimon della Pala aussteigen.

Tourensteckbrief

Ausgangsort
San Martino di Castrozza 1466 m.

Die Tour in Stichworten
San Martino di Castrozza 1466 m – Sessellift Col Verde 1965 m – Ferrata Bolver-Lugli – Biv. Fiamme Gialle 3005 m – Passo Travignolo 2938 m – Passo Bettega 2667 m – Rif. Rosetta-Pedrotti 2581 m – Bergstation Rosetta-Seilbahn 2609 m – Col Verde – San Martino.

Schwierigkeit: IV = sehr schwierig
Begehrter Klettersteig. Anspruchsvolle, sehr steile, ausgesetzte Route im Westwandfels. Fast durchlaufende, gute Drahtseilsicherung. Ausdauer erforderlich, Ausstiegshöhe beachten!
Zugang: Von der Bergstation Col Verde markierter Steig über Hochweiden und Schotterreisen zum Einstieg ca. 2300 m.
Klettersteig: An einem Schrofenvorbau nach Markierungen über leichten Fels zum Anschluß an die Westwand des Cimon della Pala. Am Ansatz eines Pfeilers ca. 2550 m beginnen die Schwierigkeiten. In einer seichten Felsrinne etwa 50 m steil hinauf zu einer Schotterterrasse. Die Route führt im sehr steilen, teils plattigen Fels des Pfeilers sehr ausgesetzt höher, läuft durch Kamine und Rinnen und über kleine Absätze hinauf zu senkrechtem Wandfels, der in die Ausstiegsschlucht lenkt. Von einer kleinen Scharte in wenigen Minuten auf Gehgelände zum Biv. Fiamme Gialle auf der Südschulter des Cimon della Pala.

Höchste Wegestelle/Gipfel
Bivacco Fiamme Gialle 3005 m.

Anstiegsleistung
Ab Bergstation Col Verde 1000 Höhenmeter, davon Klettersteig 700 Höhenmeter.

Abstieg
Vom Biwak zum Passo Travignolo, über Ewig-Schneefelder (Valle dei Canton) tiefer, bis Markierungen am Fels nach rechts den Steig zum Passo Bettega und zur Rosetta-Hütte anzeigen.

Gehzeiten
Bergstation Col Verde 1965 m – Einstieg Klettersteig ca. 2300 m: 1 Std. – Ferrata Bolver-Lugli – Biv. Fiamme Gialle 3005 m: 3 Std.
Abstieg: Passo Travignolo 2938 m – Rif. Rosetta 2581 m: 2 Std.
Gesamtgehzeit: 6 Std.

Hütten/Stützpunkte
Bivacco Fiamme Gialle 3005 m, ständig geöffnete Notunterkunft
Rifugio Rosetta-Pedrotti 2581 m, CAI-Sektion Trient, 95 Betten/Matr., bew. Ende Juni–Ende Sept. (10 Min. von der Rosetta-Bergstation).

Landkarten
Kompass-Wanderkarte 1:50000, Blatt 76 »Pale di San Martino«.

Tip
Vom Travignolo-Paß kurzer Anstieg (= Normalroute) zur Cima della Vezzana 3192 m, dem höchsten Gipfel in der Pala.

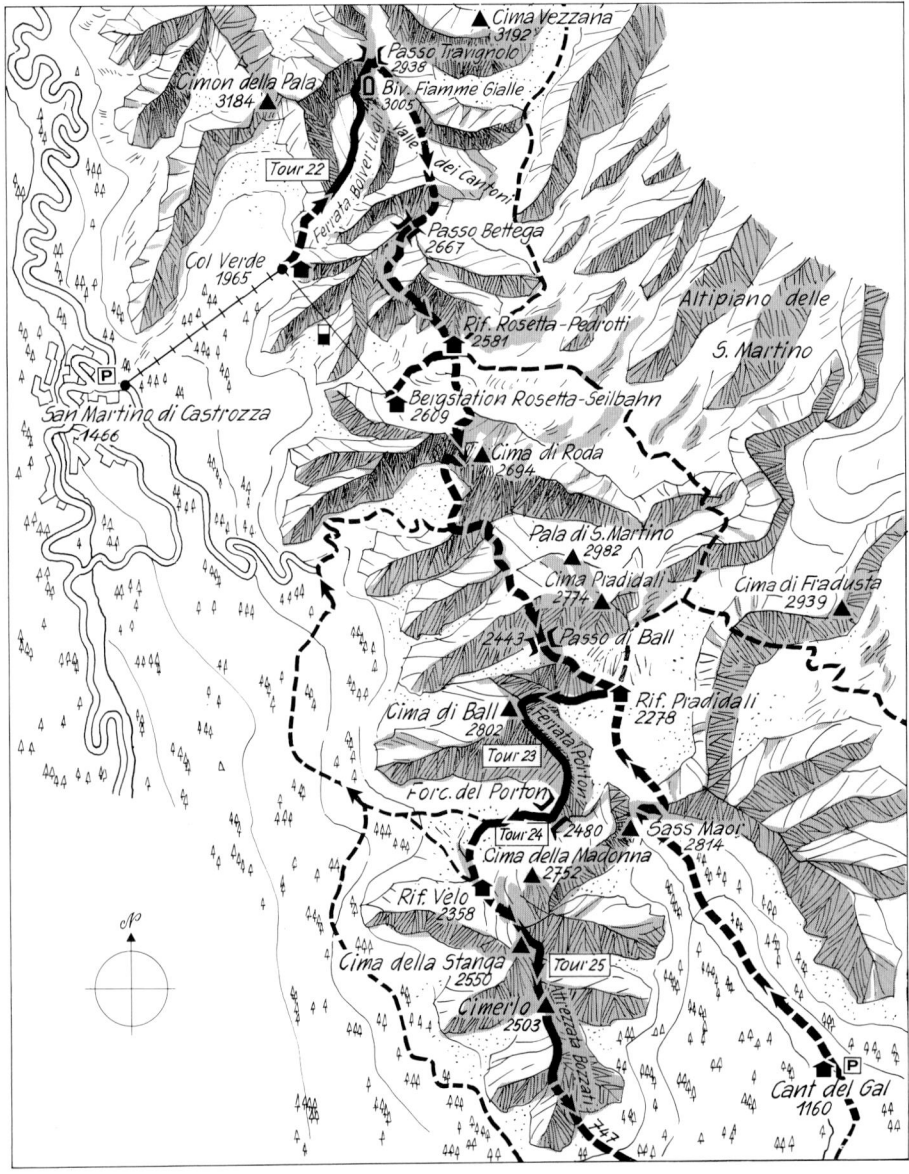

23 Ferrata del Porton
24 Ferrata del Velo
(Schleierweg)

Im Herzen der wilden Pala

schwierig

Die Rosetta-Hütte (2581 m) ist der zentrale Stützpunkt der Pala-Gruppe. Die günstige Hüttenlage an der Vereinigung von Haupt- und Nordzug und der Anschluß an die Pala-Hochfläche eröffnet ungeahnte touristische Möglichkeiten. Es locken begehrte Dreitausender-Touren, Klettersteige mit Rang und Namen und dazu die weiten Übergänge von Hütte zu Hütte. Wer das erste Mal zur Rosetta-Hütte kommt, wird deshalb kaum wissen, wohin er zuerst gehen soll.

Im verzweigten Netz der Steige erschließt der Weg durch das Val di Roda über den Passo di Ball hinab zum Rifugio Pradidali das »Herz der wilden Pala« und führt den Klettersteiggeher zu den Ferrate Porton und Velo. Im Abstieg von der Rosetta-Hütte zum Colle delle Fede (2278 m) und im Wiederanstieg zum Passo di Ball (2443 m) begleitet uns zur Rechten der Val di Roda-Kamm, zur Linken die Säulen, Pfeiler und Wände der Pala di San Martino und der Cima Immink. Der mit einem Drahtseil gesicherte Anstieg zum Passo di Ball schneidet die grauen Sockelfelsen dieser Berge, die Aussicht vom Paß verstärkt den Eindruck wilder, ursprünglicher Pala-Schönheit. Wir bewundern die Orgelpfeifen der Cima Canali; unter uns im Pradidali-Kessel lockt ein hübsches, aus Stein erbautes Haus, das Rifugio Pradidali (2278 m). Den Talzugang bekommt die Hütte aus dem Canalital vom Parkplatz am Albergo Cant del Gal (1160 m), Gehzeit etwa 3 Stunden.

Die Ferrata del Porton, in Querung durch südostseitigen Wandfels der Cima di Ball, hinauf zum Eingang in die Schlucht unter der Forcella Porton.

Via ferrata del Porton

Der markante Einschnitt des »Porton« teilt die Verbindungsroute von der Pradidali-Hütte zum Rifugio Velo della Madonna an der Schleierkante – auch als »Schleierweg« (Velo = Schleier) bekannt – in zwei separate Klettersteige. Die Ferrata del Porton eröffnet diesen wichtigen Übergang. Ein Wegweiser an der Pradidali-Hütte zeigt zum nahen, tief eingerissenen Graben, der den Pradidali-Kessel von der Cima di Ball trennt. Am Fels der Cima markiert ein roter Stern den Einstieg (ca. 2200 m). Eine Reihe von Eisenbügeln, senkrecht übereinander an einer dunklen Felskante – dieser Auftakt verlangt sofort die notwendige Ausrüstung: Helm, Brust- und Sitzgurt, Reepschnüre und Karabiner! Wir klettern unter einem weit ausla-

denden Dach aus schwarzem Fels, greifen die Drahtseilsicherung einer luftigen Traverse, die zur nächsten, weniger hohen Klammernreihe hinführt – die Ferrata schwenkt hinaus in den exponierten südostseitigen Wandfels der Cima di Ball. Kaum fußbreite Felssimse als »Gehweg«, Drahtseile und Eisenklammern sind willkommene Steighilfen zu einem schmalen Band. Dort mündet der Klettersteig in heikler Abwärtsquerung in die düstere Geröllschlucht, die von der Forcella Porton herabkommt. Eng von Fels umschlossen, mühen wir uns über Sand, Schotter, grobe Felsbrocken und eine Leiter hinauf zur Forcella, die den geografischen und landschaftlichen Höhepunkt des Klettersteiges vermittelt – ein idealer Rastplatz, der einen längeren Aufenthalt verdient.

Via ferrata del Velo

Der »Porton« (2480 m) ist eine markante, U-förmig eingekerbte Scharte in dem Kamm zwischen dem Sass Maor und der Cima di Ball. Hier weckt alle Aufmerksamkeit das nahe Zwillingspaar Sass Maor 2814 m und Cima della Madonna 2752 m. Eine tiefe Scharte trennt den Sasso von seiner Cima, gemeinsam gehört ihnen das mächtige Sockelmassiv hinab zum Cismontal. Der Sass Maor wendet seine beste Seite, die Ostwand, dem Pradidali-Kessel zu, die Cima della Madonna zeigt uns die wohl bekannteste Dolomitenkante, die »Spigolo del Velo«, die »Schleierkante« – bei allen Kletterern berühmt und begehrt. Wenig unterhalb der Forcella Porton verzweigen die Wege in drei Richtungen: Steigspuren abwärts leiten zur Malga Sopra Ronz und zur Rückkehr nach San Martino. Das Schild: »Sentiero Nico Gusella – Cima Val di Roda« weist rechts aufwärts und eröffnet die Möglichkeit, diesen Gipfel zum Passo di Ball hin zu überschreiten und in einer Rundtour entweder zur Rosetta-Hütte oder zur Pradidali-Hütte zurückzukehren. Die Anschrift »Velo della Madonna« zeigt die Ferrata del Velo hinüber zum gleichnamigen Rifugio.

Auf dem Gehgelände vor uns zieht eine gut erkennbare Wegetrasse hoch im Felssockel bis vor die Schleierkante. Erst dort, im Abstieg zum Ansatz des Sockels, der die Cima della Madonna trägt, beginnt die Ferrata. Gut verankerte Drahtseile und Eisenklammern sichern dieses überraschend steile, verwickelte Bergab in festem Fels, bis endlich ein Schottersteiglein zur nahen, erst 1980 eröffneten Velo-Hütte (2538 m) die Tour ausklingen läßt.

Seit dem Jahre 1965 gibt es den Porton- und den Velo-Klettersteig. Diese Eisenwege entstanden aus der Notwendigkeit heraus, die Kletterexperten der Pradidali-Hütte »auf die Schnelle« mit der Schleierkante zu verbinden. Klettersteiggeher benützten meist nur die Ferrata bis zur Forcella Porton, denn drüben an der Cima della Madonna gab es nur eine kleine Biwakhütte als Stützpunkt für die Kletterer. Das neue, großzügig erbaute Rifugio Velo della Madonna und der dort anschließende »Sentiero attrezzato Buzzati« wirken jedoch auf die Klettersteigfreunde wie ein Magnet – der »Verkehr« zwischen Pradidali- und Velo-Hütte nimmt ständig zu.

Der Einstieg zur Ferrata del Porton erfolgt über fast senkrechten Fels, ist aber durch fest eingelassene Klammern, begleitet von Drahtseilen, sehr gut gesichert.

Tourensteckbrief

Ausgangsort
San Martino di Castrozza 1466 m.

Die Tour in Stichworten
Fiera di Primiero 711 m – Parkplatz Cant del Gal 1160 m – Rif. Pradidali 2278 m, **oder** San Martino di Castrozza 1466 m – Bergstation Rosetta-Bahn 2609 m – Passo di Ball 2443 m – Rif. Pradidali – Ferrata del Porton – Forc. del Porton 2480 m – Ferrata del Velo – Rif. Velo 2358 m – San Martino, **oder** Ferrata Buzzati – Cant del Gal (siehe Tour 25).

Schwierigkeit: III = schwierig
Vielbegangene Hütten-Verbindungsroute. Von Ost nach West: Ferrata del Porton im Anstieg, Ferrata del Velo im Abstieg in teils sehr ausgesetztem, fast senkrechtem Fels, mit Drahtseilen und Klammern gut gesichert.
Zugang: Ab Cant del Gal mark. Steig zum Rif. Pradidali; dorthin auch von der Bergstation der Rosetta-Seilbahn. Vom Rif. Pradidali über einen Geländerücken hinab zu einem tiefen Graben, meist Schnee, und zum Einstieg ca. 2200 m am Fuße der Cima di Ball.
Ferrata del Porton: Am Wandfuß mit Klammern fast senkrecht höher, bis Drahtseile hinaus in die ausgesetzte südostseitige Wand lei-

ten. Schräg aufwärts in Abwechslung vertikaler Klammernreihen und seilgesicherter Quergänge hinein in eine breite Geröllschlucht. In ihr nach Mark. und Steigspuren steil höher zum Ausstieg (Leiter) in der Forc. Porton.
Ferrata del Veto: Ab Scharte mark. Steig nach Westen zum Sockelfels der Cima della Madonna. Dort sichern Drahtseile und Klammern den sehr steilen Abstieg über etwa 150 Höhenmeter. Vom Ausstieg in wenigen Minuten zum Rif. Velo.

Höchste Wegestelle/Gipfel
Forc. del Porton 2480 m, Rif. Velo 2358 m.

Anstiegsleistung
Ab Cant del Gal 1400 Höhenmeter, davon Ferrata del Porton 300 Höhenmeter, Ferrata del Velo 150 Höhenmeter im Abstieg.

Abstieg
Ab Forc. Porton direkter Abstieg nach San Martino 3 Std. Vom Rif. Velo nach San Martino 2 Std. *oder* Attrezzata Buzzati (siehe Tour 25).

Gehzeiten
Cant del Gal 1160 m – Rif. Pradidali 2278 m: 3 Std.; *oder* Bergstation Rosetta-Bahn 2609 m – Pradidali-Hütte: 2 Std.; Pradidali-Hütte – Ferrata del Porton – Forc. Porton 2480 m: 2 Std. – Ferrata del Velo – Rif. Velo 2358 m: 1½ Std. Gesamtgehzeit: 5½–6½ Std.

An der Forcella del Porton verbindet sich der Porton-Steig mit dem Velo-Steig. *Die Ferrata del Velo führt zum gleichnamigen Rifugio und verblüfft kurz vor ihrem Auslauf durch diese steile, glatte Platte.*

Hütten/Stützpunkte
Rifugio Rosetta 2581 m, siehe Tour 22.
Rifugio Pradidali 2278 m, CAI-Sektion Treviso, 74 Betten/Matr., bew. Ende Juni–Ende Sept.
Rifugio Velo della Madonna 2358 m, CAI-SAT Trient, 60 Betten/Matr., bew. Mitte Juni–Ende Sept.

Landkarten
Kompass-Wanderkarte 1:50000, Blatt 76 »Pale di San Martino«.

Tip
Cant del Gal (1160 m) im Canalital eignet sich gut als Ausgangsort für Touren zum Pala-Hauptzug und zur Pala-Hochfläche = Altipiano. Die Pradidali-Hütte ist ein guter Stützpunkt für die Stichtour zur La Fradusta (2939 m, siehe Sepp Schnürer, »Hohe Routen Dolomiten«) und für die Rundtour Ferrate Porton – Velo – Rifugio Velo – Attrezzata Buzzati – Cant del Gal.

Die Pala

Die Pala-Gruppe ist im Bereich der Westlichen Dolomiten das südlichste Gebirge. Die Dolomiten formieren in der Pala nochmals starke, wechselvolle Landschaftsbilder, die zu den berühmtesten der Südlichen Kalkalpen zählen. Im Haupt- und im Nordzug, den beiden dominierenden Felskämmen, postiert die Pala ungemein schroffe und hohe Gipfel. Sie schirmen das Zentrum, die trostlose Karstöde des »Altipiano«, gegen die Wetterfront ab; die ausgedehnte, kaum weniger eindrucksvolle Gipfelkette des Südzuges schließt den südöstlichen Bergrahmen. Das touristische Schwergewicht bestimmt der Hauptort San Martino di Castrozza im Val Cismon. Die Anfahrt erfolgt für den deutschen Palafreund in der Regel von Norden aus dem Fleimstal über Predazzo hinauf zum Rollepaß (1970 m).

In der italienischen Sprache bezeichnet das Wort »Pala« eine schlanke, eigenwillige Felsgestalt, und die »Pale« sind denn auch der besondere Reiz der Gruppe. Der Schlerndolomit, dieser feste Baustein, schafft günstige Voraussetzungen für die Felsgeher und prädestiniert die Pala zu einem Dorado der Extremkletterer. Aber auch der auf das »Erlebnis Klettersteig« ausgerichtete Bergsteiger wird sich die Pala zum Ziel setzen. Der Hauptzug und der Südzug locken mit schwierigen bis sehr schwierigen Eisenwegen, diese »Vie ferrate« erlauben ein Herantasten an die Erlebnissphäre der Sestogradisten. Der Hauptzug hält die Ferrata Bolver Lugli, die Ferrata Porton und den »Schleierweg« bereit: Im Herzen der wilden Pala klettern wir in Atemnähe so fantastischer Felsgestalten wie Cima Canali, Sass Maor und Cima della Madonna! Der Südzug glänzt mit der Croda Grande und dem Monte Agnèr – zwei Klettersteige, die Ferrata Fiamme Gialle (auch Ferrata Reali genannt) und die Ferrata Stella Alpina vermitteln uns den Anstieg zu diesen bedeutenden Gipfeln.

Der 3184 Meter hohe Cimon della Pala (rechts) ist der Hauptgipfel der Pala-Gruppe. Über den welligen Alpwiesen an der Baita Segantini ragt er als überaus eindrucksvoller nördlicher Eckpfeiler des Pala-Hauptzuges auf. Die von der eisigen Kerbe des Travignolo-Passes (Bildmitte) nach links anschließende Cima della Vezzana ist mit 3192 Meter der höchste Pala-Gipfel.

25 Attrezzata Dino Buzzati

Cima della Stanga
2550 m
Cimerlo 2503 m

Vom Rifugio Velo della Madonna in das Canalital

mäßig schwierig

Das Rifugio Velo della Madonna (2538 m) am Fuße der Schleierkante und der *Sentiero attrezzato Dino Buzzati* geben dem Südausläufer des Pala-Hauptzuges eine neue touristische Bedeutung. Der Buzzati-Steig, nach dem verstorbenen zeitgenössischen Belluneser Dichter und Bergsteiger Dino Buzzati benannt und 1977 eröffnet, erschließt das zerklüftete Gebirge der Cima della Stanga und des Cimerlo. Die Velo-Hütte ermöglicht die wertvolle Zwei-Tage-Rundtour Cant del Gal – Rifugio Pradidali – Ferrata Porton – Ferrata Velo und empfiehlt die Attrezzata Buzzati als landschaftlich großartige Abwärtsvariante zurück nach Cant del Gal (1160 m). Ohne Zweifel ist dieser gesicherte Steig, daher »Sentiero attrezzato«, am schönsten im Bergab zu begehen. Diese Beschreibung richtet sich deshalb danach ein. Als zweite Verbindung nach Cant del Gal gibt es noch den »Jägersteig«, den »Sentiero del Cacciatore«. Er ist im wesentlichen ein steiler Wanderpfad und eignet sich wohl besser für den Aufstieg. Der Jägersteig läßt den landschaftlich interessantesten Abschnitt, die Überschreitung des Cimerlo, aus, nach der Cima Stanga führt er direkt hinab in den Winkel von Pedenmonte (ca. 1600 m) und mündet in die Verbindung Cant del Gal – Rifugio Pradidali. Wegetafeln an der Velo-Hütte weisen den Cacciatore- und den Buzzati-Steig im gemeinsamen Anstieg zur nahen Cima Stanga. Nach einer ½ Stunde Gehzeit stehen wir auf dem Gipfel in der Höhe von 2550 Meter und betrachten ein herrliches, weites Panorama. Im Nahbereich können wir dem Sass Maor und der Cima della Madonna eine erneute Bewunderung nicht versagen, vor uns im Süden ragt das türmereiche Massiv des Cimerlo, mit einem gratartigen, begrünten Sattel verbindet es sich mit der Cima della Stanga. 100 Meter unter der Cima, noch vor dem Sattel, zweigt steil abwärts der Jägersteig nach Pedenmonte. Die Attrezzata Buzzati schneidet den Grashang des Sattels und dringt in die Felsenwildnis des Cimerlo ein. Das erste Drahtseil läßt nicht lange auf sich warten, wir unterkriechen einen Felsblock und steigen knapp unter den Gipfelfelsen des Cimerlo, 2503 Meter, auf einer grünen Südostschulter aus. Das felsdurchsetzte Rasengelände neigt sich dem Canalital zu und führt den Buzzati-Steig bei etwa 2300 Meter Höhe zum Eingang eines sehr schmalen Felsspaltes. Schlanke Leute mit kleinen Rucksäcken lösen diese unerwartete Aufgabe, einen etwa 20 Meter senkrechten, sehr engen Leiternabstieg, gewiß mit Bravour, den übrigen bleiben mühsame Verrenkungen kaum erspart. Im weiteren Verlauf braucht die Attrezzata Buzzati zwar noch einige Drahtseile, aber die Route führt ohne hinterhältige Überraschungen in einem Alpingarten von Felsnadeln, Steilrinnen und Latschenflekken tiefer, hinein in den Bergwald. An der Malga Prato Cimerlo (1475 m) verbindet uns eine Fahrstraße mit Cant del Gal.
Das Rifugio Cant del Gal (1160 m) und die Baita Ritonda bilden in der Weitung des Canalitales, zu der auch das Pradidalital mündet, einen wichtigen touristischen Mittelpunkt zwischen dem Südauslauf des Pala-Hauptzuges und dem Südzug. Die Talzugänge zur Pradidali-Hütte und zur Treviso-Hütte haben hier ihren Ausgang.

Im Routenverlauf der Attrezzata Buzzati bildet der sehr enge Durchlaß in dem schmalen, mit einem Klemmblock versperrten Spalt die interessanteste Wegestelle.

Tourensteckbrief

Ausgangsort
San Martino di Castrozza 1466 m, oder Cant del Gal 1160 m.

Die Tour in Stichworten
San Martino di Castrozza 1466 m **oder** Cant del Gal 1160 m (siehe Tour 23/24) – Rif. Velo della Madonna 2358 m – Cima della Stanga 2550 m – Attrezzata Buzzati – Cimerlo 2503 m – Cant del Gal 1160 m.

Schwierigkeit: II = mäßig schwierig
Verbindungsroute vom Rif. Velo nach Süden, hinab zum Canalital. In der Abstiegsrichtung vorteilhaft. An schwierigeren Stellen Drahtseile und kurze Leitern.
Zugang: Zum Rif. Velo siehe Tour 23/24, **oder** im Anstieg von San Martino di Castrozza.
Klettersteig: Von der Velo-Hütte nach Schild auf markiertem Steig zur Cima della Stanga. Von der Cima 100 m abwärts zur Wegeteilung: links Sentiero del Cacciatore, rechts Attrezzata Buzzati. Auf Schrofensteig höher zu einem grü-

nen Sattel, von dem man in das Felsmassiv des Cimerlo eindringt. Nach dem Schlupf unter einen Felsblock beginnt knapp unter dem Gipfel des Cimerlo, auf seiner Südschulter ca. 2500 m das Bergab. Auf steilem, schrofigem Grashang abwärts zum Eingang ca. 2300 m eines tiefen Felsspaltes. Mit Hilfe von Leitern und Drahtseilen sehr enger Durchstieg (ca. 20 m = schwierigste Stelle) hinab zu einem Felsenlabyrinth. Nach Mark. durch Schotterrinnen und über Felsabsätze (Drahtseile) hinab in die Latschenregion und auf ausgeprägtem Steig in den Bergwald. Mit Mark. 747 zur Alm Prato Cimerlo (1475 m) und auf Fahrstraße hinab nach Cant del Gal im Canalital.

Höchste Wegestelle/Gipfel
Cima della Stanga 2550 m, Cimerlo 2503 m.

Anstiegsleistung
Ab Rif. Velo 200 Höhenmeter, nach Cant del Gal 1400 Höhenmeter im Abstieg.

Abstieg
Siehe Tourenverlauf.

Gehzeiten
Rif. Velo 2358 m – Cima della Stanga 2550 m: ½ Std.
Abstieg nach Cant del Gal 1160 m: 4 Std.
Gesamtgehzeit: 4½ Std.

Hütten/Stützpunkte
Rifugio Velo della Madonna 2358 m, CAI-SAT Trient, 60 Betten/Matr., bew. Mitte Juni– Ende Sept.
Berggasthäuser in Cant del Gal 1160 m.

Landkarten
Kompass-Wanderkarte 1:50 000, Blatt 76 »Pale di San Martino«.

Tip
Aus Cant del Gal Anstieg besser auf dem »Sentiero del Cacciatore« – Stützpunkt Rif. Velo und Abstieg auf dem Buzzati-Steig.

In Steilrinnen, gesäumt von Latschen und bizarren Felstürmen, läuft der Buzzati-Steig hinab zum Bergwald aus. Links unten Cant del Gal.

Pala-Gruppe

26 Ferrata Fiamme Gialle (Reali)
27 Ferrata Vani Alti

Klettersteige im Bereich der Treviso-Hütte

schwierig

Die Ferrata Fiamme Gialle führt zum Bivacco Reali. Nahe dem Biwak bildet die Croda Grande den Mittelpunkt, der Monte Agnèr mit 2872 Meter (im Bild) den höchsten Punkt im Pala-Südzug (siehe Tour 28, Ferrata Stella Alpina).

Das grandiose Bild der Pala formen nicht allein der nach Westen zu überaus eindrucksvolle Hauptzug, der nicht minder prächtige Nordzug und das vegetationslose Karstplateau des Altipiano, auch dem langgestreckten Südzug gebührt ein starker Anteil. Die wenig auffällige Plazierung im Südosten entrückt diesen fast 10 Kilometer langen Gebirgskamm einer sofortigen Aufmerksamkeit. Zudem vollziehen zwei tiefe Taleinschnitte, die Valle d'Angheràz und die Val Canali, eine gewisse Loslösung; die vollständige Trennung verhindert nur die kurze Querkette von der Croda Grande über den Passo Canali zum Altipiano. Diese Brücke ist die Klammer, die den Südzug hält und zugleich ein landschaftlich und touristisch hervorragender Übergang von den zentralen Hütten zum Rifugio Treviso im Südzug. Dieses Rifugio, im deutschen Sprachgebrauch auch »Canali-Hütte« genannt, empfiehlt sich als guter Ausgangsort für Bergtouren im noch weithin einsamen Gebirge der Südlichen Pala. Der Kletterer schärferer Richtung kommt ebenso auf seine Kosten wie der Wanderer, der hochalpine Übergänge liebt und von Hütte zu Hütte geht.

Via ferrata Fiamme Gialle

Die Canali-Hütte (1631 m) ist der Stützpunkt für die Ferrata Fiamme Gialle, auch Ferrata Reali oder Ferrata del Podesta bezeichnet. Wer die weiten Übergänge von der Rosetta- oder der Pradidali-Hütte scheut, fährt von San Martino di Castrozza nach Süden über Fiera di Primiero nach Cant del Gal (1160 m) im Canalital. Entweder hier oder auf dem kleinen Parkplatz (ca. 1250 m) etwas weiter im Talinneren stellen wir das Auto ab – schon eine Stunde später rasten wir auf der Hüttenbank.

Vorbei am Eingang zum Vallon Vani Alti steigen wir in Richtung Canali-Paß an. In der Höhe von etwa 2050 Meter weist eine Tafel zum Reali-Biwak und somit zum Klettersteig. Eine Rasenstufe führt in das Hochtal des »Coro«, den Vallon del Coro. Hoher Fels, die prallen Wände der Cima del Coro und die Terza Torre dei Vani Alti umschließen diesen entlegenen Ort gleich einem Felsenchor. Markierungen und Steigspuren weisen auf einem Geröllkegel steil höher zu einer Felsbastion im innersten Winkel des Coro. Von ihrer Plattform (ca. 2350 m) aus überwindet die Ferrata Reali in der nahezu senkrechten Wandbarriere hinauf zur Forcella Marmor knapp 200 Höhenmeter. Drahtseile sichern den unteren Felsvorbau und leiten in eine enge, meist mit Schnee und Eis gefüllte Schlucht. Nach einem Klemmblock zeigt ein Band den Ausweg nach rechts über eine ausgesetzte Gratrippe zur Schlußwand. Das Drahtseil läuft in einem Zug über die letzten 50 Höhenmeter zum Ausstieg in der Marmorscharte (2519 m). Dort schwingen wir uns aus der schattigen, kaum von einem Sonnenstrahl erhellten Wand hinaus in das Licht. Minuten später entdecken wir oberhalb einer Schrofenstufe inmitten einer neuen, weithin geöffneten Bergwelt das Bivacco Reali (ca. 2550 m).

Im Nahbereich ragen die Cime del Marmor, die Croda Grande und die Vani Alti. Wohl um den Anstieg zur Croda Grande zu erleichtern, richtete schon in den Jahren 1924/25 die CAI-Sektion Treviso den gesicherten Zugang zur Forcella Marmor, die jetzige Ferrata Fiamme Gialle, ein. Damit ist der Hauptgipfel des Südzuges von der Canali-Hütte auf einer sehr interessanten Route zugänglich. Stimmen die Verhältnisse und auch das Wetter, sollten wir die Gelegenheit, die Croda Grande zu besteigen, nicht ausschlagen. Die Route ist markiert, nach einer Stunde Anstiegszeit betrachten wir aus 2849 Meter Höhe die Pala-Bergwelt aus einer neuen Perspektive.

Via ferrata Vani Alti

Aus dem Canalital, von der Wegetrasse Rifugio Treviso – Passo Canali, zweigt als erstes Hochtal der Vallon Vani Alti ab und umschließt die kleine, durchschnittlich 2700 Meter hohe Gipfelkette der Cime Vani Alti. Die neu angelegte Ferrata Vani Alti gibt uns in Kombination mit dem Reali-Klettersteig die Möglichkeit einer landschaftlich sehr reizvollen Rundtour. Den Vani-Alti-Steig verdanken wir Renzo Timillero, dem Wirt der Treviso-Hütte, der 1973 diese Route aufspürte und auch sogleich markierte.

Nach dem kurzen Anstieg vom Reali-Biwak zum Kamm der Vani Alti betreten wir im Bergab sehr bald eine weite Karschüssel und verhalten an der Abzweigung »Treviso« (ca. 2500 m). Hier beginnt das Problem dieser Route: der sehr ausgesetzte, jedoch seit 1983/84 mit Drahtseilen gut gesicherte Abstieg durch eine steile Felswand, auf schmalen Felsbändern in drei langen Kehren hinab zum Wandfuß (ca. 2300 m). Im Vallon Vani Alti lagern auch im Hochsommer noch Altschneereste, aber es erwarten uns auch Markierungen. Über Schneekegel, Moränenwälle, vor Jahrtausenden aufgeschüttet, lösen wir uns aus der Felsenenge des Vallone und schwenken in den Weg zur Treviso-Hütte.

Tourensteckbrief

Ausgangsort
Parkplatz Cant del Gal 1160 m.

Die Tour in Stichworten
Fiera di Primiero 711 m – Cant del Gal 1160 m – Parkplatz Malga Canali ca. 1250 m – Rif. Treviso 1631 m – Ferrata Fiamme Gialle (Reali) – Biv. Reali 2550 m – Ferrata Vani Alti – Rif. Treviso.

Schwierigkeit: III = schwierig
Ferrata Fiamme Gialle (Reali) in nordwestseitigem Steilfels, Ferrata Vani Alti in südwestseitigem Steilfels; nur Drahtseilsicherung.
Zugang: Vom Parkplatz zum Rif. Treviso. Von der Treviso-Hütte auf Steig 707, vorbei an der markierten Abzweigung zum Vallon Vani Alti, zur nur wenig höheren Abzweigung »Biv. Reali«, ca. 2050 m. Steigspuren und Mark. leiten in den Felskessel des »Coro«, zum Einstieg an einem Wandvorbau, ca. 2350 m.
Ferrata Fiamme Gialle (Reali): Drahtseile sichern sehr steil höher in eine Schlucht (Achtung, Schnee!), nach einem Klemmblock auf einem Band nach rechts und über eine ausgesetzte Gratrippe zum Ausstieg in der Forc. Marmor (2519 m). Kurzer Zugang zum Biv. Reali.
Ferrata Vani Alti: Vom Biwak nach Steigspuren und Mark. rechts hinauf zum Kamm der Vani Alti, dort Abstieg in eine Karmulde zur Abzweigung »Rif. Treviso«. Nach rechts zu der fast senkrechten Felsstufe hinab zum Vallon Vani Alti. Sehr ausgesetzter, steiler Wandabstieg

Aus der Route zur Croda Grande überblicken wir den Kamm der Vani Alti; wenig später gehen wir knapp unter den Gipfelzacken nach links hinüber zur Ferrata Vani Alti.

(Drahtseile) auf sehr schmalen, diagonalen Bändern. Über Altschnee, auf Steigspuren, nach Mark. hinab zum Weg zurück zur Treviso-Hütte.

Höchste Wegestelle/Gipfel
Biv. Reali 2550 m, Cime Vani Alti 2690 m.

Anstiegsleistung
Ab Parkplatz Malga Canali 1400, ab Rif. Treviso 1000 Höhenmeter, davon Klettersteig Fiamme Gialle 200 Höhenmeter, Vani Alti im Abstieg 200 Höhenmeter.

Abstieg
Siehe Tourenverlauf.

Gehzeiten
Parkplatz Malga Canali 1250 m – Rif. Treviso 1631 m: 1 Std., Rif. Treviso – Einstieg Ferrata Fiamme Gialle 2350 m: 2 Std. – Ferrata – Biv. Reali 2550 m: 1 Std., Übergang Vani Alti: ½ Std. Abstieg: Ferrata Vani Alti – Rif. Treviso: 2 Std. Gesamtgehzeit: 6½ Std.

Hütten/Stützpunkte
Rifugio Treviso 1631 m, CAI-Sektion Treviso, 36 Betten/Matr., bew. Ende Juni–Ende Sept. *Bivacco Reali* 2550 m, ständig geöffnete Notunterkunft.

Landkarten
Siehe Tour 25.

28 Ferrata Stella Alpina

Monte Agnèr 2872 m

*Zum höchsten Gipfel im
Pala-Südzug*

besonders schwierig

Der 2872 Meter hohe Monte Agnèr ist der nördliche Eckpfeiler im Südzug der Pala. An seinem Nebengipfel, dem Lastei d'Agnèr, gibt es seit 1979 die *Via ferrata Stella Alpina*. Das Rifugio Scarpa (1742 m) auf der Malga Losch bietet sich als Stützpunkt für den Klettersteig sowie für die Normalanstiege zum Monte Agnèr. Die Umschau von der aussichtsreichen Scarpa-Hütte gibt uns auch wichtige Informationen: Wir sehen die Südflanke des Monte Agnèr und die breite, schräge Felsrampe hinauf zur Forcella del Pizzon mit dem Bivacco Biasin. Die Forcella und die tief eingerissene Schlucht herab zur Malga trennen den Monte Agnèr vom benachbarten Lastei. Über die Rampe und durch die Schlucht, den »Gran Canalone«, laufen die Normalwege. Unter dem Lastei d'Agnèr liegt eine riesige schräge Plattenebene (= Lastei), die zur Schlucht und zur Malga in vertikalen Wandabbrüchen ausläuft. Der deutlich erkennbare, pfeilerartige Vorsprung links der Schlucht trägt die Ferrata.

Am Fuße des Pfeilers (ca. 2030 m) beginnt, nur mit Drahtseilen gesichert, die ungewöhnlich anspruchsvolle Route. Senkrechte Kamine, Kanten und Wandverschneidungen zehren an den Armkräften, der äußerst ausgesetzte Fels verlangt gute Nerven – im Tiefblick hinab zum Einstieg scheinen die etwa 250 Höhenmeter bis zum Ausstieg fast himmelhoch zu sein! Dem atemberaubenden Kletterabenteuer folgt ein ermüdendes Auf und Ab im Gehgelände der Plattenschüsse hinauf zum Biwak Biasin (2645 m). Der Schlußanstieg ist einfach und ab Biwak auf eine kurze Strecke drahtseilgesichert – noch 200 Höhenmeter über ausgesetzten, aber gut gestuften Fels zum Gipfel des Monte Agnèr.

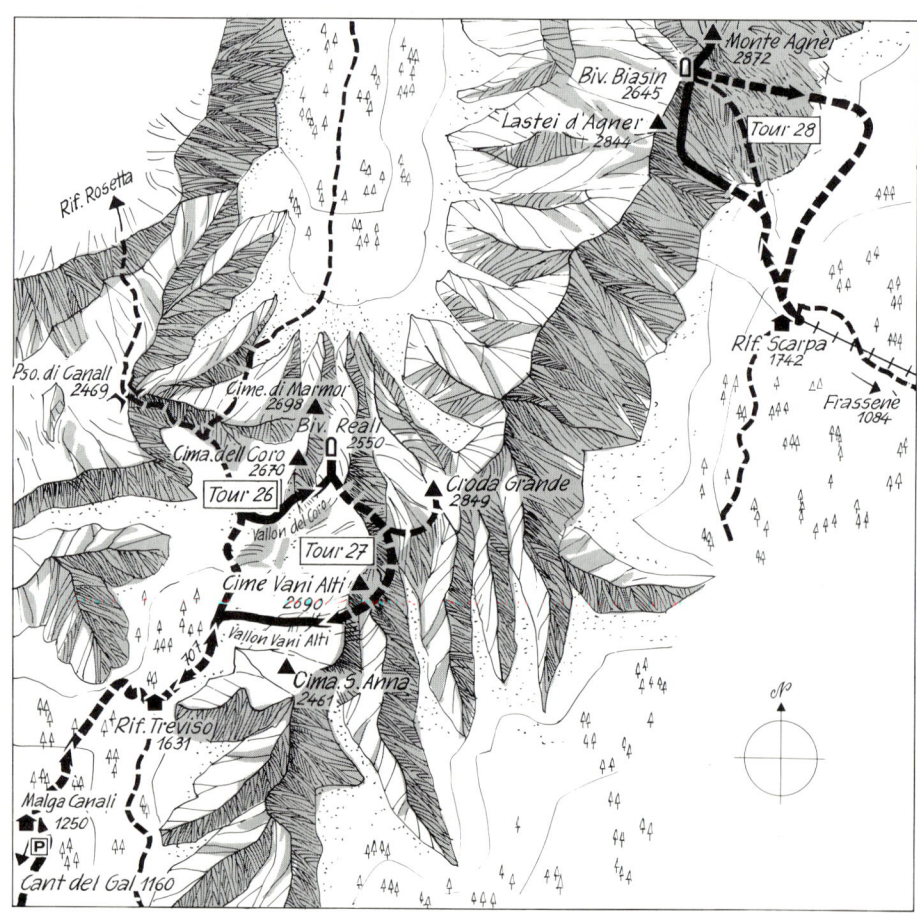

◁ *Wandquerung in sehr ausgesetztem Fels in der Ferrata Stella Alpina.*

Nur ein dünnes, durchlaufendes Drahtseil ▷ sichert den teils senkrechten Fels im Sockel des Lastei d'Agnèr, durch den die Ferrata Stella Alpina ihre Route legt.

Tourensteckbrief

Ausgangsort
Frassenè 1084 m bei Agordo.

Die Tour in Stichworten
Frassenè 1084 m – Rif. Scarpa 1742 m – Ferrata Stella Alpina – Forc. del Pizzon 2623 m – Biv. Biasin 2645 m – Monte Agnèr 2872 m – Biv. Biasin – Rif. Scarpa.

Schwierigkeit: V = besonders schwierig
Extremer, kraftraubender, aber kurzer Klettersteig in fast senkrechtem, äußerst ausgesetztem, südseitigem Fels; nur Drahtseilsicherung.
Zugang: Von Frassenè zu Fuß oder mit Sessellift zum Rif. Scarpa. Von dort markierter Steig in Richtung zur Großen Schlucht (Gran Canalone), vorher nach links durch eine Seitenschlucht hinauf zu einer Terrasse und zum Einstieg ca. 2030 m am Fuß eines Wandpfeilers.
Klettersteig: Sehr steiler Einstiegskamin hinauf zu einer Rinne, extreme Wandquerung nach links, im mittleren Abschnitt etwas leichter zur Ausstiegswand. Sehr glatter Fels, fast überhängend zum Ausstieg ca. 2300 m hinein in die riesige Felsenrampe des Lastei d'Agnèr. Aufwärtsquerung nach rechts über abschüssiges Gehgelände, mark., zur Forc. del Pizzon und zum Biv. Biasin am Anstieg zum Monte Agnèr. Ab Biwak in westseitigem, gut gestuftem, aber ausgesetztem Fels, kurze Drahtseilsicherung, zum Gipfel des Monte Agnèr.

Höchste Wegestelle/Gipfel
Biv. Biasin 2645 m, Monte Agnèr 2872 m.

Anstiegsleistung
Ab Rif. Scarpa 1100 Höhenmeter, davon Klettersteig 250 Höhenmeter.

Abstieg
Vom Monte Agnèr zurück zum Biv. Biasin und auf dem gelb markierten Normalweg (Abstieg im Gran Canalone nicht ratsam) zurück zur Scarpa-Hütte.

Gehzeiten
Frassenè 1084 m – Rif. Scarpa 1742 m: 1½ Std.; Rif. Scarpa – Einstieg Ferrata Stella Alpina ca. 2030 m: ½ Std. – Ferrata – Ausstieg ca. 2300 m: 2 Std. – Biv. Biasin 2645 m: 1 Std. – Monte Agnèr 2872 m: 1 Std.
Abstieg: Monte Agnèr – Biv. Biasin: 1 Std. – Rif. Scarpa: 2½ Std.
Gesamtgehzeit: 9½ Std.

Hütten/Stützpunkte
Rifugio Scarpa 1742 m, CAI-Sektion Agordina, 30 Betten/Matr., bew. Mitte Juni–Ende Sept.

Landkarten
Kompass-Wanderkarte 1:50000, Blatt 76 »Pale di San Martino«.

Östliche Dolomiten

Die Nord-Süd-Linie Gadertal – Campolongo-Paß – Arabba und die Flußtäler des Cordevole und des Piave scheiden die Dolomiten in einen östlichen und westlichen Raum (siehe auch Seite 9). Östlich dieser Linie bis hin zum Kamm der Karnischen Alpen gestalten die Östlichen Dolomiten ein Gebirge, das in seiner Ausdehnung, im Zusammenspiel von Berg und Tal und deshalb auch im Tourenreichtum die Westlichen Dolomiten übertrifft. Rund um das Ampezzaner Becken erheben klassisch schöne, hohe Berge eine Dolomitenwelt, die – besonders auf der Fahrt vom Falzarego-Paß hinab nach Cortina – wohl jeden Reisenden in Begeisterung versetzt. Wo sonst noch schenken die Dolomiten einer Talschaft solch hochalpinen Gipfelkranz? Cortina d'Ampezzo ist das Herz, das Zentrum der Dolomiten.

In der Anfahrt von Norden bietet das Pustertal die beste Zufahrt, ob wir nun von Franzensfeste oder von Lienz in Osttirol nach Innichen kommen, in das Sextental einfahren und als erstes die *Sextener Dolomiten* aufsuchen. Dieses berühmte Gebirge gliedert sich in einzelne, gut überschaubare Untergruppen. Auf den Klettersteiggeher warten die Eisenwege an der Rotwandspitze, im Bereich der Zinnenhütte, der begehrte Alpiniweg am Elferkofel und die große Südostschleife der Sextener Dolomiten, die Ferrata Roghel mit der Cengia Gabriella. Wir nützen frühere Soldatensteige, schlüpfen in Kavernen und ausgesprengte Galerien – unvergängliche Wunden, die der »Grande Guerra« den »bleichen Bergen« zufügte.

Italien erklärte am 23. Mai 1915 der Donau-Monarchie Österreich/Ungarn den Krieg. In wenigen Tagen besetzten die österreichischen Truppen, Kaiserjäger und die Standschützen aus den Tälern Tirols, die nördlichen Dolomiten-Hauptkämme entlang der Staatengrenze. Diese Front, in den Östlichen Dolomiten am Cristallo, Monte Piano, an den Tofanen und am Col di Lana, blieb bis zum Abzug der Italiener im November 1917 im wesentlichen unverändert. So begegnen wir auch in den *Ampezzaner Dolomiten* den Spuren, die der Erste Weltkrieg hinterlassen hat. Von Misurina schlägt der Tre-Croci-Paß eine Brücke hinüber in das Ampezzaner Becken, von Toblach aus öffnet das Höhlensteintal mit der in den dreißiger Jahren des 19. Jahrhunderts entstandenen »Strada d'Alemagna« die Zufahrt. Die Ampezzaner Bergwelt, der mehrgipfelige Cristallo-Stock, die Felsenarena des Sorapis und das Dreigestirn der Tofanen wirken auf den Klettersteiggeher wie ein Magnet. Zum Abenteuer des Bergsteigens auf der Ferrata Bianchi, im Klettersteigring am Sorapis, auf der Ferrata Lipella und im Anstieg zur Tofana di Mezzo treten die Freude und die Befriedigung einer hohen Gipfelrast. Der Erste im Kreise der Ampezzaner Persönlichkeiten, der stolze 3263 Meter hohe Antelao, duldet jedoch keine Ferrata. Den nach der Marmolata zweithöchsten Dolomitengipfel ehrt das Attribut »König der Dolomiten«. Vom Falzarego-Paß aus lockt uns die Ferrata Tomaselli zur Südlichen Fanisspitze. Nach dieser schweren Aufgabe fahren wir aus dem Ampezzaner Raum hinüber ins Agordino.

Die *Zoldiner Dolomiten* werben mit dem Pelmo, der Civetta und der Moiazza. Wie am Antelao, so gibt es auch am Pelmo keinen Eisenweg; an der Civetta jedoch fordern die Ferrata Alleghesi und die Ferrata Tissi große Erfahrung und Ausdauer. Die Schwierigkeiten steigern sich, wenn wir den »Supersteig« in der benachbarten Moiazza besuchen: Mit der Ferrata Costantini begehen wir den anspruchsvollsten und längsten Klettersteig der Dolomiten!

Von der Moiazza sehen wir hinab zur *Schiara,* zum südlichsten Gebirge der Östlichen Dolomiten. Im Tal des Torrente Cordevole fahren wir nach Belluno und wandern hinauf zum Rifugio 7° Alpini. Bei Wetterglück und schnell entschlossenem Zupacken genügen zwei Tourentage, um von diesem zentralen Stützpunkt aus die vier Schiara-Klettersteige zu begehen und auch den Monte Schiara zu besteigen. Die Überwindung der Schwierigkeiten auf den Klettersteigen der Östlichen Dolomiten wird den sportlich ausgerichteten Bergsteiger voll befriedigen. Dem Landschaftserlebnis und dem intimen Einblick in den Zaubergarten der »bleichen Berge«, den uns die »Vie ferrate« in so überreichem Maße gewähren, sollten wir jedoch einen noch höheren Stellenwert zuerkennen.

Der Gipfelkranz um Cortina d'Ampezzo ist für Klettersteigfreunde ein Erlebnisraum, wie er schöner und aufregender nicht sein könnte. Aus der Ferrata Olivieri zur Punta Anna schauen wir hinüber zum Sorapis (Bildmitte) und zum höchsten Gipfel der Östlichen Dolomiten, dem Antelao (rechts außen).

29 Klettersteig Rotwandspitze
2936 m

30 Ferrata Zandonella

Die Kriegswege der Sextener Rotwand

wenig schwierig
schwierig

Klettersteig Rotwandspitze

Der Sessellift von Bad Moos (1356 m) im Sextener Talgrund zu den Rotwandwiesen verkürzt den Rotwand-Anstieg um 600 Höhenmeter. Diese Gelegenheit sollten wir nützen, denn an der Bergstation (1925 m) erwartet uns immer noch eine 1000-Meter-Differenz zum Gipfel. Die Rotwandwiesen überraschen mit einem informativen Nahblick zur Rotwand, wir sehen das auch im Sommer noch mit Schnee gefüllte und an zwei Seiten von hohen Felsspitzen eingeschlossene Hochkar, durch das der Anstieg zum Nordgipfel läuft. Aus dem schütteren Bergwald oberhalb der Wiesen wachsen die Rotwandköpfe – auf ihrem langgestreckten, gezackten Kamm gehen wir hinauf zur Stufe unter dem Hochkar.

Leitern und Drahtseile überwinden den ersten Steilfels, die Route zieht in das Kar

und verbindet sich an einer kleinen Einschartung mit dem Anstieg vom Burgstall (günstig als Abstieg zurück zu den Rotwandwiesen!). Steil und teilweise ausgesetzt, vorbei an verfallenen Unterständen erreichen wir über eine hohe Felsrampe mit befestigten Serpentinen eine geschützte, seichte Karmulde. Auf einer geschütteten Terrasse verrät altes Barackenholz eine ehemalige Kommandostelle (ca. 2650 m), bald darauf mündet der Rotwandsteig entlang noch gut erkennbarer Schützengräben in das große, nach Westen zum Fischleintal orientierte Plateau (ca. 2700 m) unter dem Gipfelaufbau. Dieser aussichtsreiche Platz zum Elferkofel hinüber verführt zum Bleiben und Schauen, doch das nahe, sichtbare Kreuz der Rotwand verspricht schon die Gipfelrast. Steiler Fels möchte den Endspurt noch komplizieren, aber nur eine etwa 20 Meter hohe, mit Drahtseilen gut gesicherte Wandstufe fordert etwas Kletterkönnen. Diese schwierigste Stelle des Rotwand-Klettersteiges läuft zur Oberen Rotwandscharte hin aus. Entlang des kurzen Grates betreten wir wenig später das kleine, 2936 Meter hohe Plateau des Nordgipfels.

Via ferrata Mario Zandonella

In den Jahren 1977/78 arbeitete die CAI-Sektion Comelico am Rotwandmassiv und erschloß mit der Ferrata Zandonella in einer Süd- und in einer Südostvariante die italienischen Kriegsstellungen. Damit bekam die Rotwand von der Berti-Hütte herauf zwei mit Leitern und Drahtseilen gesicherte Klettersteige, von denen die Südroute eine besondere Empfehlung verdient. Für Bergsteiger aus der Sextener Seite ist der Südanstieg vorteilhaft: Er verbindet die Sentinella-Scharte (2717 m) über eine etwa 150 Meter hohe Wandstufe, ein breites Band (ca. 2860 m, italienische Kriegsstellungen) und eine Steilrinne auf kürzeste Distanz mit der Oberen Rotwandscharte und damit mit dem Nordgipfel. Die Südostroute mag von der Berti-Hütte herauf günstig sein. Ihre verwickelte, mühsame Routenführung, teilweise durch hohe Geröllkare, entstand wohl aus der Absicht heraus, auch von Süden eine Rotwandüberschreitung mit Rückkehr zur Berti-Hütte zu ermöglichen.

Die Ferrata Zandonella erschließt die Sextener Rotwand auf einer Südroute; die Berti-Hütte ist dafür ein günstiger Stützpunkt. Damit sind nun auch die Alpini-Stellungen aus dem Dolomitenkrieg wieder zugänglich.

Tourensteckbrief

Ausgangsort
Sexten/Bad Moos 1356 m.

Die Tour in Stichworten
Klettersteig Rotwandspitze: Bad Moos 1356 m – Lift Rotwandwiesen Bergstation 1925 m – Rotwandköpfe 2345 m – Klettersteig – Rotwandspitze 2936 m – Rotwandwiesen.
Ferrata Zandonella – Südroute: Kreuzberg-Paß 1636 m – Ex-Rif. Olivo Sala 2094 m – Sentinella-Scharte 2717 m – Ferrata Zandonella – Rotwandspitze 2936 m.

Klettersteig Rotwandspitze
Schwierigkeit: I = wenig schwierig
Viel begangene, an schwierigeren Stellen mit Drahtseil und einigen kurzen Leitern gesicherte, nordseitige Route; Ausdauer notwendig.
Zugang: Nach Auffahrt zu den Rotwandwiesen auf mark. Steig zu den Rotwandköpfen und über ihren Kammzug zum Nordwestvorbau der Rotwand.
Klettersteig: Über eine Felsstufe, Leitern und Drahtseile, hinauf zu dem von Sexten und den Rotwandwiesen deutlich erkennbaren, auch im Sommer noch mit Schnee gefüllten Hochkessel. Die Route, mäßig steil, markiert, durchläuft verfallene Stellungen und überwindet etwa 100 m unter dem Gipfel die schwierigste Stelle, eine etwa 20 m hohe Wandstufe.

Ferrata Zandonella – Südroute
Schwierigkeit: III = schwierig
Sehr steile, teils ausgesetzte Route in südseitigem Fels, gute Drahtseilsicherung, zwei kurze Leitern.
Zugang: Ab Kreuzberg-Paß mark. Steig 124 zum Rif. Berti; oberhalb, noch vor der Hütte, bei der Ruine Rif. Olivo Sala Steig in Richtung Sentinella-Scharte bis knapp unter die Scharte. Nach grün-roten Dreiecken zum Einstieg an einer gemauerten Kaverne ca. 2650 m; hierher auch kurzer Zugang von der Sentinella-Scharte. (Südostvariante Ferrata Zandonella, grün-rot mark., beginnt auch im Vallon Popera, aber weiter unten!).
Klettersteig: Nach dem Eingang in eine Schlucht im sehr steilen Südwandfels mit Leitern und Drahtseilen gut gesichert, direkter Anstieg zu den Kriegsstellungen ca. 2860 m auf einem breiten Band. Dort nach rechts und durch einen brüchigen Riß zum Gipfelgrat der Rotwand, Einmündung in den Anstieg von den Rotwandwiesen.

Höchste Wegestelle/Gipfel
Rotwandspitze 2936 m.

Anstiegsleistung
Klettersteig Rotwandspitze: Ab Rotwandwiesen 1000 Höhenmeter.
Ferrata Zandonella: Ab Kreuzberg-Paß 1300 Höhenmeter, davon Klettersteig 200 Höhenmeter.

Österreichische Kriegsstellungen 1915–1917 im Klettersteig zur Rotwandspitze.

Abstieg
Auf Rotwand-Klettersteig zurück bis zur Abzweigung »Burgstall« ca. 2450 m: Durch eine Schotterrinne sehr steil hinab (Drahtseile) zum Burgstall 2168 m, Wegeteilung: links zu den Rotwandwiesen, rechts zum Kreuzberg-Paß, markiert.

Gehzeiten
Klettersteig Rotwandspitze: Rotwandwiesen 1925 m – Rotwandspitze 2936 m: 3½ Std.
Ferrata Zandonella: Kreuzberg-Paß 1636 m – Einstieg Ferrata ca. 2650 m: 3½ Std. – Ferrata – Rotwandspitze 2936 m: 1 Std.
Abstieg: Rotwandspitze – Burgstall 2168 m: 1½ Std. – Rotwandwiesen: ½ Std.; Burgstall – Kreuzberg-Paß 1636 m: 1 Std.
Gesamtgehzeit: Klettersteig Rotwandspitze 5½ Std., Ferrata Zandonella 7 Std.

Hütten/Stützpunkte
Rotwandwiesen-Hütte 1925 m, privat, 45 Betten/Matr., ganzjährig bew.
»Zum Rudi« 1936 m, Berggasthaus
Rifugio Berti 1950 m, CAI-Sektion Padua, 56 Betten/Matr., bew. Ende Juni–Ende Sept.

Landkarten
Kompass-Wanderkarte 1:50000, Blatt 58 »Sextener Dolomiten«.

31 Alpiniweg
Sentinella-Scharte 2717 m

Die Strada degli Alpini

mäßig schwierig

Die Zsigmondy-Comici-Hütte (2235 m) verdankt dem Alpiniweg als attraktives Aushängeschild der Sextener Dolomiten einen Großteil ihrer Übernachtungsgäste. Diese Hütte, im Anstieg vom Parkplatz Fischleinboden (1451 m) in etwa zwei Stunden zu erreichen, unterstützt unsere Tour, die wir, je nach den Verhältnissen und der Kondition, sogar bis zur Rotwand ausdehnen können. Den Ausschlag gibt meistens die Situation im Abschnitt Elferscharte – Sentinella-Scharte. Dort kleben Eis und Firn vom vergangenen Winter, aber auch sommerlicher Neuschnee unwahrscheinlich zäh am Steilfels der Elfer-Nordflanke und erschweren oder vereiteln sogar diese ausgesetzte Traverse. So

rückt denn auch der Hüttenwirt zu Saisonbeginn mit Schaufel und Pickel aus, um sein »Werbeschild« wenigstens etwas blank zu putzen. Bei soviel Zulauf, den der Alpiniweg verzeichnen kann, interessiert auch seine Geschichte. Schon vor Kriegsbeginn mit Italien im Mai 1915 bauten österreichische Gebirgstruppen an einem Saumweg vom Giralba-Joch zur Westflanke des Elferkofels. Im Krieg verschanzten sich die Alpini-Soldaten an der Sentinella-Schärte und sicherten die Elfer-Nordflanke. In der Nachkriegszeit wurde die CAI-Sektion Padua – ihr gehören die Zsigmondy- und die Berti-Hütte – der Wegbereiter für den Tourismus. Sie sicherte beide Teilstücke und verband sie zu der großartigen *Strada degli Alpini,* seitdem eine ungebrochene Anziehungskraft auf Bergsteiger und Wanderer ausübt, ob sie nun aus dem italienischen Comelico oder von Norden, vom Südtiroler Sexten, kommen. Das Wort »Strada« = Straße könnte dazu verleiten, den Alpiniweg als einen alpinen Spaziergang zu betrachten. Diese Fehleinschätzung muß korrigiert werden: Auch den leichteren Abschnitt – vom Giralba-Joch zur Elferscharte – darf nur der erfahrene, trittsichere Bergwanderer begehen! Vom Standort der Zsigmondy-Hütte ist der Alpiniweg vom Salvezza-Band zum Äußeren Loch, die Querung am Fuß des Elferturmes und sein Verlauf in der Schotterterrasse der Elfer-Westflanke hinauf zur Elferscharte gut zu verfolgen. Von der Hütte wandern wir auf dem Steig unter der »Zwölferschütt« hinauf zu dem hübschen Seeauge (2328 m) unter dem Giralba-Joch und überschreiten den Felsrücken des Hochleist zum Karkessel des »Inneren Lochs«. Wenig später gehen wir auf dem ausgesetzten, aber relativ breiten Salvezza-Band einer tollen Überraschung entgegen: dem »Busento«, einer tiefgewinkelten, nie von einem Sonnenstrahl erhellten Felskulisse. Hier erfährt der Alpiniweg auch seinen fotografischen Höhepunkt – wenn es dem Fotografen (vielleicht mit Hilfe zweier mutiger Begleiter als Statisten) gelingt, dieses berühmte Motiv mit Ausblick zur Elferscharte gut zu belichten.

An der Elferscharte (2610 m) ist eine Entscheidung fällig: entweder Abstieg zum Fischleinboden oder Übergang zur Sentinella-Scharte. Passen Wetter, Verhältnisse, Kondition und Auftrieb zusammen, sollten wir unseren hohen Weg zu Ende gehen – erst die Querung der Elfer-Nordflanke rundet das Erlebnis »Alpiniweg« zu einer vollen Leistung! Die Sicherungen, Drahtseile, Leitern und Holzstege, befinden sich in gutem Zustand (1983), die Gelände-

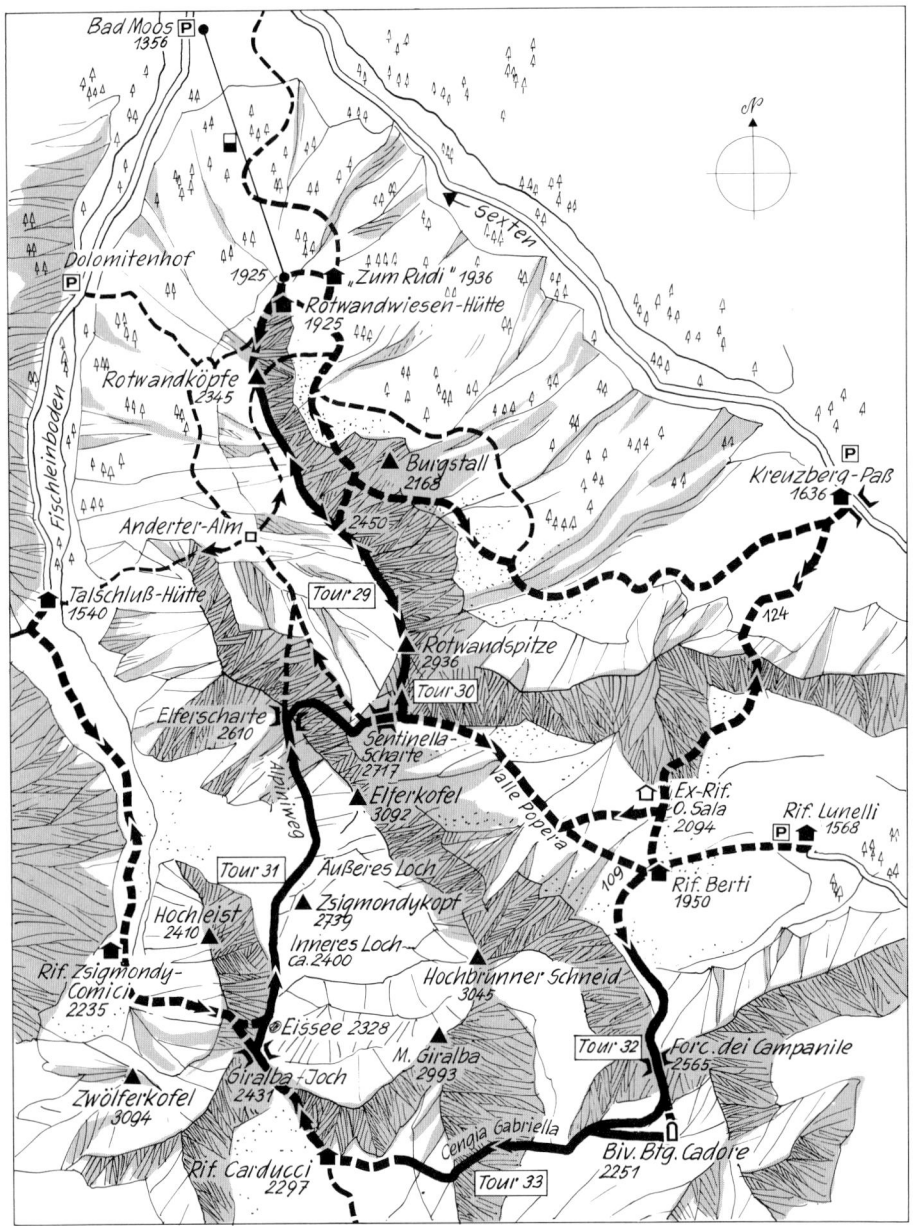

Tourensteckbrief

Ausgangsort
Sexten/Bad Moos, Parkplatz Fischleinboden 1451 m.

Die Tour in Stichworten
Sexten/Bad Moos 1356 m – Parkplatz Fischleinboden 1451 m – Talschluß-Hütte 1540 m – Zsigmondy-Comici-Hütte 2235 m – Eissee 2328 m – Alpiniweg – Elferscharte 2610 m – Alpiniweg – Sentinella-Scharte 2717 m.

Schwierigkeit: II = mäßig schwierig
Vielbegangener Klettersteig. Diagonaler Routenverlauf: In der Westwand des Elfer bis zur Elferscharte einfacher, teilweise drahtseilgesicherter Steig. Weiter zur Sentinella-Scharte schwieriger: durch die Elfer-Nordflanke teilweise sehr ausgesetzt, aber mit Drahtseilen, kurzen Leitern und Holzstegen gut gesichert.
Zugang: Vom Parkplatz Fischleinboden mark. Steig zur Zsigmondy-Hütte. Ab Hütte Mark. 101 in Richtung Giralba-Joch zum Eissee unter dem Joch, weiter zum Einstieg am Inneren Loch ca. 2400 m.
Klettersteig: Ab Innerem Loch mäßig ansteigende, teilweise mit Drahtseil gesicherte Route: Salvezza-Band – Busento – Äußeres Loch – Elferscharte. (Mark. Abstieg zu den Rotwandwiesen und zum Fischleinboden.) Ab Elferscharte schmale, abschüssige Bänder (Achtung, Schnee und Eis, im Frühsommer nicht ratsam!) und Felsstufen, mäßig steil, gut gesichert, zur Sentinella-Scharte.

Höchste Wegestelle/Gipfel
Elferscharte 2610 m, Sentinella-Scharte 2717 m.

Anstiegsleistung
Ab Parkplatz Fischleinboden 1300 Höhenmeter, davon Klettersteig 300 Höhenmeter.

Abstieg
Von der Sentinella-Scharte zur Berti-Hütte, oder sehr steil (Achtung Schnee, Eis) zur Anderter Alm, dort mark. Steig zu den Rotwandwiesen und zum Fischleinboden, oder Anschluß Tour 30.

Gehzeiten
Parkplatz Fischleinboden 1451 m – Zsigmondy-Hütte 2235 m: 2 Std.; Zsigmondy-Hütte – Alpiniweg – Elferscharte 2610 m: 2½ Std. – Sentinella-Scharte 2717 m: 1 Std.
Abstieg: Sentinella-Scharte – Fischleinboden 2½ Std., oder Berti-Hütte 1950 m: 1½ Std.
Gesamtgehzeit: 7–8 Std.

Hütten/Stützpunkte
Zsigmondy-Comici-Hütte 2235 m, CAI-Sektion Padua, 85 Betten/Matr., bew. Mitte Juni–Ende Sept.
Rifugio Berti 1950 m, siehe Tour 30.

Landkarten
Kompass-Wanderkarte 1:50000, Blatt 58 »Sextener Dolomiten«.

Tip
1. Tag: Alpiniweg – Berti-Hütte; 2. Tag: Berti-Hütte – Ferrata Roghel – Cengia Gabriella – Carducci-Hütte 2297 m – Giralba-Joch 2431 m – Zsigmondy-Comici-Hütte mit Rückkehr nach Sexten/Moos.

schwierigkeiten, schmale Felsbänder, Rinnen und kurze Steilanstiege, halten sich in Grenzen – schon eine Stunde später steigen wir an der Sentinella-Scharte (2717 m) aus.

Die Scharte markiert die Sprachengrenze deutsch – italienisch, im Dolomitenkrieg kämpften die Sextener Standschützen, Kaiserjäger und Alpini erbittert um ihren Besitz. Heute sitzen Österreicher, Italiener, Deutsche und wer sonst noch kommt, dort zu friedlicher Rast; die große, aus dem Schartenfels geschlagene Kaverne dient mitunter noch als willkommener Wetterschutz. Zur Rückkehr nach Sexten eignet sich der steile, direkte Abstieg durch ein Schnee- oder Geröllkar zum Fischleinboden mit Ausweichmöglichkeit zu den Rotwandwiesen oder die Überschreitung der Rotwand (siehe Touren 29 und 30). Südlich der Scharte, 700 Meter tiefer, steht die Berti-Hütte und empfiehlt die Touren 32/33.

Die Route des Alpiniweges in der Nordflanke des Elferkofels im Verlauf von der Elferscharte zur Sentinella-Scharte.

32 Ferrata Roghel
33 Cengia Gabriella

Von der Berti-Hütte zur Carducci-Hütte

schwierig

Das Rifugio Berti (1950 m) bekommt seinen Talzugang aus dem südlichen Comelico und liegt deshalb abseits der vielbegangenen Sextener Wanderwege. Wenn trotzdem der Besuch von Sexten entweder über den Kreuzberg-Paß (1636 m) oder von der Sentinella-Scharte den ganzen Sommer über anhält, so verdankt die Berti-Hütte dies der im Jahre 1968 angelegten Ferrata Roghel und der Cengia Gabriella hinüber zur Carducci-Hütte.

Via ferrata Aldo Roghel

Die Guglie di Stallata, die Fulmini di Popera und die Cima Popera schenken der Berti-Hütte eine unmittelbare, dolomitische Szenerie. Sie schirmen die südwestliche Cadin di Stallata ab, in diesem weiten Kessel läuft die Ferrata Roghel aus. In der Umschau von der Hütte ist der Klettersteig nicht einzusehen, nur den Zugang auf dem begrünten Schotterhang gegenüber können wir erkunden. Der Steig zieht dort oben nach rechts, hinein in den steilen Geröllschlauch des Canalone dei Fulmini. Je nach den Verhältnissen sind oft bis weit in den Sommer die unteren Leitern und Drahtseile noch mehr oder weniger im Schnee vergraben – deshalb der Rat: Nicht vor Ende Juli die Ferrata Roghel einplanen! Im Inneren der Schlucht (ca. 2350 m) setzt die Ferrata in einer extremen, leicht überhängenden, etwa 30 Meter hohen Leiternserie ihren Schwierigkeitsmaßstab. Die enge Felsenkulisse wirkt bedrohlich, aber der Klettersteig wird leichter. Noch einige kurze Leitern und Drahtseile, dann stehen wir in der schmalen Forcella Piccola di Stallata (2650 m) – 250 Meter tiefer öffnet sich der Cadin di Stallata.

Cengia Gabriella

Die enge, ungesicherte Steilrinne zum Cadin (= Kar) mündet bei etwa 2400 Meter in eine hohe Querung. Nach rechts umgeht ein Steig den Karkessel und schließt ohne Höhenverlust an die Cengia Gabriella an. Bei guter Zeiteinteilung lohnt sich jedoch der 150-Meter-Abstieg zum Biwak »Battaglione Cadore« (2250 m) im Hochkessel des Cadin di Stallata. Die Wohltat einer Rast im Wiesengrün, am klaren Wasserquell, im Aufblick zur wundersamen, hochragenden Bergwelt kann dort so vollkommen sein, daß man zögert, weiterzugehen. Der anstrengendste und längste Abschnitt dieser Tagestour steht jedoch noch bevor. Vom Biwak weisen Markierungen zur Südostwand des Monte Giralba di Sotto. Über 126 Leiternsprossen klettern wir in einem senkrechten Kamin hinauf zu einer Felsmulde, greifen dort die Drahtseilsicherung und steigen in die Cengia aus. Von rechts kommt die erwähnte Umgehung, Markierungen und die Anschrift »Carducci« bestätigen die richtige Route.

Das an schwierigen Stellen immer gesicherte, bald breitere, bald schmälere Band (= Cengia) biegt in scheinbar ausweglose Winkel, kriecht unter ausladende Dächer, schneidet kurze, steile Grashänge, passiert einen markanten Gratturm, betritt eine Wasserschlucht, überwindet in ausgesetzter Querung eine graue, kleingriffige Wand, steigt an zu einer Kante, umrundet sie und läuft als Rasensteiglein hinauf zur Schulter (2450 m) am Südsporn des Monte Giralba di Sotto. Dort verbreitert sich die Cengia Gabriella zu einer Strada, wie sie schöner nicht sein könnte. Von Westen winkt aus trügerischer Entfernung die Carducci-Hütte; herrlich ist der Ausblick, bequem und gefahrlos der Weg auf breiter Terrasse bis zu einem plötzlichen Abbruch in eine plattige Wand. Drahtseile sichern den Abstieg zu einem Schartl. Dort überrascht eine meist mit Altschnee gefüllte Nordschlucht – aber sie muß gemeistert werden (ein kurzer Pickel ist sehr von Vorteil!), um die sichtbare Wegetrasse in dem ausgedehnten Kar darunter, hinüber zur jetzt nahen Carducci-Hütte (2297 m), zu erreichen.

Das Biwak »Battaglione Cadore« im Cadin di Stallata. Die Ferrata Roghel läuft in der Scharte links der Felsnadel aus, in der schmalen, noch mit Schnee gefüllten Rinne erfolgt der Abstieg zum Cadin.

Diese senkrechte Leiternserie ist der schwierigste Abschnitt in der Ferrata Roghel. ▷

Tourensteckbrief

Ausgangsort
Rif. Berti 1950 m.

Die Tour in Stichworten
Rif. Berti 1950 m – Ferrata Roghel – Forc. dei Campanile 2565 m – Biv. Battaglione Cadore 2251 m – Cengia Gabriella – Rif. Carducci 2297 m – Giralba-Joch 2431 m – Zsigmondy-Hütte 2235 m – Fischleinboden 1451 m.

Schwierigkeit: III = schwierig
Beliebte Klettersteig-Kombination. *Ferrata Roghel:* Sehr steile, südöstliche Schlucht, senkrechte Leiternserie, Drahtseile, *Cengia Gabriella:* Fast horizontaler Routenverlauf im Auf und Ab, teilweise Drahtseile und Leitern, anstrengend, Ausdauer notwendig.
Zugang: Zum Rif. Berti: Im Abstieg von der Sentinella-Scharte, *oder* vom Kreuzberg-Paß (1636 m, 2½ Std.), *oder* in Zufahrt über den Kreuzberg-Paß zum Rif. Lunelli (1568 m, Parkplatz, 1 Std.). Ab Berti-Hütte nach Schild und Wegemarkierung 109 auf Steig den Gegenhang höher zum Eingang des Canalone dei Fulmini; ein Schild und ein roter Pfeil, der in den Canalone weist, zeigen zum Einstieg ca. 2350 m.
Ferrata Roghel: Kleine Leitern und Drahtseile führen zu der extremen und teils überhängenden, etwa 30 m hohen versetzten Leiternserie

(= schwierigste Stelle). Ausstieg in einen meist schneegefüllten, engen Kessel, mit Leitern und Drahtseilen steil hinauf zur Forc. dei Campanile. Ab Forcella in einer engen Rinne (Achtung, Schnee, Eis) steil hinab entweder bis zum sichtbaren Biwak Cadore oder am Auslauf der Rinne (ca. 2350 m) auf Steig Mark. 110 nach rechts zum Anschluß an das Schotterband der Cengia Gabriella. Ab Biwak Cadore mark. Zugang über eine ca. 50 m hohe senkrechte Leiternreihe zur Cengia.
Cengia Gabriella: Nach Mark. und Anschrift »Carducci« im Auf und Ab zwischen 2300 und 2400 m Höhe auf teils schmalen Felsbändern unter überhängenden Dächern zum Südgrat des Monte Giralba di Sotto; auf breitem Westband weiter zu einer plattigen Wand, drahtseilgesicherter Abstieg zu einer Scharte. Eine steile Nordschlucht (Achtung, Schnee und Eis!) leitet hinab in ein Kar, aus dem ein Steig zum sichtbaren Rif. Carducci führt.

Höchste Wegestelle/Gipfel
Forc. dei Campanile 2565 m.

Anstiegsleistung
Ab Rif. Berti ca. 1000 Höhenmeter, davon Ferrata Roghel 200 Höhenmeter.

Abstieg
Vom Rif. Carducci über das Giralba-Joch zur Zsigmondy-Hütte und weiter zum Parkplatz Fischleinboden.

Aus dem Cadin di Stallata führt uns die Cengia Gabriella, eine Kombination unterschiedlich breiter, fast waagrecht geschichteter Felsbänder, hinüber zur Carducci-Hütte und damit auch zur Zsigmondy-Comici-Hütte.

Gehzeiten
Rif. Berti 1950 m – Einstieg Ferrata Roghel 2350 m: 1 Std.; Ferrata Roghel – Forc. dei Campanile 2565 m: 1½ Std.; Forcella – Biwak Cadore 2251 m: ½ Std.; Biv. Cadore – Cengia Gabriella ca. 2400 m – Rif. Carducci 2297 m: 3½ Std.
Abstieg: Rif. Carducci – Giralba-Joch 2431 m – Zsigmondy-Hütte 2235 m: 1 Std. – Parkplatz Fischleinboden 1151 m: 1½ Std.
Gesamtgehzeit: 9 Std.

Hütten/Stützpunkte
Rifugio Berti 1950 m, siehe Tour 30.
Bivacco Battaglione Cadore 2251 m, ständig geöffnete Notunterkunft.
Rifugio Carducci 2297 m, CAI-Sektion Auronzo, 30 Betten/Matr., bew. Ende Juni–Ende Sept.
Rifugio Zsigmondy-Comici 2235 m, siehe Tour 31.

Landkarten
Siehe Tour 31.

34 Kriegssteig »De Luca – Innerkofler«

35 Sentiero delle Forcelle

(Schartenweg) Paternkofel 2746 m

Zum Gedenkkreuz von Sepp Innerkofler

wenig schwierig

Die Drei-Zinnen-Hütte (2405 m) am Toblinger Riedel residiert im Mittelpunkt der Sextener Dolomiten, im Anblick der Drei Zinnen. Für den Bergwanderer und auch für die meisten Bergsteiger sind die schwierigen Kletterrouten der Zinnen kein Ziel. Der Paternkofel aber mit seinem stolz aufstrebenden Felshorn bietet dem Normalbergsteiger zwei Klettersteige an.

Kriegssteig »De Luca – Innerkofler«

Mit Beginn des Dolomitenkrieges im Mai 1915 besetzten die Italiener den Paternkofel, und schon am 4. Juli fiel der Sextener Bergführer und Hüttenwirt der Zinnenhütte, Sepp Innerkofler, durch die Hand seines Gegners, Piero de Luca, bei dem Versuch, den Gipfel zu erobern. In der Folge bauten die Alpini den Paternkofel zu einer uneinnehmbaren Festung aus. Vom Paternsattel und vom Toblinger Riedel durchbohrten Spezialisten den Berg mit spiralförmig angelegten Galerien. Diese Kriegsstollen wurden in den Jahren 1974/75 in mühsamer und gefährlicher Arbeit wieder begehbar gemacht. Besonders beliebt ist die »Galleria Paterno« im Nordgrat des Paternkofel hinauf zur Gamsscharte links des Gipfels.
Nahe der Zinnen-Hütte beginnt die Tunnelroute, in der ersten Galleria noch leidlich durch mehrere Stollenfenster erhellt; der zweite Stollen ist nachtfinster, aber ein Seilgeländer – dazu eine gute Taschenlampe! – sorgen für Sicherheit. Wieder im Freien (ca. 2600 m) übernehmen Drahtseile die Führung hinauf zur Gamsscharte (2650 m). Der allen Steigen gemeinsame Schlußanstieg, eine gut gesicherte niedrige Wand, darüber leichte Felsstufen, ist nur mehr ein kurzer Weg zum Gedenkkreuz für Sepp Innerkofler auf dem 2746 Meter hohen Gipfel des Paternkofels – im Angesicht der nahen Zinnen-Nordwände, eine großartige Schaukanzel inmitten der Sextener Dolomiten.

Die Galleria Paterno zum Paternkofel.

Sentiero delle Forcelle

Die Gamsscharte knapp östlich des Gipfels vereinigt alle Normalanstiege: den interessanten Galerienweg vom Paternsattel, den abenteuerlichen De Luca – Innerkofler-Steig durch die »Galleria del Paterno« und den Sentiero delle Forcelle, den »Schartenweg« vom Büllelejoch herüber. Dieser abwechslungsreiche Sentiero nützt die italienischen Kriegswege im Zackenkamm der Bödenknoten und ist gut geeignet, die Besteigung des Paternkofels mit dem Rückweg über das Büllelejoch zur Zinnen-Hütte als Rundtour höchst reizvoll zu schließen. Von der Gamsscharte zieht der teils mit Drahtseilen, zuletzt mit einer Leiter gesicherte Steig auf Bändern und Absätzen südseitig knapp unter den Bödenknoten nach Osten. Er berührt Kavernen, verfallene Holzunterstände und läßt fast kein Schartenfenster aus – daher »Schartenweg« –, durch die wir hinab zur Zinnen-Hütte, zu den Bödenseen und weit hinaus in die nördliche Sextener Bergwelt, zum Haunold, zum Hochebenkofel und zur Dreischusterspitze schauen.

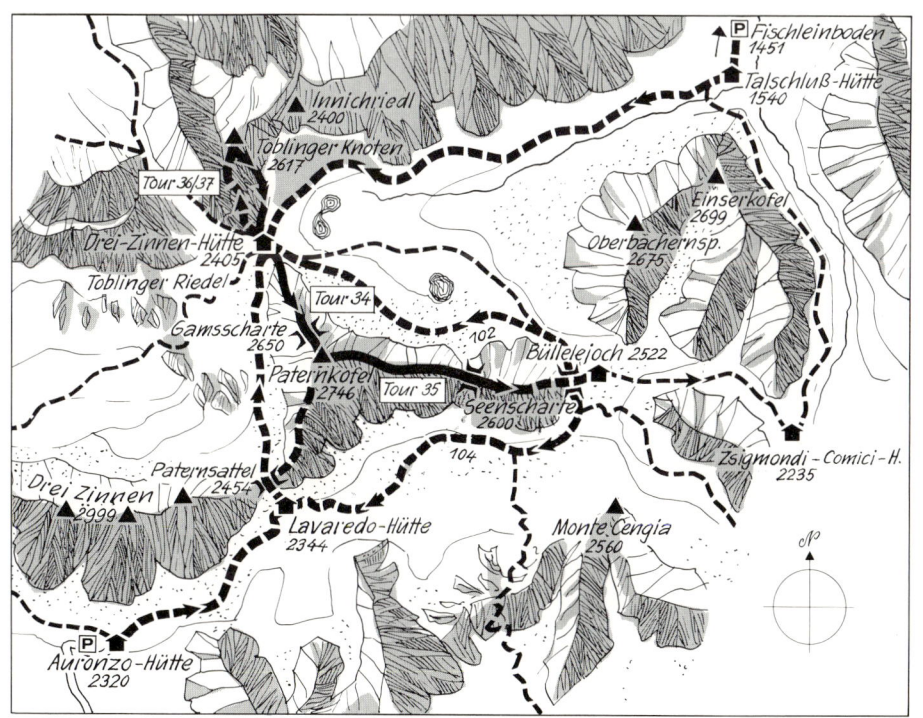

Ausgangsort
Sexten/Bad Moos, Parkplatz Fischleinboden
1451 m, oder Parkplatz Auronzo-Hütte 2320 m.

Die Tour in Stichworten
Parkplatz Fischleinboden 1451 m – Drei-Zinnen-Hütte 2405 m, **oder** Auronzo-Hütte 2320 m – Paternsattel 2454 m – Zinnenhütte – Kriegssteig De Luca-Innerkofler (Galleria Paterno) – Gamsscharte 2650 m – Paternkofel 2746 m – Gamsscharte – Sentiero delle Forcelle (Schartenweg) – Büllelejoch 2522 m – Zinnenhütte.

Schwierigkeit: I = wenig schwierig
Vielbegangene Klettersteige. *Kriegssteig De Luca-Innerkofler:* Nordseitiger Tunnelaufstieg (Taschenlampe!), steil, Drahtseile. *Schartenweg:* Von West nach Ost fast horizontaler Routenverlauf in südseitigem Fels, an schwierigeren Stellen Drahtseile, Leiter.

Zugang: Zur Zinnenhütte ab Fischleinboden (Sexten), *oder* ab Auronzo-Hütte. Von der Zinnenhütte in wenigen Min. zur ersten Galleria.

Kriegssteig De Luca-Innerkofler: Zwei gewundene Stollen über etwa 100 Höhenmeter, steil, zweiter Stollen stockdunkel! Vom Ausstieg ca. 2600 m drahtseilgesicherter, steiler Anstieg in einer Schotterrinne und zur Gamsscharte. Ab Scharte kurze, steile Felsstufe, drahtseilgesichert, zum Paternkofel.

Schartenweg: Gesicherte Steiganlage über Bänder in Querung mehrerer Scharten. Mit Hilfe von Leitern durch eine schmale Schlucht (=schwierigste Stelle), auf Steig zur Seenscharte 2600 m und zum Büllelejoch.

Höchste Wegestelle/Gipfel
Gamsscharte 2650 m, Paternkofel 2746 m.

Anstiegsleistung
Ab Parkplatz Fischleinboden 1300, ab Auronzo-Hütte 400 Höhenmeter, davon Klettersteige 300 Höhenmeter.

Abstieg
Ab Büllelejoch Weg 104 zur Lavaredo- und Auronzo-Hütte 2 Std., *oder* Weg 101 zur Zinnenhütte, 1 Std., *oder* Gamsscharte – Paßportenscharten – Paternsattel 2454 m, 1 Std.

Gehzeiten
Parkplatz Fischleinboden 1451 m – Zinnenhütte 2405 m: 3 Std.; Auronzo-Hütte 2320 m – Zinnenhütte: 1½ Std.; Zinnenhütte – Kriegssteig – Gamsscharte 2650 m: 1 Std. – Paternkofel 2746 m und zurück: 1 Std.; Gamsscharte – Schartenweg – Büllelejoch 2522 m: 1½ Std. – Zinnenhütte: 1 Std.
Gesamtgehzeit: 6–7½ Std.

Hütten/Stützpunkte
Drei-Zinnen-Hütte 2405 m, CAI-Sektion Padua, 180 Betten/Matr., bew. Ende Juni–Ende Sept.
Auronzo-Hütte 2320 m, CAI-Sektion Auronzo, 115 Betten/Matr., bew. Mitte Juni–Mitte Okt.

Landkarten
Siehe Tour 31.

Im Schartenweg. Der Paternkofel: Über seine Geröllterrassen erfolgt der Gipfelanstieg.

36 Leiternsteig

37 Feldkurat-Hosp-Steig

Toblinger Knoten 2617 m

Österreichische Feldwache über der Zinnenhütte

schwierig
wenig schwierig

Tourensteckbrief

Ausgangsort
Siehe Touren 34/35.

Die Tour in Stichworten
Drei-Zinnen-Hütte 2405 m – Leiternsteig – Toblinger Knoten 2617 m – Feldkurat-Hosp-Steig – Drei-Zinnen-Hütte.

Schwierigkeit: III = schwierig
Leiternsteig: Nordseitiger, sehr ausgesetzter, aber kurzer Klettersteig in senkrechtem Fels; fast nur Leitern.
Hosp-Steig: I = wenig schwierig (s. Abstieg)
Zugang: Zur Zinnenhütte siehe Tour 34. Ab Hütte markierter Steig zum Sattel zwischen Sextenstein und Toblinger Knoten, vorher Wegteilung: nach rechts in die Ostflanke zum Hosp-Steig, nach links hinauf zum Sattel, entlang am West- und Nordfuß in die Nordostflanke zum Leiternsteig.
Leiternsteig: Ab Einstieg ca. 2500 m, sehr steil und ausgesetzt, Leitern und Drahtseile.

Höchste Wegestelle/Gipfel
Toblinger Knoten 2617 m.

Anstiegsleistung
Ab Zinnenhütte 200 Höhenmeter, davon Klettersteig 120 Höhenmeter.

Abstieg
Hosp-Steig: Über die gutgestufte, mit Drahtseilen gesicherte Ostflanke zum Wandfuß.

Gehzeiten
Zinnenhütte 2405 m – Leiternsteig – Toblinger Knoten 2617 m: 1½ Std.
Abstieg: Hosp-Steig – Zinnenhütte: 1 Std.
Gesamtgehzeit: 2½ Std.

Hütten/Stützpunkte
Drei-Zinnen-Hütte 2405 m, siehe Tour 35.

Landkarten
Siehe Tour 31.

In den Nordkaminen des Toblinger Knoten verankerten die »Dolomitenfreunde« neben alten Holzleitern moderne Eisenleitern.

Zu Kriegszeiten war am Hochplateau des Toblinger Riedel nur der Toblinger Knoten fest in österreichischer Hand. Diesem 2617 Meter hohen doppelgipfeligen Felsturm kam in der Dolomitenfront eine strategisch äußerst wichtige Position zu. Die Österreicher richteten deshalb am Toblinger Knoten eine Kampfstellung ein und über den Normalweg – dank dem unermüdlichen Einsatz von Feldkurat Hosp – auf dem Südgipfel einen Beobachtungsposten. Die Ablösung konnte nur nachts erfolgen, denn die Route war vom Feind einzusehen. Im Frühjahr 1917 sicherten deshalb die Österreicher mit Holzleitern und Eisenhaken die von den italienischen Scharfschützen abgewandten Nordkamine. Nach dem Krieg blieb diese kühne Steiganlage sich selbst überlassen.
In den Jahren 1979/81 kamen die friedlichen, freiwilligen »Gebirgstruppen« des österreichischen Oberstleutnant Walther Schaumann, installierten Drahtseile und insgesamt 17 Eisenleitern! In Erinnerung an die historischen Holzleitern erschließt jetzt ein kühner »Leiternsteig« die Nordkamine bis zum Gipfel. Das Abenteuer erleben wir nur auf etwa 120 Höhenmeter, aber diese Differenz, fast senkrecht und äußerst ausgesetzt, erfordert Mut, Kraft und Selbstvertrauen! Der Abstieg sollte über den mit Drahtseilen gesicherten, gut gangbaren Fels des Normalweges, über den *Feldkurat-Hosp-Steig* erfolgen. Diese Route ist wesentlich leichter und läßt das Klettersteigvergnügen am Toblinger Knoten ruhig ausklingen.

38 Hauptmann-Bilgeri-Gedächtnissteig
Monte Piano 2321 m

Vom Dürrensee zum Monte Piano

mäßig schwierig

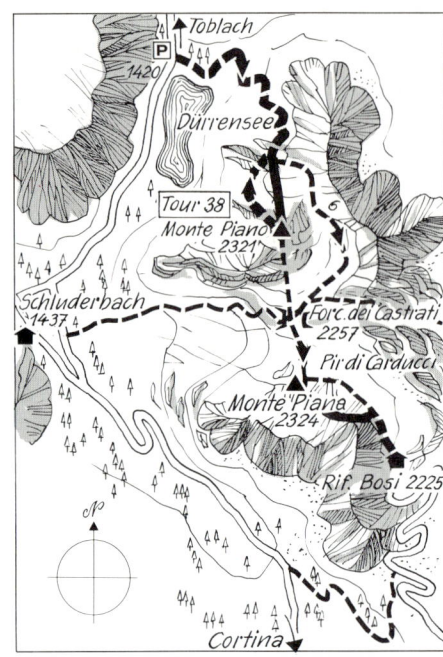

Tiefblick aus dem Bilgeri-Steig in das Höhlensteintal, zum Wiesenfleck von Landro und zur Strada d'Alemagna.

Im Höhlensteintal, herab zum Dürrensee, wirkt der mächtige, platte Rücken des Monte Piano wie eine Naturfestung, die der Strada d'Alemagna den Durchschlupf zu versperren scheint. Das Tal war schon immer eine wichtige Verkehrsschleuse zwischen der venetischen Tiefebene, dem Cadore und dem tirolerischen Pustertal. Der Monte Piano gewann nach einem Beschluß zwischen der Grafschaft Tirol und der Republik Venedig zur Mitte des 18. Jahrhunderts sogar politische Bedeutung: Der granitene Grenzstein »No. 5« mit der Jahreszahl »1753« auf der Karrenhochfläche des Berges teilte die Südkuppe = Monte Piana 2324 Meter den Venezianern, die Nordkuppe = Monte Piano 2321 Meter den Tirolern zu. Diese Grenze markierte im Ersten Weltkrieg auch die Dolomitenfront, die den Monte Piano sofort mit einschloß. Die Österreicher besetzten aus dem Höhlensteintal die Nordkuppe, die Italiener eilten auf der damals schon vorhandenen Straße von Rimbianco hinauf zur Südkuppe. Das dramatische Kriegsgeschehen wogte über die Forcella dei Castrati (2257 m) mit wechselseitigen Erfolgen zwischen der Süd- und der Nordkuppe hin und her, bis am 13. November 1917 die italienischen Gebirgstruppen endgültig ihre Stellung räumen mußten.

Die Kriegschronik vermerkt bei den Italienern wie bei den Österreichern den besonderen Einsatz namentlich genannter Soldaten. Im steilen Serpentinenanstieg durch einen hohen Latschengürtel auf dem Pionierweg vom Dürrensee zur Nordkuppe begegnet uns der Hinweis »Via ferrata«. Wenn wir ihm folgen, lesen wir wenig später (ca. 2180 m) am ersten Drahtseil die Tafel: »*1915–1917 Hptm. Bilgeri Gedächtnis Steig. Oberst Bilgeri der öst. Schipionier plante und erbaute diesen Klettersteig im Jahre 1916. Rekonstruiert 1980.*«

In Deutsch und in Italienisch wird an Georg Bilgeri (1873–1934) erinnert, der aus der Notwendigkeit heraus, einen beschußsicheren Zugang zum Bataillonskommando zu schaffen, diesen Steig einrichtete. Die Route ist geschickt angelegt und mit einem dünnen, fest verankerten Drahtseil ausreichend gesichert. Sie überwindet, oft überraschend um Ecken und Kanten, bis zum Felsrand der Nordkuppe etwa 150 Höhenmeter. Ein empfehlenswerter Klettersteig für den Anfänger, aber auch zum Abschluß einer herbstlichen Dolomitenfahrt, vielleicht mit Übergang zum Rifugio Bosi (2225 m) und zu den italienischen Stellungen am Monte Piana, wenn sich die vielen Touristen wieder verlaufen haben.

Tourensteckbrief

Ausgangsort
Parkplatz Dürrensee 1420 m.

Die Tour in Stichworten
Parkplatz Dürrensee 1420 m an der Straße Toblach-Cortina – Pionierweg – Bilgeri-Steig – Monte Piano Nordkuppe 2321 m – Parkplatz Dürrensee.

Schwierigkeit: II = mäßig schwierig
Kurzer Klettersteig als Variante im nordwestseitigen Normalanstieg zum Monte Piano. Steile, drahtseilgesicherte Felsroute.
Zugang: Vom Nordende des Dürrensees nach Schild »Monte Piano« und Mark. zum Bergfuß. Auf dem Pionierweg Mark. 6 in zahlreichen Kehren über den latschenbewachsenen Nordwesthang hinauf zu einem ehemaligen kleinen Soldatenfriedhof (2024 m). Dort Wegeteilung: Nach links durch die Osthangstellungen zum Monte Piano, ein Holzschild weist nach rechts auf dem Pionierweg weiter zum Bilgeri-Steig, der am Wandfuß der Nordkuppe mit dem gelben Schild »Via ferrata« und einer Gedenktafel für Hauptmann Bilgeri bei etwa

2180 m Höhe beginnt. (Der Pionierweg führt weiter zum nahen, ehemaligen österr. Bataillonskommando unter der Nordkuppe.)
Klettersteig: Ein Drahtseil sichert die steile, stufenförmig vorspringende Wandformation zu einem breiten Band mit Aussichtsbank! Von hier leicht abwärts und Einstieg in einen steilen, kurzen Kamin. Auf steilem Schottergelände höher zum nächsten Felsaufbau, nach ihm durch eine Schlucht (im Frühsommer Schnee) zum Ausstieg, nur wenig vom Toblacher Kreuz am Felsrand der Nordkuppe entfernt.

Höchste Wegestelle/Gipfel
Monte Piano Nordkuppe 2321 m.

Anstiegsleistung
Ab Dürrensee 900 Höhenmeter, davon Klettersteig 200 Höhenmeter.

Gehzeiten
Parkplatz Dürrensee 1420 m – Pionierweg – Einstieg Bilgeri-Steig 2180 m: 2 Std. – Bilgeri-Steig – Monte Piano Nordkuppe 2321 m: 1 Std. Abstieg: Nordkuppe – Bataillonskommando – Pionierweg – Dürrensee: 2 Std. Gesamtgehzeit: 5 Std.

Abstieg
Auf »historischem Rundweg« zum Bataillonskommando, von dort auf dem Pionierweg (siehe Anstieg) zurück zum Dürrensee.

Hütten/Stützpunkte
Rifugio Bosi 2225 m, privat (unter der Südkuppe des Monte Piana, ab Nordkuppe 1 Std.), 35 Betten/Matr., bew. Mitte Juni–Mitte Nov. (hierher auch Fahrstraße von Misurina).

Landkarten
Kompass-Wanderkarte 1:50000, Blatt 55 »Cortina d'Ampezzo«.

Tip
Vom Monte Piano zur Forcella Castrati 2257 m und über den Monte Piana zum Rifugio Bosi (1 Std.); dort Kriegsmuseum.

Knapp unter der Nordkuppe des Monte Piano erinnern Barackenholz und Kavernen an das ehemalige österreichische Bataillonskommando im Dolomitenkrieg. Im Hintergrund der Monte Cristallo.

Sextener Dolomiten

39 Ferrata Merlone
Nordöstliche Cadinspitze 2790 m

Leiternsteig über Misurina

schwierig

Die Cadin-Gruppe im Südzipfel der Sextener Dolomiten schenkt dem Misurina-See einen Teil seiner landschaftlichen Schönheit. Die »Cadin di Misurina« drängen sich auf engem Raum und formen ein Bergland, das scheinbar nur Kletterern vorbehalten ist, so schlank und schroff ragen die Gipfel. Der reizvolle Bonacossa-Weg durchquert die Gruppe und führt von Süd und Nord in das Zentrum, zur Fonda-Savio-Hütte (2367 m). Der direkte Talzugang kommt von der »Zinnenstraße«: Ein Waldsträßchen zweigt ab zum Plan degli Spiriti (1900 m), dem Parkplatz unterhalb der Hütte. Die schöne Wanderung hinauf zum Passo dei Tocci schaffen Eilige in einer Stunde, aber am

Paß ist das schmucke Rifugio doch ein Haltepunkt, an dem kaum jemand vorbeigeht.

Die Umschau von der Hüttenterrasse zeigt den Tourenverlauf. Aus dem steinigen, bis in den Sommer hinein mit Schnee gefüllten Hochkar, dem Cadin del Nevaio (= Schneekar) ragt im Südosten mit einem glatten, zum Kar einfallenden Wandpfeiler unsere Spitze. Die Cima Cadin Nord-Est, 2790 Meter, ist der dritthöchste Gipfel der Cadin-Gruppe und das Ziel der 1966 erbauten *Via ferrata Merlone*. Ausgelaugter, zerfressener Kalkfels und geborstene Gesteinstrümmer bauen eine Barriere zwischen Hütte und Kar, und im Cadin haben wir sogar geröllbedecktes Eis unter den Füßen. Am schrofigen Wandfuß, in Höhe von etwa 2550 Meter, beginnen die Sicherungen, derentwillen die Ferrata Merlone als »Feuerwehrleitern-Steig« zu Unrecht herabgesetzt wird. Eine übereinandergestellte Serie von 16 mehr oder weniger langen Leitern schmiegt sich an den Wandpfeiler. 308 Sprossen, dazwischen kurze, nur mit einem Drahtseil gesicherte Passagen erschließen eine Kletterroute des III. Schwierigkeitsgrades. Der Ausstieg erfolgt auf einer Geröllterrasse, nur 50 Meter darüber – ohne besondere Schwierigkeiten zugänglich – erhebt sich der ungewöhnlich aussichtsreiche Gipfel. Dem sehr steilen, kraftraubenden Anstieg folgt der – so will es scheinen – fast senkrechte, sehr ausgesetzte Abstieg, für den nur die Ferrata in Frage kommt! Jeder Klettersteiggeher mit schwächeren Begleitern (Kinder!) sollte diese Prüfung mit einkalkulieren.

Tourensteckbrief

Ausgangsort
Misurina 1756 m, Parkplatz Pian degli Spiriti 1900 m.

Die Tour in Stichworten
Misurina 1756 m – Parkplatz Pian degli Spiriti 1900 m – Rif. Fonda-Savio 2367 m – Ferrata Merlone – Nordöstliche Cadinspitze 2790 m – Rif. Fonda-Savio – Parkplatz.

Schwierigkeit: III = schwierig
Beliebter, vielbegangener Klettersteig. Sehr ausgesetzte Route in steiler Nordwestwand, fast durchlaufende Leitern und Drahtseile.
Zugang: Vom Parkplatz am Pian degli Spiriti auf mark. Steig zum Rif. Fonda-Savio. Ab Hütte nach Mark. in das Cadin del Nevaio und in Querung dieses auch im Sommer noch schneegefüllten Hochkares zum Felsfuß der Nordöstlichen Cadinspitze.
Klettersteig: Nach Mark. über steilen Schrofenvorbau etwa 50 m höher zur ersten Leiter. 17 Leitern unterschiedlicher Länge, insgesamt 308 (!) Sprossen, mitlaufende Drahtseile sichern den fast senkrechten Fels. Freie Zwischenpassagen, ein sehr ausgesetzter Quergang und eine fast senkrechte Rinne verlangen besondere Aufmerksamkeit. Ausstieg auf einer schrägen Geröllterrasse etwa 50 m unter dem Gipfel.

Höchste Wegstelle/Gipfel
Nordöstliche Cadinspitze 2790 m.

Anstiegsleistung
Ab Parkplatz 900, ab Rif. Fonda-Savio 400 Höhenmeter, davon Klettersteig 300 Höhenmeter.

Abstieg
Wie Anstieg!

Gehzeiten
Parkplatz Pian degli Spiriti 1900 m – Rif. Fonda-Savio 2367 m: 1 Std.; Rif. Fonda-Savio – Einstieg Klettersteig ca. 2500 m: ½ Std. – Ferrata Merlone – Nordöstl. Cadinspitze 2790 m: 1 Std.
Abstieg: Rif. Fonda-Savio: 1½ Std. – Parkplatz: 1 Std.
Gesamtgehzeit: 5 Std.

Hütten/Stützpunkte
Rifugio Fratelli Fonda-Savio 2367 m, CAI-Sektion XXX. Ottobre – Trieste, 40 Betten/Matr., bew. Ende Juni–Ende Sept.

Landkarten
Kompass-Wanderkarte 1 : 50 000, Blatt 55 »Cortina d'Ampezzo«.

Tip
Ab Fonda-Savio-Hütte auf dem Bonacossa-Weg zur Auronzo-Hütte, 3 Std. **oder** zum Rif. Col de Varda, 2 Std., Lift nach Misurina.

Kein Dolomiten-Klettersteig weist eine auf längere Strecken so ausgesetzte, fast senkrechte Leiternserie auf wie die Ferrata Merlone. Diese Ferrata wird häufig unterschätzt, sie muß auch im Bergab begangen werden!

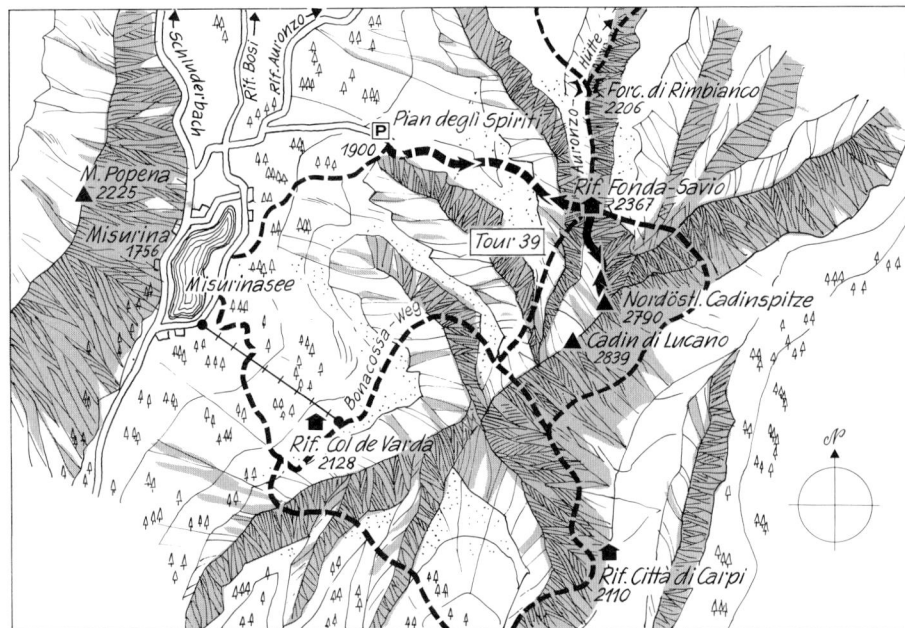

40 Ferrata Bianchi

Monte Cristallo
Mittelgipfel 3163 m

41 Sentiero Dibona

*Die italienischen Kriegsstellungen
an der Cristallo-Südseite*

schwierig
wenig schwierig

Das Rifugio Lorenzi (2932 m) knapp über der Forcella Staunies ist eine berühmte Aussichtsstation der Dolomiten. Direkt am Terrassengeländer erfolgt mit dem ersten Drahtseil der Einstieg in die Ferrata Bianchi, die uns zum Mittelgipfel des Monte Cristallo führt.

Im Wettbewerb der großen Dolomitenstationen stehen die Forcella Staunies und ihr Rifugio Lorenzi an vorderster Stelle. Diese ungewöhnlich großzügige Aussichtswarte zu besuchen, ist fast eine Pflichtaufgabe für jeden Dolomitenfreund, eine Pflicht, die nur angenehm sein kann: Ein Doppelsessellift von der Talstation Rio Gere (1680 m) an der Straße Cortina – Tre-Croci-Paß und eine Kleingondelbahn von der Mittelstation Som Forca (2215 m) zur Bergstation in der Forcella (2918 m) nehmen die Aufstiegsmühen ab. Ein schlechtes Gewissen braucht deswegen niemand zu haben – die endlos lange, sehr steile Schnee- und Schotterreise »Grava di Staunies«, die von der Scharte zur Mittelstation fließt, betrachtet auch der passionierte Berggänger lieber von oben! Klettersteiggeher sollten in der Lorenzi-Hütte (2932 m) übernachten, denn der Vorschlag
*1. Tag Forcella Staunies–Ferrata Bianchi
2. Tag Sentiero Dibona–Col dei Stombi* verbindet zwei hervorragende und dennoch gänzlich unterschiedliche Steige zur wohl schönsten Tour in der Cristallo-Gruppe – eine Dolomiten-Bergfahrt, die von Jahr zu Jahr mehr Anhänger findet.

Via ferrata Mario Bianchi
Im Jahre 1973 fesselten die Cortineser Bergführer den 3163 Meter hohen Mittelgipfel des Monte Cristallo mit 800 Meter Drahtseil, 140 Haken sowie 2 Leitern. Mario Bianchi, ein in der Fanis verunglücktes Mitglied der Bergführergilde, erhielt mit dieser Ferrata einen anhaltenden Nachruf. Der Klettersteig ist kurz, nur 200 Höhenmeter von der Lorenzi-Hütte über den Nordwestgrat zum Gipfel – aber wegen der exponierten Lage, Schnee und Eis oft bis in den Sommer hinein, kein Spaziergang in der Dreitausender-Region!
An der Aussichtsterrasse der Lorenzi-Hütte greifen wir das erste Seil, klettern die Gratzacken höher und müssen in eine Schlucht zur Südseite absteigen. Die Route, ausgesetzt und steil, wechselt am Grat von Süd nach Nord und wieder nach Süd und läuft über leichten Fels zur Terrasse unter dem Turm der Nordwestspitze. Im Anstieg zur Spitze hilft eine Leiter hinauf zu einem Podest; die schwierigste Stelle, ein fast überhängender 10-Meter-Riß fordert Mut und Kletterkönnen. Am Ausstieg winkt der Lohn: das große Finale auf schmalem Gipfelfirst zur Versammlung der Steinmänner am höchsten Punkt.

Sentiero Ivano Dibona
Nach dem Ersten Weltkrieg beruhigte eine große Stille die Dolomitenwelt über Jahrzehnte hinweg, die Steige und Stellungen der Gebirgssoldaten verfielen. Erst der neue Aufbruch des Tourismus nach 1960 weckte die Schauplätze dramatischer Ereignisse aus ihrer Ruhe. Vielerorts wurden die früheren Kriegswege so weit wiederhergerichtet, daß ein bergtüchtiger Tourist durch ausgedehnte Kampfstellungen wandern kann. Für die ehemalige Front im westlichen Cristallo-Kamm stellten sich Cortineser Initiatoren dieses Ziel: Mit der Anlage des Sentiero Ivano Dibona haben sie es bestens verwirklicht. In den Jahren 1969/70 entstand von der Forcella Staunies zum Col dei Stombi dieser großartige Höhenweg, der mit seiner Routenführung durch die gesamte italienische Stellungslinie und auch vom Panorama her ohne Beispiel ist.
Auf einer Eisentreppe steigen wir von der Bergstation in die Felsen des Cristallino-Kammes; Drahtseile und ein kurzer Tunnel führen zur »Ponte Cristallo«. Dieser 27 Meter lange, in Seile gehängte, schwankende Holzsteg überbrückt einen tiefen Spalt. Fester, sicherer Fels leitet den Sen-

tiero jenseits zu seiner höchsten Wegestelle, die mit 2985 Meter nur knapp unter der Dreitausendergrenze bleibt. Wer diese magische Linie gerne überschreiten möchte, darf die Abzweigung zum nahen Cristallino d'Ampezzo, 3036 Meter, nicht übersehen (ebenfalls mit Drahtseilen gesichert). Mit Hilfe der Seilsicherung turnen wir mühelos hinab zur Forcella Grande (2874 m, Abzweigung zur Ferrata Renè de Pol), begegnen ersten Kriegsbauten, queren die Südflanke der Cresta Bianca, kommen zur Forcella Padeon (2760 m) und inspizieren den Kommandostand des Alpini-Majors Carlo Buffa, der von hier aus die Cristallo-Front befehligte. Das noch stabile gemauerte Gebäude ist als Notunterkunft vorgesehen und leider wenig gepflegt. Im Weitergehen zum Col Pistone (2862 m) bleiben wir auf der Südseite, laufen über hölzerne Soldatenstege, genießen den Gang über Naturbänder im schräggeschichteten Fels der Vecchio del Forame, die uns zur Forcella Alta, zur »Hohen Scharte« (2687 m), bringen. Diese Kerbe schickt den Dibona-Weg in einer steilen Schotterreise hinab zur Forcella Bassa, zur »Niederen Scharte« (2417 m, Abstieg in die Val Grande mit Wiederanstieg nach Som Forca möglich). Hier schwenkt der Sentiero nach Norden zur wilden Felslandschaft am Zurlon-Kamm. Im Auf und Ab berührt der Weg die einst sorgfältig gemauerten Steinbauten des italienischen Bataillonskommandos (2379 m); dort erwartet das »Libro Firme«, das Unterschriftenbuch, unsere Eintragung. Von der Forcella Staunies bis hierher müssen wir mit 3 bis 3½ Stunden Gehzeit rechnen. Auf einem schmalen Wanderpfad überschreiten wir die Forcella Zurlon (2363 m) zur Artilleriestellung »Testaccio« und zu den Ruinen am Col dei Stombi (2169 m). Der Dibona-Weg läuft an diesem hübschen, von Lärchen und Zirben bewachsenen grünen Hügel aus.

Die Serpentinen eines alten Militärsaumweges verbinden den Col Stombi mit dem Alpsträßchen (bei ca. 1700 m), das von Ospitale aus das Val Grande, das »Große Tal«, durchzieht und uns vor die Wahl stellt: Abstieg nach Ospitale (½ Stunde) oder Wiederanstieg nach Som Forca, zur Mittelstation der Seilbahn (1½ Stunden).

Die »Ponte Cristallo«, ein schwankender, in Drahtseile gehängter, 27 Meter langer Holzsteg, überbrückt einen tiefen Spalt hinüber zu den Felsen des Cristallino d'Ampezzo. Mit dieser Attraktion in knapp 3000 Meter Höhe beginnt der Sentiero Dibona. Im Hintergrund die Drei Zinnen.

Tourensteckbrief

Ausgangsort
Cortina 1210 m, Talstation Rio Gere.

Die Tour in Stichworten
Liftstation Rio Gere 1680 m – Mittelstation Som Forca 2215 m – Bergstation Forc. Staunies 2918 m – Rif. Lorenzi 2932 m – Ferrata Bianchi – Cristallo-Mittelgipfel 3163 m – Rif. Lorenzi – Sentiero Dibona – Ospitale 1474 m *oder* Mittelstation Som Forca.

Ferrata Bianchi
Schwierigkeit: III = schwierig
Vielbegangener, kurzer Klettersteig, Nordwestgrat, teilweise ausgesetzt, gute Drahtseilsicherung, 2 Leitern. Höhe beachten!
Zugang: Mit Sessellift und Kleingondelbahn zur Bergstation Forc. Staunies und zum Rif. Lorenzi.
Klettersteig: Einstieg am Rif. Lorenzi 2932 m. Drahtseile leiten über Gratzacken zu einer Scharte, Abstieg in eine enge Schlucht (Achtung: Schnee/Eis!). Im Wechsel zwischen Süd- und Nordseite am Grat höher, mit Drahtseilsicherung zur schwierigsten Stelle, einem senkrechten 10-m-Riß, hinauf zur Nordwestspitze. Über den Gipfelgrat zum höchsten Punkt.

Höchste Wegestelle/Gipfel
Cristallo-Mittelgipfel 3163 m.

Anstiegsleistung
Ab Rif. Lorenzi 200 Höhenmeter.

Abstieg
Wie Anstieg!

Gehzeiten
Rif. Lorenzi 2932 m – Ferrata Bianchi – Cristallo-Mittelgipfel 3163 m: 1½ Std.
Abstieg: 1 Std.

Sentiero Dibona
Schwierigkeit: I = wenig schwierig
Beliebter, meist in Abstiegsrichtung begangener Sentiero im Cristallo-Nordwestkamm. Auf weiten Strecken normale Wandertrasse, schwierigere Stellen mit Drahtseilen gesichert, Ausdauer notwendig.
Klettersteig: Ab Bergstation Forc. Staunies über eine Leiter, durch einen kurzen Stollen und über eine 27 m lange Hängebrücke kurzer Anstieg zur höchsten Wegestelle (ca. 2980 m). Abstecher, Drahtseilsicherung, zum nahen Cristallino d'Ampezzo 3036 m, dem höchsten Punkt im Cristallo-NW-Kamm, ½ Std. Wieder zurück und steil hinab zur Forc. Grande 2874 m (Mark. Abstieg zur Forc. Verde und zur Ferrata Renè de Pol). Ab hier läuft der Sentiero Dibona auf instandgesetzten Soldatensteigen durch die ehem. ital. Kriegsstellungen im Auf und Ab über die Stationen: Forc. Padeon 2760 m – Forc. Pistone 2862 m – Forc. Alta 2687 m – Forc. Bassa 2417 m – Zurlon 2358 m – Forc. Zurlon 2363 m zu seinem Auslauf am Col di Stombi 2169 m. Bis dorthin hält sich der Steig immer auf der Cortina zugewandten sonnigen Südwestseite, Schnee und Eis können aber trotzdem bis in den Sommer hinein die Tour erschweren.

Höchste Wegestelle/Gipfel
Cristallino d'Ampezzo 3036 m.

Anstiegsleistung
Im Auf und Ab etwa 300 Höhenmeter, aber bis Ospitale 1500 Höhenmeter im Abstieg.

Abstieg
Vom Col Stombi auf ehem. Saumweg hinab zur Almstraße Ospitale – Som Forca. Wiederanstieg zur Mittelstation: 1½ Std. *oder* hinab nach Ospitale an der Straße nach Cortina, ½ Std. (Bushaltestelle).

Gehzeiten
Forc. Staunies 2918 m – Forc. Grande 2874 m: 1 Std. – Col Stombi 2169 m: 4 Std.
Abstieg Almstraße: ca. 1700 m: ½ Std.
Gesamtgehzeit: 6–7½ Std. (siehe Abstieg).

Hütten/Stützpunkte
Rifugio Lorenzi 2932 m, privat, 27 Betten/Matr., bew. Ende Juni–Ende Sept.

Landkarten
Siehe Tour 39 und 42.

Der Dibona-Weg nützt die früheren Kriegssteige der Alpini-Soldaten. Naturgeschichteter, südseitiger Fels legt schmale, fast horizontale Bänder aus, – beide Bilder zeigen die ausgesetzte Traverse an der Vecchio del Forame – aber ein gut verankertes Drahtseilgeländer sichert alle schwierigeren Wegabschnitte.

42 Ferrata Renato de Pol

Punta Ovest del Forame 2385 m

Die österreichischen Kriegsstellungen an der Cristallo-Nordseite

mäßig schwierig

In dieser Kaverne des ehemaligen »Commando Austriaco« ist das »Libro Firme« der Ferrata Renato de Pol deponiert.

Zur Cristallo-Gruppe gehören noch die vom Hauptkamm nach Norden zur Strada d'Alemagna zweigenden, niedrigeren Kammzüge der Punte del Forame und die Costabella, die »Schönleitenschneid«. Dieses von kurzen, steilen Nordtälern aufgerissene, schwer zugängliche und wegen seiner Schattenseite auch klimatisch benachteiligte Gebirge mußten die Österreicher besetzen, wenn sie die Cristallo-Front behaupten wollten. Die österreichischen Stellungen, die dort sofort nach Kriegsbeginn entstanden, sind seit 1974 auf der *Via ferrata Renato de Pol* wieder zugänglich. Die Benennung ehrt einen abgestürzten jungen Cortineser Bergsteiger. Die Route – im Vergleich zum Dibona-Weg steil und auch vom Gelände her anspruchsvoller – ist aber mit 500 Meter Drahtseil ausreichend gesichert.

Die Bergstation an der Forcella Staunies (2918 m) gibt einen Hinweis für den Zugang von oben. Wir könnten an der Forcella Grande (2874 m) vom Dibona-Weg abzweigen, durch den Gravon del Forame, einen weiten Kessel, zur Forcella Ver-

de absteigen, hinüber zur Punta ovest del Forame queren und dort in die Ferrata einsteigen. Dieser Tourenvorschlag jedoch empfiehlt den Klettersteig aus dem Tal in der Rundtour Ospitale – Punta ovest del Forame – Forcella Verde – Ospitale.

Vom Parkplatz Ospitale (1474 m) ist die aufgelassene Bahntrasse in Richtung Toblach ein ungewohnter Zugang. Ein Holzschild weist die Ferrata, ein Pfad durchzieht den steilen Bergwald bis zur Höhe von etwa 1800 Meter. Achtung! An einem einzelnen Laubbaum Wegeteilung: nach rechts schwach markierter Direktanstieg zur Forcella Verde (= Abstieg), nach links deutliche Markierungen zur Ferrata. Die Kavernenlöcher »Tre Fori« geben den ersten Hinweis, daß wir uns den Kriegsstellungen nähern. Die letzte Lärche bleibt zurück, ein Schottersteig führt uns hinauf zum Wandfels, an dessen Fuß entlang einer latschenbewachsenen, abschüssigen Schotterterrasse die Schützengräben und Unterstände des österreichischen Abschnittskommandos verborgen sind. Das Schild »Libro delle Firme« an einer Ka-

verne erinnert zum Eintrag in das Unterschriftenbuch.

Der Steig wird abenteuerlich. Er läßt die 2000-Meter-Grenze zurück, kommt zu einer schwarzen Wand, der »Parete Nera«, führt in eine enge Schlucht, aus der Drahtseile steil hoch zur »Cengia Bassa« leiten. Der ganzjährige Aufenthalt in der kalten, nur nach Nordost offenen Stellung erscheint uns heute fast unvorstellbar – der Vergleich zum sonnigen, offenen Gelände der italienischen Front oben am Dibona-Weg drängt sich auf. Die nächsten, mit Schildern ausgewiesenen Stationen: Salto inferiore – Cengia alta – Salto superiore könnten bedrückender nicht sein. Sie demonstrieren nun schon seit Jahrzehnten und auch für kommende Generationen die Schwere des Kampfes in der Dolomitenfront gegen den Feind und gegen die Bergnatur. Das Gelände zwischen den Stationen ist nie leicht; eine Wand, schmale, schlüpfrige Rinnen, ein Kamin, das sind nur Stichworte für die Schwierigkeiten, die ein geübter Klettersteiggeher durcheilt, den Soldaten damals aber, mit

schwerer militärischer Ausrüstung, große Anstrengungen abverlangten.

Am Gipfel der 2385 Meter hohen Punta ovest del Forame treten wir aus dem düsteren Schatten des »Grande Guerra« und freuen uns an der herrlichen Schau hinüber zur Hohen Gaisl und zur Plätzwiese. Der Forame-Kamm erhebt noch die Punta est, die etwas höhere östliche Spitze und läuft fast waagrecht nach Süden über die Forcella Gialla zur Forcella Verde (2445 m) aus. Wir müssen 100 Meter absteigen, queren über Geröllflanken zur Forcella Gialla und erreichen über leichten Gratfels den weiten Sattel der Forcella Verde. 1000 Meter tiefer grüßt der grüne Wiesenfleck von Ospitale – auch der Abstieg verlangt noch Kraft und Trittsicherheit. Er folgt dem Schild »Ospitale« und schwachen Markierungen hinab in die steile Schotterreise zu einer größeren, dichten Latscheninsel. Dort quert die Route nach rechts zu den Felswänden und führt im Latschensockel durch schmale, sehr steile Gassen hinab zur Einmündung am Laubbaum in den Anstiegsweg.

Tourensteckbrief

Ausgangsort
Ospitale 1474 m an der Straße Toblach-Cortina; oder Forcella Staunies (siehe Tour 40 und 41).

Die Tour in Stichworten
Ospitale 1474 m an der Straße Toblach-Cortina – Ferrata Renato de Pol – Punta Ovest del Forame 2385 m – Forc. Verde 2445 m – Ospitale.

Schwierigkeit: II = mäßig schwierig
Verwickelte Route im nordseitigen, steilen Fels, mit Drahtseilen und Stiften ausreichend gesichert, Gehgelände über abschüssige Geröllterrassen, auch im Frühsommer noch Schnee und Eis.

Zugang: Ab Parkplatz Ospitale auf der aufgelassenen Bahntrasse Richtung Toblach bis vor die zweite Brücke. Nach Schild und roten Mark. auf steilem Waldpfad hinauf in die Lärchenzone zu einem einzelnen Laubbaum ca. 1800 m; hier mündet von rechts der Abstieg von der Forc. Verde ein. Mit Mark. nach links in felsiges Latschengelände, vorbei an den »Tre Fori« ca. 1950 m hinauf zum »Commando Austriaco« am Fuß senkrechter Wände ca. 2050 m. (In einer Kaverne »Libro Firme« = Unterschriftenbuch.)

Klettersteig: Über steilen Schotterhang zur »Parete Nera«, mit Drahtseil in eine steile Schlucht. Die Schilder »Cengia bassa« – »Salto inferiore« – »Salto superiore« kennzeichnen abschüssige Geröllterrassen und Felsaufschwünge. Drahtseilsicherung und Eisenstifte bis zur obersten Kriegsstellung, ca. 2300 m. Auf Gehgelände zum Gipfel der Punta Ovest del Forame.

Höchste Wegestelle/Gipfel
Punta Ovest del Forame 2385 m, Forcella Verde 2445 m.

Anstiegsleistung
Ab Ospitale 1000 Höhenmeter, davon Klettersteig 300 Höhenmeter.

Abstieg
Ab Punta Forame nach Mark. 100 m abwärts, Wiederanstieg zur Forc. Gialla 2400 m, in Querung von Gratschrofen und Schotterhängen zur Forc. Verde. (Mark. Anstieg zur Forc. Grande – Sentiero Dibona – Forc. Staunies – Rif. Lorenzi 2932 m: 3 Std.) Zum sichtbaren Ospitale nach Mark. eine steile Schotterreise abwärts, nach rechts zum Fels, durch schrofige Latschengassen sehr steil zur Einmündung in die Anstiegsroute beim Laubbaum.

Gehzeiten
Ospitale 1474 m – Commando Austriaco 2050 m: 1½ Std. – Ferrata de Pol – Punta Ovest del Forame 2385 m: 2 Std. – Forc. Verde 2445 m: 1 Std.
Abstieg: Ospitale 2 Std.
Gesamtgehzeit: 6½ Std.

Hütten/Stützpunkte
Rifugio Lorenzi 2932 m, siehe Tour 40.

Landkarten
Kompass-Wanderkarte 1:50 000, Blatt 55 »Cortina d'Ampezzo«.

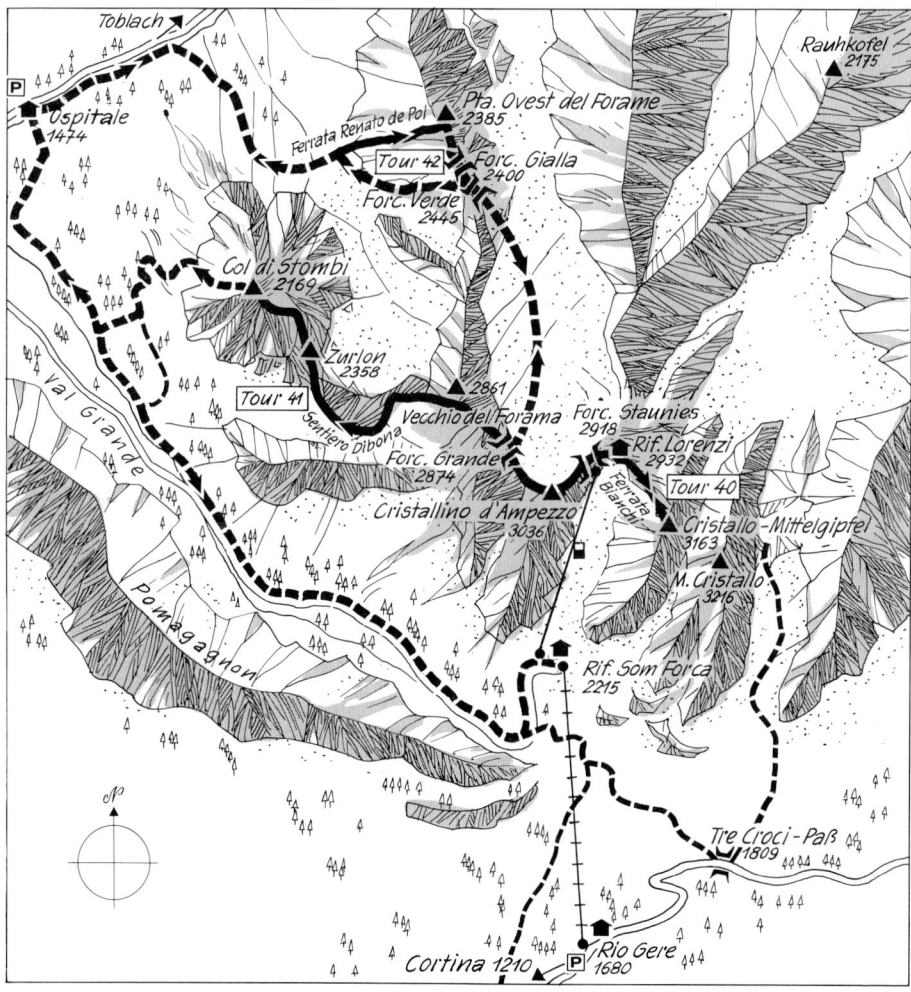

Ampezzaner Dolomiten

Sorapis

43 Ferrata Vandelli
44 Sentiero Minazio
45 Attrezzata Berti

Der Klettersteig-Ring am Sorapis

schwierig

Der Sorapis ist innerhalb der Dolomiten eine Welt für sich. Seine gewaltige, nach Norden zu offene Felsenarena bildet von Ost über Süd nach West ein Gipfelrund, aus dem in der Südwestecke die Punta Sorapis, 3205 m, die Croda Marcora, 3154 m, und die Fopa di Mattea, 3141 m, als höchste Erhebungen entragen. Dem Tourismus dienen zwei Schutzhütten: Das Rifugio San Marco (1840 m) orientiert sich nach San Vito di Cadore und erleichtert die Südanstiege, das Rifugio Vandelli (1928 m) erhält seine Besucher vom Tre-Croci-Paß (1809 m). Die Vandelli-Hütte ist der beste Ausgangsort für diesen einmaligen Klettersteig-Ring, der die Umrundung des gesamten gewaltigen Sorapis-Gebirgsstockes ermöglicht.

Via ferrata Alfonso Vandelli – von der Vandelli-Hütte zum Comici-Biwak

Die Sorapis-Klettersteige verdanken wir der »Fondazione A. Berti«. Diese alpine Stiftung übernahm die Baukosten und erstellte mit den Biwakschachteln Comici und Slataper zwei notwendige Stützpunkte. Die beiden Biwaks sind überlegt plaziert und fast die Voraussetzung für das Vorhaben, den *Sorapisring* in einer Tour zu gehen. Nur der sehr konditionsstarke, erfahrene Berggeher darf sich dieses Unternehmen zutrauen, und auch er wird Mühe haben, es in einem Tag zu schaffen. Jeder Anwärter für diese Klettersteige wird zuerst die Frage stellen: In welche Richtung läuft die Tour am besten? Für und Wider gibt es für Ost und West. Nachdem jedoch der Vandelli-Steig im Anstieg besser zu gehen ist und zusammen mit dem Minazio-Steig den weitaus längsten und von der Anforderung her auch anspruchsvollsten Abschnitt bildet, geben wir dem Vandelli-Steig die erste Wahl.

Mit der Croda del Fogo (2567 m, auch Fuoco = Feuer) baut der Sorapis sein östliches Bollwerk. Die Ferrata Vandelli beginnt auf den Kalkbänken oberhalb der Vandelli-Hütte, quert die steile Westwand der Croda del Fogo in diagonaler Linie hinaus zur Schulter nördlich des Gipfels. Von dort fällt sie in die Busa del Banco, hinab zum Bivacco Comici (2020 m). Die Schwierigkeiten liegen in der Westwand. Leitern und Drahtseile sichern den Steilfels durch Kamine und über schmale Bänder hinein in den blanken, steinschlaggefährdeten Trichter, der von der Vandelli-Hütte aus gut zu erkennen ist. Von ihm zieht ein deutliches Felsband zur Schulter, aber mehrere sehr schmale, abschüssige Passagen fordern ruhiges, überlegtes Gehen. Der Fels wird leichter, bildet geräumige Buchten und führt schließlich die Ferrata bei einem Grasfleck (ca. 2370 m, Abstecher zur Croda del Fogo möglich) hinaus ins Freie und damit zur Scheitelstelle. Der Abstieg zum Biwak ist nicht schwierig, aber steil. Grasbewachsene Schrofen, latschenüberwucherter Fels, noch eine Seilsicherung an einem glatten Sporn – erst an der 2000-Meter-Grenze, nach einer Gehzeit von etwa 3½ Stunden, sitzen wir zur Rast am Comici-Biwak.

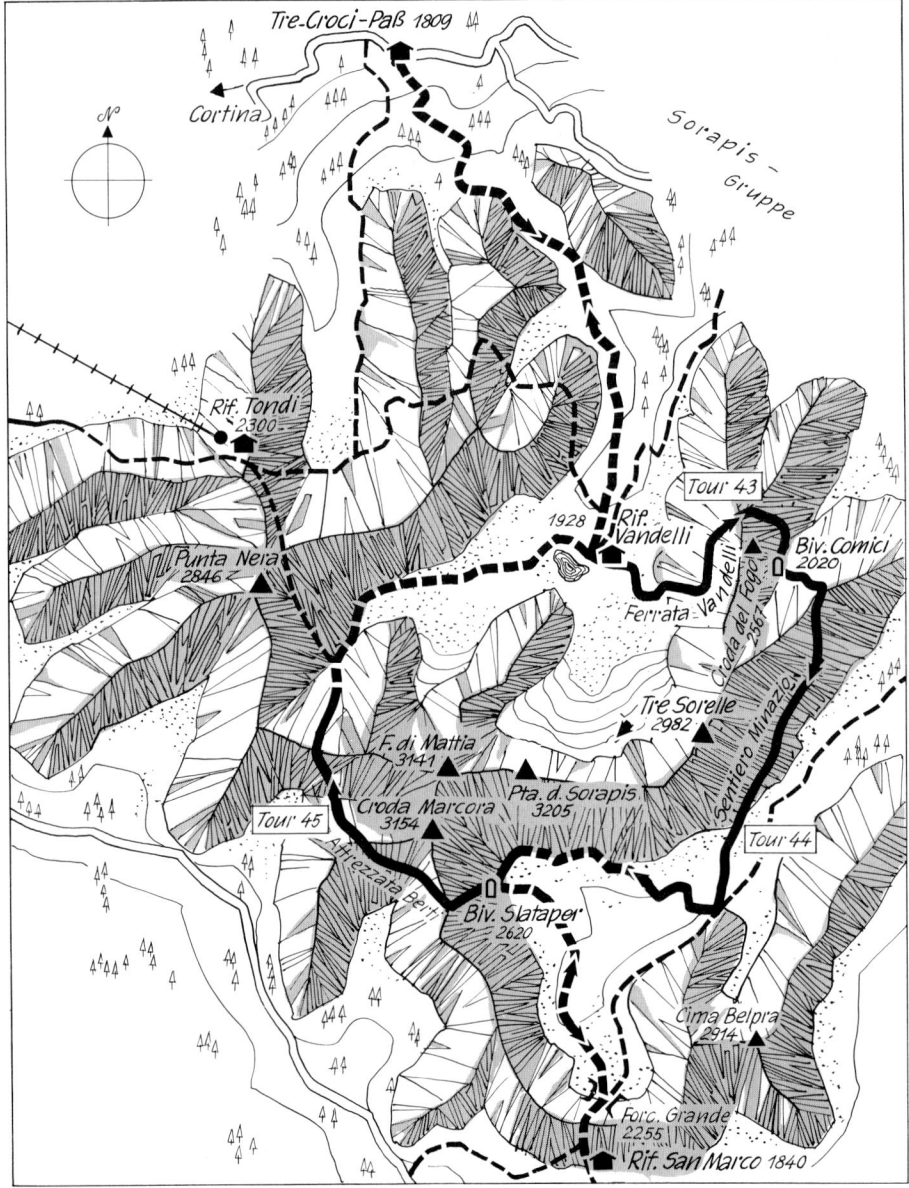

Vormittags liegt die Westwand der Croda del Fogo, durch die der Vandelli-Klettersteig eine Diagonale zieht, noch im Schatten – die Morgensonne begünstigt die Ostflanke der Punta Sorapis.

Sentiero Carlo Minazio – vom Comici-Biwak zum Slataper-Biwak

Dieser Abschnitt quert ostseitige Wandfluchten und schwenkt unter den Tre Sorelle, den »Drei Schwestern«, hinein zur Südseite, zum Fond de Rusecco. Im Unterschied zur »Ferrata« ist der »Sentiero« eine nur teilweise gesicherte Steiganlage, die meist mehr oder weniger horizontal verläuft. Vom Comici-Biwak verlieren wir etwas an Höhe, bis wir zu den Serpentinen kommen, die, vom Biwak aus deutlich zu sehen, zur Forcella del Banco (2128 m) steil hochziehen. Wenig später überrascht die Wegeteilung: »Via normale« links, »Scorcia toia« rechts. Die Via normale quert auf der Talseite hoch über der Valle di S. Vito ausgesetzten, latschenbewachse-nen Fels. Folgen wir den Markierungen rechts hinauf, kommen wir zu einer unangenehmen Steilschlucht, durch die wir 100 Meter tiefer wieder in die Via normale münden. Nach diesen beiden Varianten – jede hat Vor- und Nachteile – gibt es nur noch eine Richtung, Wegweiser ist der breite Sattel der Forcella Grande. Auf den schmalen Schotterbändern der Cengia inferiore dei Colli Neri, links die Latschen, rechts der Fels, gehen wir im Auf und Ab in durchschnittlicher Höhe von etwa 2300 Meter zu den Cengie delle Sorelle, schwenken in den weiten Kessel des Fond de Rusecco, in dem uns die Wegeteilung Rifugio San Marco – Bivacco Slataper, erwartet, aber auch die Möglichkeit offensteht, in das Boitetal abzusteigen.

Via attrezzata Franzesco Berti – vom Slataper-Biwak zur Vandelli-Hütte

Der Weg von der San Marco-Hütte hinauf zum Slataper-Biwak ist eine beliebte Wanderung, denn das Landschaftsbild ist ein Erlebnis: Die Forcella Grande (2255 m) öffnet dem Bergkessel ein weites Tor nach Süden, der Torre dei Sabbione und die 400 Meter höhere Cima Belpra (2914 m) flankieren die »Große Scharte« zur Linken, nach rechts schließt hoher, gebankter Fels zu dem Winkel auf, in dem das Biwak steht.

Nach insgesamt 7 bis 8 Stunden Gehzeit ab Vandelli-Hütte zur Wegeteilung zehren die 400 Höhenmeter hinauf zum Bivacco Slataper (2620 m) vielleicht schon die letzten Kraftreserven auf. Je nach Wetter und Kondition muß hier, im Fond de Rusecco, die Entscheidung fallen: Abstieg zur San-Marco-Hütte (1½ Stunden), Anstieg zum Biwak mit Übernachtung, oder – wenn alle Voraussetzungen gut sind – auf der Attrezzata Berti weiter, zurück zur Vandelli-Hütte. Bei beständiger Wetterlage ist es vielleicht reizvoll, in der Biwakschachtel zu bleiben, wenn nicht zu viele Anwärter darauf spekulieren. Die Attrezzata Berti beginnt an der Forcella del Bivacco (2680 m), nur wenige Minuten vom Biwak entfernt. Der erste Eindruck kann ängstliche Gemüter schockieren. Es droht ein Winkel senkrechter Wände, aufgerissen von einer Rinne, die in einen von Steinschlag und Wasser blank gefegten Trichter mündet, in dem kein Ausweg möglich scheint. Diesen düsteren Abgrund sichern Leitern und Drahtseile, bis wir etwa 80 Meter tiefer den Trichter queren können. Über eine lange Leiter verlassen wir diesen gefährlichen Ort, wir steigen hinauf zur »Terrazza« (ca. 2500 m). Dieses Felsband in der Südwestwand der Croda Marcora, zuerst nur ein schmaler Sims, verbreitert sich zur Cengia del Banco. In weitem, freiem Ausblick nach Westen, zu den Tofanen, kann das Gehen auf diesem breiten, horizontalen Schotterband ein Höhepunkt sein!

Den Abstieg leitet die Forcella sora la Cengia Banco (2466 m) ein, das Hochkar Tonde de Sorapis erlaubt in einem Nordbogen eine schnelle, problemlose Rückkehr zur Vandelli-Hütte, 4 Stunden ab Bivacco Slataper – der Sorapisring ist geschlossen!

Der schwierigste und auch gefährlichste Abschnitt in der Attrezzata Berti ist die Querung eines engen, sehr steilen Felstrichters. Das Bild zeigt den Einstieg kurz nach dem Bivacco Slataper.

Tourensteckbrief

Ausgangsort

Tre-Croci-Paß 1809 m – Rif. Vandelli 1928 m; oder San Vito di Cadore 1011 m – Rif. San Marco 1840 m (Auffahrt mit Pkw bis ½ Std. unter der Hütte möglich!).

Die Tour in Stichworten

Parkplatz Tre-Croci-Paß 1809 m an der Straße Cortina-Misurina – Rif. Vandelli 1928 m – Ferrata Vandelli – Biv. Comici 2020 m – Sentiero Minazio – Biv. Slataper 2620 m – Attrezzata Berti – Rif. Vandelli.

Schwierigkeit: III = schwierig

Der Sorapis-Klettersteigring ist eine begehrte Tour, aber nur für sehr ausdauernde und erfahrene Bergsteiger. In einem Tag nur bei besten Verhältnissen und hervorragender Kondition mit Start an der Vandelli-Hütte zu schaffen. Vorteilhaft von Ost über Süd nach West. Durchlaufend markiert, schwierige Abschnitte mit Drahtseilen und Leitern gut gesichert.
Zugang: Vom Tre-Croci-Paß mark. Wanderweg zur Vandelli-Hütte. Ab Hütte nach Mark. 243 zum Einstieg ca. 2100 m in die Westwand der Croda del Fogo.
Ferrata Vandelli: Mit Leitern und Drahtseilsicherung in einen steilen Kamin. Leitern sichern den Durchstieg hinauf zu bauchigem, abschüssigem Wandfels, durch Kamine und Rinnen höher zur Querung in den hellen Felstrichter, der von der Hütte aus gut zu erkennen ist. Achtung, Steinschlag! Sehr abschüssige Querung zu einem Band, über drahtseilgesicherte, sehr ausgesetzte Felspassagen höher, hinein in Felsbuchten und hinaus zu einem Grasfleck auf der Nordschulter ca. 2370 m = höchste Wegestelle.

(Kurzer, leichter Schrofenanstieg zur Corda del Fogo 2567 m.) Steiler Abstieg über grasige Schrofen, latschenbewachsenen Fels, Drahtseilsicherung, zum Biv. Comici 2020 m.
Sentiero Minazio: Vom Biwak kurzer Abstieg und auf Steig, Mark. 243, hinauf zur deutlichen Forc. del Banco 2128 m und weiter zur Wegeteilung: »Via normale« links, »Scorpia toia« rechts, beide Richtungen mit 243 mark. Die »Via normale« quert auf der Talseite ausgesetzten, latschenbewachsenen Fels, die rechte Mark. führt hinauf zu einer Steilschlucht, dort Abstieg über Schotter und brüchigen Fels (Steinschlag!), 100 m tiefer Einmündung in die »Via normale« ca. 2200 m. Ab hier bleibt der Sentiero am Sockelfels, im Auf und Ab läuft er in durchschnittlicher Höhe von 2300 m über schmale Schotterbänder nach Südwesten in Richtung zur auffallenden Forc. Grande bis zur mark. Wegeteilung 2250 m: Über die Forc. Grande nach Süden hinab zum Rif. San Marco 1840 m, 1½ Std.; nach NO in das San Vito-Tal mit Anschluß an die Straße Misurina-Tre-Croci-Paß; nach Westen im Fond de Rusecco hinauf zum Biv. Slataper 2620 m, dorthin normale, mäßig steile Wanderroute.
Attrezzata Berti: Vom Biwak Slataper kurzer Anstieg zur Forc. del Bivacco 2680 m. Sehr steiler, mit Drahtseilen und Leitern gesicherter Abstieg über 80 m in einen Felstrichter (Achtung, Steinschlag!), kurze Querung und Wiederanstieg, Leitern, Drahtseile, hinauf zur »Terrazza«, ca. 2500 m, einem Felssims in der Westwand der Croda Marcora (schwierigste und gefährlichste Stelle im Berti-Steig). Auf teils schmalen, teils breiteren Bändern durchläuft die Route die SW-Wand der Fopa di Mattia zur Cengia del Banco, einer breiten Geröllterrasse, erreicht dort knapp 2600 m Höhe, fällt hinab in

Im Sorapis-Klettersteigring von Ost nach West kann ein konditionsstarker Geher das Biwak Slataper überspringen – ab Biwak aber noch 4 Stunden Gehzeit zum Rifugio Vandelli!

die Forc. sora la Cengia del Banco und in das Hochkar Tonde de Sorapis. (Übergang zur Bergstation Tondi di Faloria 2327 m möglich, 2 Std.) Von hier problemloser Abstieg zum Lago Sorapis und zur Vandelli-Hütte.

Höchste Wegestelle/Gipfel

Bivacco Slataper 2620 m.

Anstiegsleistung

Ferrata Vandelli 400, Sentiero Minazio 700, Attrezzata Berti 300 Höhenmeter.

Abstieg

Siehe Tourenverlauf.

Gehzeiten

Tre-Croci-Paß 1809 m – Rif. Vandelli 1928 m: 1½ Std. – Ferrata Vandelli – Biv. Comici 2020 m: 3½ Std. – Sentiero Minazio – Biv. Slataper 2620 m: 4 Std. – Attrezzata Berti – Rif. Vandelli: 4 Std.
Gesamtgehzeit: 11½ Std. ab Vandelli-Hütte.

Hütten/Stützpunkte

Rifugio Vandelli 1928 m, CAI-Sektion Venezia, 54 Betten/Matr., bew. Ende Juni–Ende Sept.
Biv. Comici 2020 m, *Biv. Slataper* 2620 m ständig geöffnete Notunterkünfte.
Rifugio San Marco 1840 m, CAI-Sektion Venezia, 40 Betten/Matr., bew. Ende Juni–Ende Sept.

Landkarten

Kompass-Wanderkarte 1:50 000, Blatt 55 »Cortina d'Ampezzo«.

46 Ferrata Michielli-Strobel Punta Fiames 2240 m

Am Westpfeiler des Pomagagnon, 1000 Meter über Cortina

schwierig

Der Felszug des Pomagagnon im Nordosten von Cortina muß sich den noch teils mit Firn und Eis geschmückten berühmten Ampezzaner »Größen« unterordnen. Betrachtet man aber die Berglandschaft aus der Mitte des Talkessels, bewundert der Dolomitenfreund neben den Dreitausendern auch das phantasievoll gezackte Felsprofil des Pomagagnon-Kammes. In einer Ausdehnung von etwa 7 Kilometer, vom Passo Som Forca unter dem Cristallo bis nach Peutelstein, stellt dieses Bergmassiv die im Spiel von Licht und Schatten ungemein farbenprächtige Nahkulisse der großen, weiten Ampezzaner Alpenbühne. Nur dem guten Kletterer möchte man einen Durchstieg hinauf zu den schlanken Gipfelzacken zutrauen, senkrecht ragt die Mauer des Pomagagnon aus Alpwiesen und latschenbewachsenem Geröll in den Himmel. Wer aber als versierter Klettersteiggeher viel Luft unter den Bergschuhen vertragen kann, braucht auf keine zahme Tour auszuweichen, denn seit 1964

gibt es am Westpfeiler, an der Punta Fiames, die *Via ferrata Michielli-Strobel*. Die Cortineser Bergführer nützten die latschenbewachsenen Schotterterrassen der Westflanke, schlugen 125 Eisenstifte, zogen 500 Meter Drahtseil, setzten eine Eisenleiter und funktionierten damit eine frühere mittelschwere Kletterführe zu einer seitdem sehr beliebten Ferrata um. Würde die k. u. k.-Schmalspurbahn Toblach-Cortina noch bestehen, könnten wir zum Eintritt sogar eine Fahrkarte lösen! Der Zugang zum Klettersteig zweigt nahe dem verlassenen Stationshäuschen »Fiames« (1341 m) vom Bahndamm in den Latschensockel, im spitzen Winkel einer Schotterreise stößt er 300 Meter höher an den Fels – die Bronzetafel: »*Via ferrata dedicata alla memoria della guida alpina Michielli Albino Strobel anno 1964*« zeigt den Einstieg. Links grauer Dolomitstein, rechts Latschengehölz, das helle Schotterband dazwischen führt uns zum ersten Drahtseil. Der gewandte, sichere Geher wird an dem steilen, gutgriffigen Fels sofort seine helle Freude haben – für Anfänger ist die Ferrata eine nicht ganz leichte Prüfungsaufgabe. Der Auftakt, ein steiler Riß, mündet 80 Meter höher in einen Latschenbalkon. Im Anstieg zur großen Mittelterrasse (ca. 1850 m) wechseln Gehgelände und Steilfels; dies verleiht dem Klettersteig eine heitere, unbeschwerte Note, die den Anfänger beruhigt und nicht sogleich überfordert. 100 Meter höher baut die Fiames-Westflanke eine aussichtsreiche Vorkanzel gegen Cortina und berührt fast die Fiames-Südwand. Ein tiefer Riß trennt diese senkrechte Wand von unserem Steig, der mit einer Leiter, Klammern und Drahtseilen den sehr steilen, aber gut gestuften Fels der nächsten Wandstufe überwindet. Nach dieser eleganten Auflösung des schwierigsten Problems erhofft der geübte Kletterssteiggeher ein Dakapo. Die Ferrata gönnt ihm aber nur noch zwei kleinere Felsstufen und läuft durch die letzte Latschenterrasse im geneigten Schrofendach der Gipfelregion aus. Der Steinmann am höchsten Punkt markiert die Kote 2240 m – 1000 Meter über Cortina!
Mit der steilen »Abfahrt« über den schier endlos langen Schotterstrom »La Grava« und im Kampf mit den Fußangeln des breiten Latschengürtels rundet sich die Tour am Bahnhäuschen Fiames.

Im sehr steilen Einstiegsriß der Ferrata Michielli-Strobel. Spätestens hier sollte man die vollständige Klettersteigausrüstung angelegt haben, mit Steinschlaghelm!

Tourensteckbrief

Ausgangsort
Cortina d'Ampezzo 1210 m.

Die Tour in Stichworten
Cortina 1210 m – Parkplatz aufgel. Bahnstation Fiames 1341 m – Ferrata Michielli-Strobel – Punta Fiames 2240 m – Forc. Pomagagnon 2178 m – Station Fiames.

Schwierigkeit: III = schwierig
Vielbegangener, beliebter Klettersteig. Teils ausgesetzte Route in gut gestufter Westwand, mit Drahtseilen, Klammern und einer Leiter gesichert.
Zugang: Von der Straße Cortina-Toblach auf geschotterter Waldstraße zum Parkplatz an der Station Fiames, 10 Min. talein, nach Schild auf einem Steig über Schotter, durch Latschen hinauf zum Wandfuß.
Klettersteig: Vom Einstieg ca. 1650 m Aufwärtsquerung am Wandfuß, 100 m höher zum ersten Drahtseil. Sehr steiler Anstieg in einem latschengesäumten Riß zur ersten Schotterterrasse, Gehgelände zur nächsten Felsstufe hinauf zur großen Mittelterrasse ca. 1850 m. Auf ihr höher zum Anschluß an die senkrechte Schlußwand. Klammern, Drahtseile und eine Leiter sichern den Durchstieg = schwierigste Stelle, zum nächsten Latschenbalkon. Über kleinere Felsstufen zum Ausstieg in das schräge Gipfeldach der Punta Fiames.

Höchste Wegestelle/Gipfel
Punta Fiames 2240 m.

Anstiegsleistung
Ab Station Fiames 900 Höhenmeter, davon Klettersteig 600 Höhenmeter.

Abstieg
Ab Gipfel auf mark. Steig zur nahen Forc. Pomagagnon 2178 m, nach Steigspuren und Mark. auf der breiten Schotterreise etwa 400 m bis zu ihrem Auslauf steil abwärts, nach rechts zu einem Latschensteig (Steinmänner) und auf ihm zurück zur Station Fiames.

Gehzeiten
Station Fiames 1341 m – Einstieg Klettersteig ca. 1650 m: 1 Std. – Ferrata Michielli-Strobel – Punta Fiames 2240 m: 2½ Std.
Abstieg: Punta Fiames – Forc. Pomagagnon 2178 m – Station Fiames 1341 m: 1½ Std.
Gesamtgehzeit: 5 Std.

Hütten/Stützpunkte
Keine.

Landkarten
Kompass-Wanderkarte 1:50000, Blatt 55 »Cortina d'Ampezzo«.

Tip
Wer die Schotterreise scheut, Abstieg auf Weg 202 zur Almstraße nach Ospitale. Dort Busverbindung nach Cortina und Toblach.

Aus der großen Mittelterrasse, in etwa 1850 Meter Höhe, überwindet der Fiames-Klettersteig gut gestuften Steilfels hinauf zu einem nächsten Latschenbalkon.

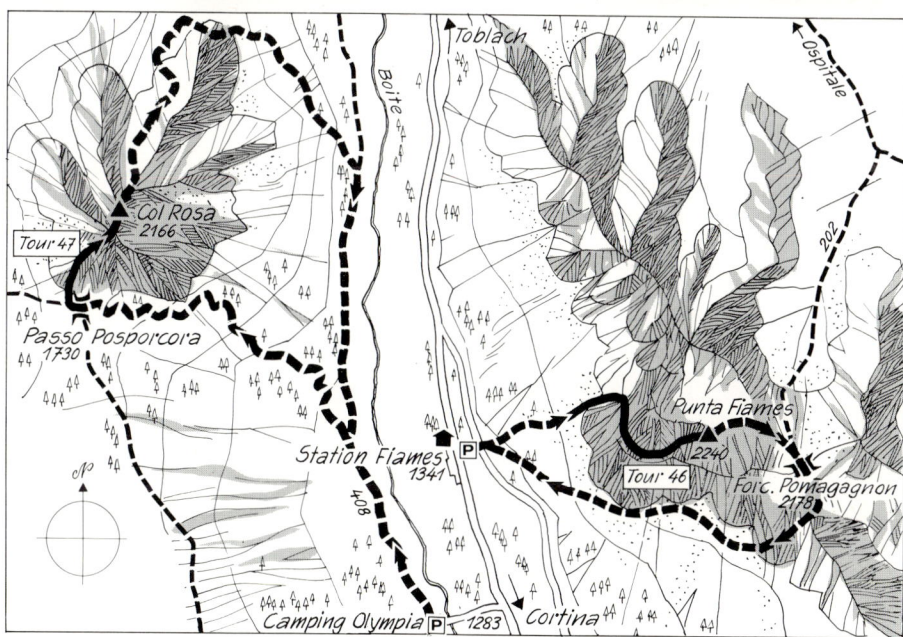

47 Ferrata Bovero
Col Rosà 2166 m

Ein Cortineser Klettergarten

schwierig

Wie der Klettersteig zur Punta Fiames, so ist auch die Ferrata Bovero zum Col Rosà sehr beliebt und deshalb viel begangen. Beide Routen gelten als das Ideal eines Klettersteiges: Fester, steiler Fels in mittlerer Schwierigkeit, der nach nur wenigen Metern immer wieder einen Absatz zum Verschnaufen bereithält. ▽ ▷

Tourensteckbrief

Ausgangsort
Camping Olympia 1283 m an der Straße Cortina–Toblach.

Die Tour in Stichworten
Cortina 1210 m – Camping Olympia 1283 m – Passo Posporcora 1730 m – Ferrata Bovero – Col Rosà 2166 m – Camping Olympia.

Schwierigkeit: III = schwierig
Kurzer, aber sehr steiler Klettersteig in südseitigem Fels, teilweise sehr ausgesetzt, mit Drahtseilen durchlaufend gesichert.
Zugang: Vom Parkplatz Camping Olympia auf Waldsträßchen Mark. 408 talein und auf steilem Waldweg zum Passo Posporcora. Dort nach rechts durch Latschen im Felssockel steil höher zum Einstieg ca. 1900 m bei einer Kaverne.
Klettersteig: In einer sehr steilen, latschenbewachsenen Felsverschneidung hinauf zum blanken Südwandfels. In etwa 2050 m Höhe sehr luftiger Fünf-Meter-Quergang = schwierigste Stelle. Im Steilfels zum Ausstieg auf eine Latschenschulter 2100 m, auf Steig und durch einen mit Klammern gesicherten kurzen Riß zum Gipfel.

Höchste Wegestelle/Gipfel
Col Rosà 2166 m.

Anstiegsleistung
Ab Camping Olympia 900 Höhenmeter, davon Klettersteig 300 Höhenmeter.

Abstieg
Vom Gipfel nach Mark. 447 auf steilem Schrofen- und Latschensteig hinab zum Boitetal zur Einmündung in das Waldsträßchen, zurück zum Camping Olympia.

Gehzeiten
Parkplatz Camping Olympia 1283 m – Passo Posporcora 1730 m – Einstieg 1900 m: 2 Std. – Ferrata Bovero – Col Rosà 2166 m: 1 Std. Abstieg: Camping Olympia: 2 Std. Gesamtgehzeit: 5 Std.

Hütten/Stützpunkte
Keine.

Landkarten
Kompass-Wanderkarte 1:50 000, Blatt 55 »Cortina d'Ampezzo«.

Tip
Für versierte Klettersteiggeher ist der Abstieg über die Ferrata günstiger und schneller als die Normalroute. Starke Sonneneinstrahlung, schon früh und auch noch spät im Jahr begehbar.

Im Ausblick von Cortina nach Norden ragt in der Furche des Ampezzotales nahe Peutelstein die Felsspitze des Col Rosà. Dieser 2166 Meter hohe, alleinstehende Berg verspricht dem Könner an der sonnigen Südwestseite eine kurze, rassige Ferrata zum Eingewöhnen.

Nach dem steilen Waldanstieg vom Camping Olympia zum Passo Posporcora (1730 m) leitet ein Hinweisschild zum Wandfels. Am Einstieg bei der Tafel: »*Via ferrata al Col Rosà Ettore Bovero Cortina 25. Luglio 1965*« befinden wir uns auf etwa 1950 Meter Höhe und prüfen, ob die Ferrata Bovero ihr Versprechen auch halten kann. Festverankerte Drahtseile sichern die vertikale 200-Meter-Differenz zum Ausstieg auf eine Latschenschulter knapp unter dem Gipfel. Die Route verläuft im wesentlichen in direkter Linie über sehr steilen, ausgesetzten, aber festen Fels entlang einer Schlucht. Wir scheuen uns nicht, auch mal einen Latschenknorren zu greifen, und genießen die Schlüsselstelle, einen kurzen, sehr luftigen Quergang um eine Kante. Aber die nächste Felswand signalisiert schon das Ende des Klettersteigvergnügens, bald darauf stehen wir in den Latschen. Noch ein niederer, mit Klammern gesicherter Felsabsatz – auf dem geräumigen Gipfelplateau freuen wir uns am zweiten Geschenk des Tages: eine großartige 360-Grad-Rundschau, die wohl niemand erwartet und die jeden aufs höchste überrascht, der zum ersten Mal den Col Rosà besteigt!

48 Ferrata Olivieri
Punta Anna 2731 m

49 Ferrata Tofana di Mezzo
3243 m
(Variante »Aglio«)

Steinerne Riesentreppe zur höchsten Tofana

sehr schwierig

Am Bergkranz von Cortina d'Ampezzo vereinigt der Tofana-Stock drei der höchsten und gewaltigsten Dolomitengipfel zu einem einmaligen Alpenbild. In dem Dreigestirn Tofana di Mezzo 3243 m, Tofana di Dentro 3237 m, und Tofana di Rozes 3225 m, gibt keiner der Gipfel dem anderen an Höhe viel nach, die unbestrittene Priorität gebührt jedoch der Tofana di Mezzo, auch Tofana II genannt. Der Bergsteiger betrachtet die Tofane jedoch auch kritisch und bevorzugt vielleicht die Tofana di Rozes, die »Vordere«, denn die »Mittlere« ist durch eine Seilbahn, die »Freccia nel Cielo«, den »Himmelspfeil«, fast für jedermann zugänglich. Trotzdem blieben auch dieser Tofana die Bergsteiger treu, denn ihr Südsporn hinab zum Rifugio Dibona ist ein Bergsteiger-Reservat geblieben. Die Tour zur Tofana di Mezzo, in Kombination zweier Klettersteige, ist eine Herausforderung für den geübten, ausdauernden Klettersteiggeher, der wir uns stellen wollen.

Via ferrata Giuseppe Olivieri – von der Pomedes-Hütte zur Punta Anna

Dieses anspruchsvolle Unternehmen starten wir entweder am Rifugio Dibona (2050 m, Parkplatz) oder am Rifugio Pomedes (2303 m, Parkplatz Liftstation Duca d'Aosta, 2098 m). In der Auffahrt von der Dolomitenstraße zu den Hütten ist die schlanke Felsgestalt der Punta Anna ein prächtiger Blickfang; ihr exponierter Südgrat trägt den Klettersteig. Von der Dibona-Hütte aus sehen wir in die senkrechten Südwestabstürze, wir bewundern den eleganten Schwung der Südkante, den das Licht des Nachmittags besonders plastisch hervorhebt. Die 2731 Meter hohe Punta Anna ist aber nur ein Vorgipfel, der mächtige Südsporn der Tofana di Mezzo baut über ihr noch den Dritten Pomedesturm auf, ehe er den Gipfel freigibt.
An der Bergstation des Sessellifts nahe der Pomedes-Hütte erläutert eine Tafel die Klettersteige. 100 Meter höher (ca. 2450 m) markiert das Bronzeschild: *»Via ferrata Giuseppe Olivieri – Punta Anna 9. Luglio 1972«* den Einstieg. Wer hier ankommt, muß wissen, was ihn erwartet: Ausgesprochen sportlich und sehr scharf, nur mit Drahtseilen gesichert, ohne künstliche Griffe und Tritte, bezwingt der Klettersteig über eine Höhendifferenz von 300 Meter den teils sehr schmalen, senkrechten Fels der Südkante. Mit diesem Anspruch nimmt die Ferrata Olivieri einen Spitzenplatz ein, also eine Ferrata so recht nach dem Geschmack des gewandten, leistungsstarken Gehers.
Das Querband hinaus zum ersten Gratabsatz ist leicht, erst im Anstieg über die Kante, nur von kurzen Quergängen unterbrochen, zeigt die Ferrata ihre Klasse. Nach dem zweiten Gratabsatz fordert sie in der senkrechten Schlüsselstelle an glattem Fels den vollen Einsatz. Neben der Anstrengung beschleunigt vielleicht auch der schwindelnde Tiefblick hinab zur Dibona- und zur Pomedes-Hütte den Schlag des Herzens, beruhigend dagegen wirkt der Ausblick nach Süden, hinüber zu den Cinque Torre und zum Wiesenplan unter Averau und Nuvolau. Die Spannung hält uns in Atem, bis der letzte Aufschwung unter uns liegt und wir gelöst dem Steinmann der Punta Anna zugehen – ein herrlicher Rastplatz am Weg zur Tofana di Mezzo.

Im Anstieg zur Tofana di Mezzo quert die Ferrata »Aglio« als waghalsige Variante den äußerst ausgesetzten ostseitigen Fels des Torrione Gianni hinüber zum Felsenfenster des Bus de Tofana.

Via ferrata Tofana di Mezzo – (mit Variante »Gianni Aglio«) von der Punta Anna zur Tofana di Mezzo

Auf der Punta Anna können das Wetter, aber auch Ermüdung dazu führen, daß man die Tour aufgeben muß. Wenn wir den Grat zum markanten Dritten Pomedesturm hin überschreiten, zeigt die Anschrift »Cantore« den Abstieg nach Westen zum Verbindungsweg Rifugio Dibona – Rifugio Giussani. Folgen wir dem Hinweis »Cima«, queren wir die ausgesetzte Verschneidung am Dritten Pomedesturm zur Abzweigung (ca. 2850 m) »Sentiero Olivieri« – Ra Valles (= Mittelstation der Tofana-Seilbahn, 2470 m). Der *Sentiero* Olivieri – nicht zu verwechseln mit der gleichnamigen Ferrata! – verbindet als teilweise gesicherte Steiganlage in 1 Stunde die Mittelstation mit der Pomedes-Hütte. Harmonieren alle Voraussetzungen, gehen wir daran, die noch fehlenden 500 Höhenmeter zur Tofana di Mezzo zu besiegen. Den zweiten Abschnitt eröffnet eine Leiter mit 27 Sprossen, der leichte Gang über die Schneide des Südsporns und auf einem westseitigen Band bringt uns zu einer kleinen Scharte (ca. 2950 m). Die Originalroute bleibt auf der Westseite, sie quert den abschüssigen und nicht selten auch vereisten Felsfuß des Torrione Gianni hinüber zum Bus de Tofana (ca. 2910 m), einem riesigen Felsenfenster vor dem Grataufschwung zur Mezzo. Seit 1979 umgeht jedoch die Variante *»Ferrata Gianni Aglio«* den Torrione ostseitig, also auf der Ra-Valles-Seite. Doppelt gespannte Drahtseile sichern nach einem schon sehr schwierigen Felskopf den äußerst gewagten, gewinkelten Quergang auf winziger Felsleiste hinüber zu einem Podest. Diese ernste Schwierigkeit sehen wir von der Scharte nicht ein, jedoch am Quergang angekommen, bleibt kaum eine andere Wahl, als ihn auszuführen. Am Bus de Tofana vereinigen sich beide Varianten zum gemeinsamen Schlußanstieg, der zwar noch kraftraubend, aber wesentlich leichter ist. Lawinenverbauungen zur Sicherung eines Liftes verunzieren den meist schneegefüllten Winkel. Wir schlüpfen durch Stahlzäune und steigen, teils mit Hilfe von Leitern, über eine Riesentreppe hoher schwarzer Felsstufen dem Gipfelkreuz der Tofana di Mezzo zu.

Die Ferrata Olivieri zur Punta Anna bleibt an der Kante des sehr exponierten Südgrates; nur an wenigen Stellen quert die Route kurz in die Westwand. Bis zum Ausstieg auf 2731 Meter Höhe verlangt sie Kraft und Klettergeschick.

Tourensteckbrief

Ausgangsort
Cortina d'Ampezzo 1210 m, Parkplatz Rif. Dibona 2050 m.

Die Tour in Stichworten
Cortina 1210 m – Rif. Dibona 2050 m – Rif. Pomedes 2340 m *oder* Liftstation Duca D'Aosta 2098 m – Rif. Pomedes – Ferrata Olivieri – Punta Anna 2731 m – Torrione Gianni – Variante Ferrata Aglio – Bus de Tofana 2910 m – Tofana di Mezzo 3243 m – Seilbahn-Mittelstation Ra Valles 2470 m – *Sentiero* Olivieri – Rif. Pomedes – Rif. Dibona.

Schwierigkeit: IV = sehr schwierig
Vielbegangene, aber sehr anspruchsvolle Klettersteig-Kombination in südseitigem, sehr steilem, teils äußerst ausgesetztem Fels. Zur Punta Anna fast durchlaufende Drahtseilsicherung, im Anstieg zur Mezzo Drahtseile und Leitern; Ausdauer notwendig.

Zugang: Von der Dolomitenstraße Auffahrt zum Rif. Dibona oder zum Rif. Duca D'Aosta, Parkplatz. Vom Rif. Dibona oder von der Liftstation Duca D'Aosta in 40 Min. zum Rif. Pomedes, auf Steig zum nahen Einstieg ca. 2450 m.

Ferrata Olivieri: In der Punta Anna-Ostwand kurzer Anstieg zu einem Band, hinaus zu einer Scharte im Südgrat ca. 2550 m. Ab hier sehr steil über teils senkrechte Gratabsätze, kurze Querungen in die Westflanke, sehr ausgesetzt, nur mit Drahtseilsicherung, zum Gipfel. Überschreitung der Punta Anna zum Dritten Pomedesturm (mark. Abstiegsmöglichkeit zum Rif. Giussani 2561 m), über ein ausgesetztes Band in der Südwand hinaus zur Ostflanke ca. 2850 m. Hier leichte, schnelle Abstiegsmöglichkeit zur Mittelstation Ra Valles 2470 m oder auf dem *Sentiero* Olivieri (teilweise gesichert) zurück zum Rif. Pomedes.

Ferrata Tofana di Mezzo: Nach Mark. in der Ostflanke des Dritten Pomedesturms hinauf zu einer Leiter am Gratabsatz, über den Grat zu einem Band in der Westseite und zur Scharte 2950 m vor dem Torrione Gianni. Achtung! Die ostseitige Querung dieses Turmes auf der Variante Gianni Aglio hinüber zum Bus de Tofana ist der schwierigste Abschnitt der gesamten Tour, mit doppeltem Drahtseil gut gesichert, aber äußerst exponiert. Wesentlich leichter (aber ev. Schnee/Eis!) ist die blau mark., mit Drahtseil gesicherte Querung. Am Bus de Tofana 2910 m Abstiegsmöglichkeit nach Westen zum Rif. Giussani oder zum Rif. Dibona, nach Osten zur Mittelstation Ra Valles. Vom Bus über steile Schneehänge, durch Lawinenzäune, Anschluß an den Gipfelaufbau der Tofana di Mezzo. Über 2 hohe Eisenleitern zum gut gestuften, nicht mehr schwierigen Gipfelfels.

Höchste Wegestelle/Gipfel
Punta Anna 2731 m, Tofana di Mezzo 3243 m.

Anstiegsleistung
Ab Rif. Pomedes 900 Höhenmeter.

Abstieg
Siehe Tourenverlauf. Ab Tofana di Mezzo mit Seilbahn nach Ra Valles (Mittelstation), kurzer Wiederanstieg zum *Sentiero* Olivieri (nicht zu verwechseln mit der *Ferrata* Olivieri) und auf ihm zurück, teilweise gesichert, zum Rif. Pomedes.

Gehzeiten
Rif. Pomedes 2340 m – Ferrata Olivieri – Punta Anna 2731 m: 2 Std. – Ferrata Tofana di Mezzo – Bus de Tofana 2910 m: 1½ Std. – Tofana di Mezzo 3243 m: 1½ Std.
Abstieg: Seilbahn nach Ra Valles 2470 m – Sentiero Olivieri – Rif. Pomedes: 1½ Std.
Gesamtgehzeit: 6½ Std.

Hütten/Stützpunkte
Rifugio Dibona 2050 m, privat, 36 Betten/Matr., bew. Mitte Juni–Mitte Okt.
Rifugio Pomedes 2340 m, privat, 25 Betten/Matr., bew. Ende Juni–Ende Sept.

Landkarten
Kompass-Wanderkarte 1:50 000, Blatt 55 »Cortina d'Ampezzo«.

In der Verschneidung unter dem Dritten Pomedesturm im Klettersteig von der Punta Anna zur Tofana di Mezzo.

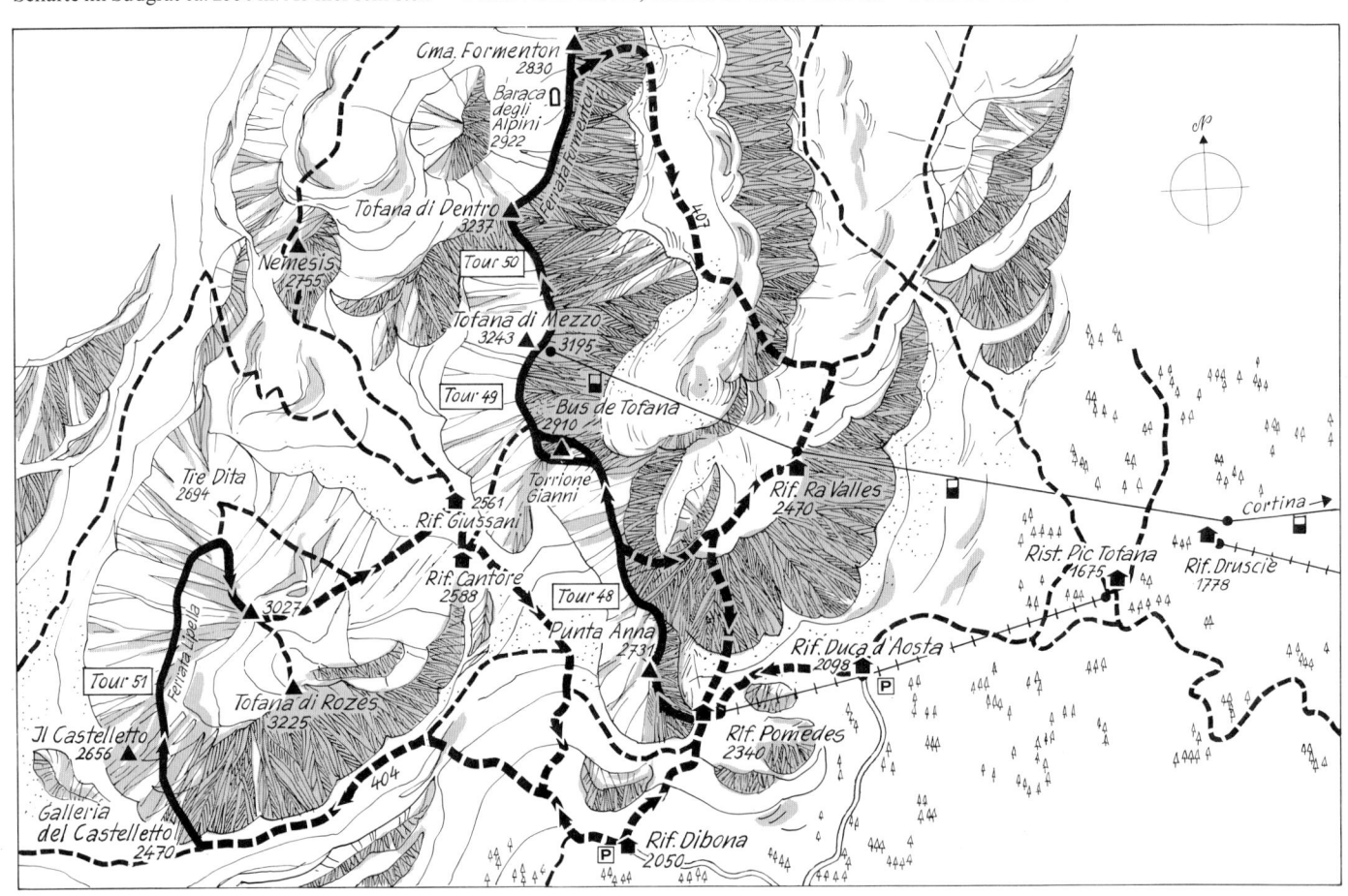

Ampezzaner Dolomiten

50 Ferrata Formenton

Tofana di Dentro
3237 m

Zu den Kriegsstellungen von Formenton

mäßig schwierig

Im Abstieg von der Tofana di Dentro zu den Kriegsstellungen von Formenton muß man, je nach Jahreszeit, mit mehr oder weniger Eis und Schnee rechnen – deshalb Pickel mitnehmen.

Im Kreise ihrer berühmten Schwestern gilt die Tofana di Dentro (= Tofana III, 3237 m) als Aschenbrödel und wird auch von den Bergsteigern etwas vernachlässigt. Von der Tofana di Mezzo schauen wir über die Entfernung von 500 Meter zu ihr hinüber und betrachten den Südgrat, über den wir uns sogleich den Anstieg vorstellen können. Entschließen wir uns – nur wenn die Verhältnisse gut sind – zum Übergang, grüßen wir eine gute Stunde später zum »vollbesetzten« Mittelgipfel zurück und loben die Ruhe auf der »Hinteren« Tofana. Der Klettersteig ist für den geübten Berggeher nicht schwierig. In einer steilen, drahtseilgesicherten Felsrampe steigen wir hinab zur Tofanascharte (3084 m), am Südgrat der Dentro aufwärts und über Bänder, vorbei an Barackenholz und Kavernen aus dem Ersten Weltkrieg, zum Gipfel. Ein neues, fast durchlaufendes Seilgeländer und die Anschrift »Ferrata Formenton« deuten darauf hin, daß auch für die Tofana di Dentro lebhaftere Zeiten anbrechen werden. Vom Gipfel weisen Markierungen in die meist harmlose Gletscherschulter des Nordgrates, nach Firn und Eis betreten wir 200 Meter tiefer den wenig schwierigen Gratfels – auf der Höhe von 2922 Meter überrascht uns die als Notunterkunft bestens ausgestattete »Baraca degli Alpini«! Wir befinden uns in der früheren Formenton-Stellung, die wir im steilen Bergab auf alten Kriegssteigen bis hinaus zur Mittelstation Ra Valles kennenlernen.

Tourensteckbrief

Ausgangsort
Cortina d'Ampezzo 1210 m.

Die Tour in Stichworten
Cortina 1210 m – Tofana-Seilbahn – Gipfelstation 3195 m – Ferrata Formenton – Tofana di Dentro 3237 m – Baraca degli Alpini 2922 m – Mittelstation Ra Valles 2470 m – Cortina.

Schwierigkeit: II = mäßig schwierig
Hochalpine Steiganlage. Bis zur Tofana di Dentro fast durchlaufende Drahtseile; Nordost-Route. Achtung: Schnee und Eis bis weit in den Sommer.
Zugang: Mit der Tofana-Seilbahn zur Gipfelstation. Ab Station gegen den Gipfel der Tofana di Mezzo, kurz vorher Mark. nach rechts zur Ferrata Formenton.
Klettersteig: Mit Drahtseilsicherung am Mezzo-Nordgrat steil hinab zur Tofana-Scharte 3084 m. Ab Scharte in der Dentro-Südflanke über gut gestuften Fels, Drahtseile, durch verfallene Kriegsstellungen zur Tofana di Dentro. Ab Gipfel nach Mark. »Ra Valles«, Steinmänner, Stangen, über den kleinen Gletscher des oberen, breiten Nordgrates hinab zum unteren, felsigen Gratverlauf, auf Steig an der Ostseite zur »Baraca degli Alpini« 2922 m und weiter hinab zu dem Sattel vor der Cima Formenton. In der Ostflanke steiler, abschüssiger Steig zur ehem. Kaserne Formenton ca. 2650 m; auf Steig 407 zur sichtbaren Seilbahnstation Ra Valles. Von dort auf dem Sentiero Olivieri Rückkehr zur Pomedes- und zur Dibona-Hütte möglich.

Höchste Wegstelle/Gipfel
Tofana di Dentro 3237 m.

Anstiegsleistung
Ab Gipfelstation Tofana di Mezzo 200 Höhenmeter, ab Tofana di Dentro 800 Höhenmeter im Abstieg.

Abstieg
Siehe Tourenverlauf.

Gehzeiten
Gipfelstation Tofana di Mezzo 3195 m – Ferrata Formenton – Tofana di Dentro 3237 m: 1 Std.
Abstieg: Baraca degli Alpini 2922 m: 1 Std. – Station Ra Valles 2470 m: 2 Std.
Gesamtgehzeit: 4 Std.

Hütten/Stützpunkte
Baraca degli Alpini 2922 m, ständig geöffnete Notunterkunft.

Landkarten
Kompass-Wanderkarte 1:50 000, Blatt 55 »Cortina d'Ampezzo«.

92

Ampezzaner Dolomiten

51 Ferrata Lipella
Tofana di Rozes
3225 m

Zur schönsten Tofana

schwierig

Die Tofana di Rozes, auch »Vordere« oder Tofana I genannt, wendet ihre beste Seite, die bis zu 800 Meter hohe, von acht mächtigen Pfeilern gestaffelte Südwand, der Dolomitenstraße zu. Aber auch die anderen Ansichten zeigen gutes Profil. Aus Nordwest bewundern wir den sanften Schwung der Gipfelkalotte und diese häufig mit Firn und Eis geschmückte Felshaube ist das unverwechselbare Erkennungszeichen der Tofana di Rozes.

Der Zugang zur Ferrata Lipella zieht von der Dibona-Hütte als aussichtsreicher Wanderweg über die Schotterterrasse unter der Südwand zur Tafel (ca. 2470 m): *»Via ferrata Lipella – Tofana di Rozes per esperti – für Geübte«.* Dieser Hinweis bremst ahnungslose Wanderer, die vielleicht nicht wissen, daß diese Tour zwar »nur« etwa 600 Höhenmeter überwindet, wegen ihrer Wandquerungen jedoch sehr lang ist und außer solider Klettersteigerfahrung auch eine gehörige Portion Kondition verlangt. Die »Galleria del Castelletto«, ein in den Fels geschlagener Tunnel, setzt den ersten interessanten Akzent, denn auch die Ferrata Lipella verdankt ihr Entstehen früheren militärischen Anlagen. Im Jahre 1967 installierten die Cortineser 1400 Meter Drahtseil, diese Sicherungen verbinden die Soldatensteige aus

dem Dolomitenkrieg zu einem der schönsten und genußreichsten Eisenwege mittlerer Schwierigkeit.

In dem 500 Meter langen, nachtdunklen Stollen gewinnen wir bis zum Ausgang (ca. 2620 m) am Castelletto steile, aber gut gangbare 150 Höhenmeter. Hinunter zum Westband verlieren wir etwas an Höhe, erst bei der Erinnerungstafel für Giovanni Lipella (ca. 2500 m) steigen wir endgültig in den Westwandfels ein. Die gute Drahtseilsicherung fördert die zügige Überwindung der ersten Felsstufe zum nächsten Schotterband, bei etwa 2550 Meter Höhe zeigen Pfeile nach rechts einen Abstecher zu Naturgrotten, nach links die Originalroute. Die Ferrata zieht über mehrere Wandstufen, immer wieder von Bändern unterbrochen, hinein in die schwarze, wasserüberronnene Nordwestwand und

sehr steil, aber gutgriffig höher zu einem neuen horizontalen Schotterstreifen. Ein Pfeil und die Schrift »Cantore« (2680 m) zeigen zur nahen Aussichtsstelle »Tre Dita« (= Drei Finger) und damit den markierten Ausweg zur Giussani-Hütte. Die Ferrata bleibt in der Nordwestwand. Nach dem Hinweis »Cima« gehen wir nach rechts und klettern über eine Felsstufe hinauf in eine prächtige Felsarena, in den Rundbogen hoher, gelber, konkaver Wände.

Am Vorgipfel (3027 m) schnuppern wir Dreitausender-Luft, die Ferrata Lipella mündet in die Normalroute Rifugio Giussani – Tofana di Rozes. Das Gipfelkreuz lockt! Erlauben es die Verhältnisse, das Wetter und die Kondition, wird der Anstieg zum 3225 Meter hohen Gipfel diese Tofana-Tour zur Vollkommenheit runden.

Die »Galleria del Castelletto«, ein stockdunkler, spiralförmig angelegter Felstunnel, ist ein Sprengstollen der italienischen Alpini-Soldaten aus dem Dolomitenkrieg. Im Anstieg zu seinem Eingang beginnt die unerwartet anspruchsvolle und auch lange Route der Ferrata Lipella durch die West- und Nordwestwand der Tofana di Rozes.

Tourensteckbrief

Ausgangsort
Cortina d'Ampezzo 1210 m, Parkplatz Rif. Dibona 2050 m.

Die Tour in Stichworten
Cortina 1210 m – Rif. Dibona 2050 m – Galleria del Castelletto 2470 m – Ferrata Lipella – Vorgipfel Tofana di Rozes 3027 m – Tofana di Rozes 3225 m – Vorgipfel – Rif. Giussani 2561 m – Rif. Dibona.

Schwierigkeit: III = schwierig
Beliebter Klettersteig. Anspruchsvolle Routenführung in teils sehr steilem Westwandfels, gute Drahtseilsicherung, Ausdauer notwendig.
Zugang: Vom Rif. Dibona (siehe Tour 48) mit Wegemark. 404 zur Galleria del Castelletto (alte Kriegsstellung).
Klettersteig: Ab Einstieg 2470 m über eine mit Klammern gesicherte Felswand zum Eingang der Galleria ca. 2500 m. Dieser spiralförmig angelegte 500 m lange Kriegsstollen überwindet zu seinem Ausgang am Castelletto 120 Höhenmeter; Holztreppen und Drahtseilgeländer, Taschenlampe unerläßlich! Vom Ausgang ca. 2600 m hinab zu dem breiten Schottersockel der Tofana-Westwand. Auf ihm leicht abwärts, bis bei etwa 2500 m ein Schild den Einstieg zur

Westwand anzeigt. Straff gespannte Drahtseile überwinden sehr steile, fast senkrechte Wandstufen hinauf zu mehr oder weniger ausgeprägten Terrassen und Bändern. Die Route quert in die NW-Wand und läuft zu einem markanten Absatz mit Wegteilung, 2680 m: »Cantore – Tre Dita« = schneller, mark. Zugang zum Rif. Giussani 2561 m (½ Std.), die Weisung »Cima« lenkt auf einem Band nach rechts zu einer Wandstufe, fast senkrecht hinauf zur sehr steilen Traverse durch die obere NW-Wand und zum Vorgipfel 3027 m. Hier Einmündung des Normalanstieges vom Rif. Giussani, Ende des Klettersteiges. Gipfelanstieg zur Tofana di Rozes mäßig steil, Steigspuren, Schnee und Schotter.

Höchste Wegestelle/Gipfel
Vorgipfel 3027 m, Tofana di Rozes 3225 m.

Anstiegsleistung
Ab Rif. Dibona 1200 Höhenmeter, davon Klettersteig 600 Höhenmeter.

Abstieg
Ab Vorgipfel nach Steigspuren und blauer Mark. über die schrofige NO-Flanke (Schnee) zum Rif. Giussani und auf mark. Weg hinab zum Rif. Dibona.

Gehzeiten
Rif. Dibona 2050 m – Galleria del Castelletto 2470 m: 1 Std. – Ferrata Lipella – Abzweigung

In der oberen Nordwestwand erreicht der Lipella-Steig außerordentlichen landschaftlichen Reiz. Waagrechte Bänder gliedern diesen Rundbogen gelbroter Wände, in steiler Diagonale nach rechts zieht die Ferrata zum Ausstieg am Vorgipfel.
Das Bild rechts zeigt die schneebedeckte Gipfelkalotte der Tofana di Rozes, in Gipfelfallinie die Westwand. Der dunkle, spitze Winkel vom Vorgipfel nach links ist die Position des linken Bildes. Aufnahmestandort Kleiner Lagazuoi, links Tofana di Dentro, zur Mitte Tofana di Mezzo.

Tre Dita 2680 m zum Rif. Giussani: 2 Std. – Vorgipfel 3027 m: 1½ Std. – Tofana di Rozes und zurück: 1 Std.
Abstieg: Vorgipfel – Rif. Giussani 2561 m: 1 Std. – Rif. Dibona 2050 m: 1 Std.
Gesamtgehzeit: 7½ Std.

Hütten/Stützpunkte
Rifugio Giussani 2561 m, CAI-Sektion Cortina, 56 Betten/Matr., bew. Ende Juni–Ende Sept.
Rifugio Dibona 2050 m, privat, 36 Betten/Matr., bew. Mitte Juni–Mitte Okt.

Landkarten
Kompass-Wanderkarte 1:50 000, Blatt 55 »Cortina d'Ampezzo«.

Fanis-Gruppe

52 Felstunnel Kleiner Lagazuoi 2778 m

»Galleria Lagazuoi« am Falzarego-Paß

wenig schwierig

Der 2778 Meter hohe Kleine Lagazuoi war im Dolomitenkrieg für die Österreicher ein Bollwerk gegen das Eindringen der Italiener in das tirolerische Abteital. Die Kaiserjäger besetzten von Norden, aus der weiten Alpe Lagazuoi, den Gipfel, gegen Süden und Westen, hinab zum Falzarego- (2105 m) und zum Valparola-Paß (2192 m), vereitelte senkrechter Fels jegli-

Ausblick aus einem Stollenfenster im Fels-tunnel des Kleinen Lagazuoi, links Sorapis, rechts Antelao.

chen Ansturm der Alpini. Den Italienern gelang aber der Zugriff auf ein Felsband in der Südwand, dem nachgenannten »Cengia Martini« (ca. 2400 m). Die österreichischen Angriffe zur Rückeroberung blieben erfolglos, und so sollte als letztes Mittel ein Sprengstollen diese Stellung ausschalten. Am 22. Mai 1917 explodierte die 24 000 Kilogramm schwere Mine; etwa 130 000 Kubikmeter Fels stürzten her-ab zum Falzarego-Paß, aber die Alpini-Soldaten konnten sich behaupten. Seit Monaten arbeiteten auch italienische Sap-peure an einem Felstunnel. Sie trieben die 1100 Meter lange, spiralförmig angelegte »Galleria del Lagazuoi« – von unten nach oben – gegen die Gipfelstellung der Öster-reicher und zündeten am 20. Juni 1917 etwa 33 000 Kilogramm hochbrisante Gela-tine, jedoch ohne entscheidenden Erfolg – die Kaiserjäger hatten kurz vorher die Stellung geräumt. Bis zum Ende des Dolo-mitenkrieges im Spätherbst 1917 tobten am Berg die Kämpfe. Geblieben sind die Kavernen, die verfallene Stellung an der Cengia Martini, die Galleria Lagazuoi und die Schotterkegel der österreichischen und der italienischen Sprengung.

Heute ist der Kleine Lagazuoi im Besitz einer Seilbahngesellschaft, denn der Berg ist eine Dolomiten-Aussichtswarte ersten Ranges. Das Rifugio Lagazuoi (2752 m) steht auf der Gipfelplattform, am höch-sten Punkt des Berges erinnert ein schlich-tes Holzkreuz an die gefallenen Soldaten beider Seiten.

Tourensteckbrief

Ausgangsort
Falzarego-Paß 2105 m.

Die Tour in Stichworten
Cortina 1210 m – Falzarego-Paß 2105 m – Seil-bahn Kleiner Lagazuoi Bergstation 2728 m (Rif. Lagazuoi 2752 m, Kl. Lagazuoi 2778 m) – Fels-tunnel Lagazuoi – Cengia Martini 2400 m – Falzarego-Paß.

Schwierigkeit: I = wenig schwierig
Vielbegangener Kriegsstollen (meist im Ab-stieg). Steil, meist naß, Vereisung möglich; durchgehendes Drahtseilgeländer.
Zugang: Vom Falzarego-Paß mit der Seilbahn zur Bergstation Kleiner Lagazuoi.
Klettersteig: Ab Bergstation nach Mark. »G« in 10 Min. hinab zum Stolleneingang. Gewunde-ner Felstunnel (Galleria), nur an wenigen Stel-len Lichteinfall durch Felsenfenster. Trittsicher-heit, gutes Schuhwerk, Taschenlampe, Hand-schuhe unbedingt notwendig! Vom Ausstieg auf der Cengia Martini Mark. »G« nach links hinab zum Weg 402 und damit zum Falzarego-Paß.

Höchste Wegestelle/Gipfel
Kleiner Lagazuoi 2778 m.

Felstunnel »Galleria del Lagazuoi«
Die Hinterlassenschaft der italienischen Gebirgssoldaten am Kleinen Lagazuoi, die »Galleria del Lagazuoi« mit einem Höhenunterschied von 350 Meter bis knapp vor das Gipfelhaus ist heute eine beliebte Touristenattraktion. Die Seil-bahngesellschaft rüstete den gewundenen und sehr steilen Felstunnel mit einem Drahtseilgeländer aus und erschloß damit die Möglichkeit, entweder von oben die Cengia Martini oder von unten den Gipfel zu erobern. Die Zugänge vom Falzarego-Paß sowie von der Bergstation sind mar-kiert; einmal im Tunnel, können wir uns nicht mehr verlaufen. Allgemein bevor-zugt wird die Route von oben nach unten; gleich vom Eingang weg stürzt der Stollen zur Tiefe, nur an wenigen Stellen von Fel-senfenstern erhellt. Handschuhe, eine starke Taschenlampe (noch besser Helm und Stirnlampe), gutes Schuhwerk und möglichst beide Hände am Seil, das sind die Mindestansprüche an Ausrüstung und Verhalten, damit dieser Abstecher in die Unterwelt des Dolomitenkrieges ohne Unfall abläuft.

Beim Ausgang zur Cengia Martini, diesem breiten, sonnigen Felsband, fällt ein Alp-druck von uns. Aber auch hier erinnern Stacheldraht und Holz von den früheren Alpini-Baracken an die Unerbittlichkeit dieser Kampffront im Steilfels des Klei-nen Lagazuoi. Die »Galleria del Laga-zuoi« ist ein düsteres Denkmal des Dolo-mitenkrieges.

Anstiegsleistung
Höhenunterschied im Felstunnel 350 m. Im An-stieg vom Falzarego-Paß 700 Höhenmeter.

Abstieg
Siehe Tourenverlauf.

Gehzeiten
Bergstation Lagazuoi 2728 m – Felstunnel – Cengia Martini 2400 m: 1 Std. – Falzarego-Paß 2105 m: ½ Std. (Anstieg zu Fuß: Falzarego-Paß – Forc. Lagazuoi 2571 m – Rif. Lagazuoi 2752 m: 2 Std.)
Gesamtgehzeit: Ohne Seilbahn 3½ Std.

Hütten/Stützpunkte
Häuser am Falzarego-Paß 2105 m, privat.
Rifugio Lagazuoi 2752 m, privat, 36 Betten/ Matr., bew. Mitte Juni–Mitte Okt. (je nach Seil-bahnbetrieb).

Landkarten
Kompass-Wanderkarte 1 : 50 000, Blatt 55 »Cor-tina d'Ampezzo«.

Von der Bergstation am Kleinen Lagazuoi führt dieser Steig in wenigen Minuten zum Eingang in den Felstunnel. Im Hintergrund steht die Marmolata.

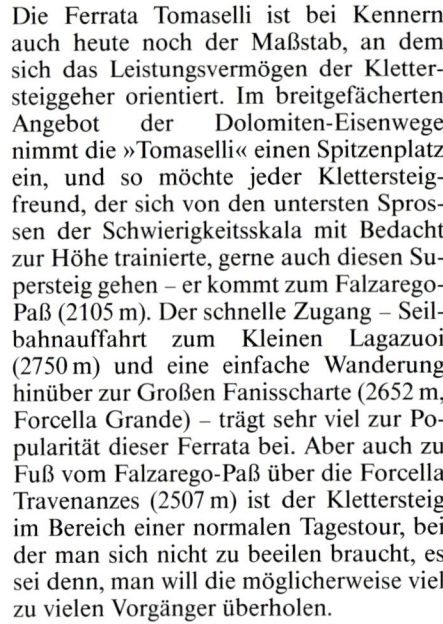

Fanis-Gruppe

53 Ferrata Tomaselli
Südliche Fanisspitze 2989 m

Die Supertour am Falzarego-Paß

sehr schwierig

Am Einstieg zur Ferrata Tomaselli. Darüber Podeste und Holzleitern von den österreichischen Stellungen im Dolomitenkrieg.

Die Ferrata Tomaselli ist bei Kennern auch heute noch der Maßstab, an dem sich das Leistungsvermögen der Klettersteiggeher orientiert. Im breitgefächerten Angebot der Dolomiten-Eisenwege nimmt die »Tomaselli« einen Spitzenplatz ein, und so möchte jeder Klettersteigfreund, der sich von den untersten Sprossen der Schwierigkeitsskala mit Bedacht zur Höhe trainierte, gerne auch diesen Supersteig gehen – er kommt zum Falzarego-Paß (2105 m). Der schnelle Zugang – Seilbahnauffahrt zum Kleinen Lagazuoi (2750 m) und eine einfache Wanderung hinüber zur Großen Fanisscharte (2652 m, Forcella Grande) – trägt sehr viel zur Popularität dieser Ferrata bei. Aber auch zu Fuß vom Falzarego-Paß über die Forcella Travenanzes (2507 m) ist der Klettersteig im Bereich einer normalen Tagestour, bei der man sich nicht zu beeilen braucht, es sei denn, man will die möglicherweise viel zu vielen Vorgänger überholen.

»Via ferrata Cesco Tomaselli 6. Luglio 1969« Diese Bronzeschrift verkündet an der schwarzen, nach Südwest zu aufgerichteten Einstiegswand den Klettersteig. Nur wenig unterhalb steht auf der Plattform der Großen Fanisscharte die Biwakschachtel »Gianni della Chiesa«. Der Name erinnert an einen tapferen italienischen Tenente (= Leutnant), und damit sind wir wieder beim Dolomitenkrieg, dem wir auch in der Ferrata Tomaselli nicht ausweichen können. Die Südliche Fanisspitze war in der österreichischen Verteidigungslinie ein wichtiger Eckstein zum Falzarego-Paß. Ein Geschütz nahm von der Scharte aus die italienischen Linien unter Feuer, zudem war die Scharte ein wichtiger Stützpunkt für die Feldwachen an den Fanisspitzen. Neben der modernen Ferrata-Sicherung hängen am Fels noch immer verrottete Drahtseile, Holzleitern und Podeste, mit deren Hilfe die Kaiserjäger an der Südlichen Fanisspitze auf- und abkletterten.

Die erste Schwierigkeit und sogleich auch eine anspruchsvolle Prüfung für die reihenweise wartenden Anwärter ist ein sehr exponierter Quergang an glattem, fast senkrechtem Fels. Langes Zögern am guten Standplatz vorher verärgert die Hintermänner. Mut, Können und beherztes Zupacken, vielleicht noch die Seilhilfe eines erfahrenen Partners helfen jedoch mit Anstand über diese erste Hürde. Die Erbauer sicherten den 300-Meter-Höhenunterschied mit fast durchlaufenden Drahtseilen, beließen nur die breite, gut begehbare Mittelterrasse (= Cengia alta, ca. 2800 m) frei und blieben auch im zweiten Abschnitt der Devise »möglichst direkt und senkrecht zum Gipfel« treu. Im Tomaselli-Steig gibt es keine Leitern, Klammern und künstliche Tritte. Der ehemals rauhe Fels wird von Jahr zu Jahr glatter, denn die ungezählten Begehungen innerhalb einer Sommersaison »polieren« die Route auf Hochglanz. Auf der Cengia alta (2800 m) durchstößt die Variante »Alta via Fanis« mit einem Felstunnel die Fanisspitze nach Osten zum Fanissattel und dieser fast horizontale »Weg« kann für überforderte Klettersteiggeher ein Notausgang sein. Im Aufstieg verlangen ein langer, abdrängender Riß und die sehr glatte, luftige Schlußwand nochmals Kraft und Klettergeschick, bevor wir am 2989 Meter hohen Gipfelgrat die Dolomitenwelt bewundern dürfen.

Aber es bleibt noch der sehr steile Abstieg zum Fanissattel (= Selletta Fanis, ca. 2800 m) – ein Klettersteig im Bergab – 200 Höhenmeter steiler Fels, aber geführt von gut verankerten Drahtseilen.

Tourensteckbrief

Ausgangsort
Falzarego-Paß 2105 m.

Die Tour in Stichworten
Cortina 1210 m – Falzarego-Paß 2105 m – Seilbahn Kleiner Lagazuoi Bergstation 2728 m – Forc. Lagazuoi 2571 m – Forc. Grande 2652 m (Biv. della Chiesa), *oder* Falzarego-Paß – Forc. Travenanzes 2507 m – Forc. Grande – Ferrata Tomaselli – Südl. Fanisspitze 2989 m – Fanissattel ca. 2800 m – Forc. Travenanzes – Falzarego-Paß.

Schwierigkeit: IV = sehr schwierig
Sehr stark begangener Klettersteig. Routenverlauf in teils senkrechtem, sehr ausgesetztem Südwestwandfels; fast durchlaufende, gute Drahtseilsicherung.
Zugang: Von der Bergstation Lagazuoi hinab zur Forc. Lagazuoi und auf Steig Mark. 20 zur Forc. Grande, *oder* vom Falzarego-Paß zur Forc. Travenanzes und auf Steig 20 B zum Biv. della Chiesa in der Forc. Grande = Große Fanisscharte.

Klettersteig:
Vom Biwak zur nahen Einstiegswand ca. 2700 m und mit einem Drahtseil sogleich zur ersten Schlüsselstelle, einer exponierten, sehr trittarmen Wandquerung. Sehr steil hinauf zu einer Geröllterrasse am Fuße eines Turmes (hier leichte Abstiegsmöglichkeit nach Süden zurück zur Forc. Grande). Kurzes Gehgelände hinauf zum Terrassenband »Cengia alta«, ca. 2800 m. Im zweiten Abschnitt sehr steil zu einem senkrechten, abdrängenden Riß, durch ihn zu einer glatten Wand und Ausstieg zum Gipfelgrat.

Höchste Wegstelle/Gipfel
Südliche Fanisspitze 2989 m.

Anstiegsleistung
Ab Bergstation Kl. Lagazuoi nach Abstieg zur Forc. Lagazuoi 400, ab Falzarego-Paß 900 Höhenmeter, davon Klettersteig 300 Höhenmeter.

Abstieg
In der NO-Wand sehr steiler, aber mit Drahtseilen gut gesicherter Felsabstieg zum Fanissattel. Vom Sattel eine steile Schotterreise abwärts zum Steig, zurück zur Forc. Grande oder zur Forc. Travenanzes und zum Falzarego-Paß.

Gehzeiten
Bergstation Kl. Lagazuoi 2728 m – Forc. Lagazuoi 2571 m – Forc. Grande 2652 m: 1 Std. (Falzarego-Paß – Forc. Travenanzes 2507 m – Forc. Grande: 2 Std.); Forc. Grande – Ferrata Tomaselli – Südl. Fanisspitze 2989 m: 2 Std.
Abstieg: Fanissattel 2800 m: ½ Std. – Forc. Travenanzes 2507 m – Falzarego-Paß 2105 m: 1½ Std.
Gesamtgehzeit: Ab Bergstation 5 Std.

Hütten/Stützpunkte
Rifugio Lagazuoi 2752 m, siehe Tour 52.
Bivacco della Chiesa 2652 m, ständig geöffnete Notunterkunft.

Landkarten
Siehe Tour 52.

Die beiden Klettersteiggeherinnen befinden sich in der Schlußwand, kurz vor dem Ausstieg zum Gipfelgrat der Südlichen Fanisspitze. Diese Wand, fast senkrecht und sehr exponiert, verlangt nochmals vollen Einsatz.

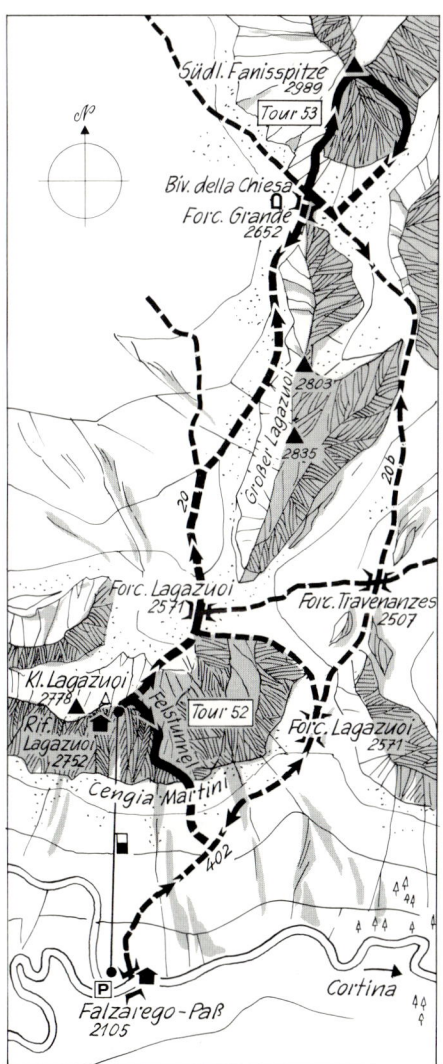

Fanes-Gruppe

54 Klettersteig Furcia Rossa

2781 m

»Via della Pace« – der Friedensweg in der südlichen Fanes

mäßig schwierig

Über dem Travenanzestal erhebt der Furcia-Rossa-Kamm einen steinernen Wall, mit dem er die Alpe Groß-Fanes nach Südosten abschirmt. Der Monte Vallon Bianco schließt nach Norden an und baut mit seinem mächtigen Bergstock ein mas-

Eisenklammern, Drahtseile und wieder instandgesetzte hölzerne Kriegsleitern im Klettersteig zur Furcia Rossa. Das Bild rechts zeigt den Anstieg in der Ostflanke, die Leitern im kleinen Bild unten sichern im Zugang zur Ostflanke eine schmale, steile Felsrampe.

sives Bollwerk über der Mündung Travenanzestal – Fanestal. Das Travenanzestal sehen wir als einen tiefen, engen Graben, der die Tofane von den »Cime di Furcia Rossa« trennt. Im Dolomitenkrieg gehörten der Monte Vallon Bianco und die Furcia-Rossa-Spitzen zur österreichischen Front. Vom Monte Vallon Bianco über den gesamten Kammverlauf bis zu den Monti Casale und Cavallo richteten die Kaiserjäger ihre Geschützstellungen und Feldwachen ein und verbanden die verstreuten Verteidigungsnester mit einem ausgedehnten Netz von Saumwegen und Felssteigen. Im November 1917 war der Dolomitenkrieg beendet und über Jahrzehnte hinweg betrat kaum jemand die alpinistisch nur wenig bekannten Furcia-Rossa-Spitzen. In den Sommern 1973/74 kam auch hier der österreichische Oberstleutnant Walther Schaumann zum Wiederausbau der einstigen Kampfstellungen. Die »Dolomitenfreunde«, freiwillige Helfer aus Österreich, Italien und der Bundesrepublik rekonstruierten unter seiner Leitung die verschütteten Soldatensteige und sicherten die schwierigen Wegeabschnitte mit neuen Eisenleitern, reparierten die hölzernen Kriegsleitern und befestigten Klammern und Drahtseile. Mit dieser idealistischen Arbeit schenkten uns die »Dolomitenfreunde« die *Via della Pace*, den Friedensweg. Der Klettersteig zur 2781 Meter hohen Südlichen Furcia Rossa, zur Cima III, ist das interessanteste Glied dieser Wegekette.

Im Zugang von der Alpe Groß-Fanes (2104 m) zieht der Friedensweg durch einen zirbenbestandenen Alpingarten in den Vallone del Fosso und erreicht bei einer Brunnenfassung (ca. 2400 m) die Wegeteilung: Monte Vallon Bianco (= »VB«) nach links, die Markierung »FR« weist nach rechts den Klettersteig zur Furcia Rossa. Aus diesem Winkel gelangen wir über ein von schwerem schwarzen Fels überdachtes Band zum Abstieg in eine Scharte, von der wir zur Ostflanke der Cima III ansteigen. Ab etwa 2620 Meter Höhe sichern Holzleitern und dünne, aber fest gespannte Drahtseile den Steig hinauf zu einem Geröllband. Stählerne Upat-Verbundanker bändigen einen prallen Wandbauch, über den wir aber schon zum Gipfeldach aussteigen. Der höchste Punkt – 2781 Meter – nur 50 Meter über der Wegetrasse, winkt zur Fleißaufgabe, der wir nicht ausweichen sollten. Die steinerne Soldatenbrustwehr des Gipfels belohnt uns mit einem tollen Ausblick hinüber zu den Tofanen.

Der sehr steile, gesicherte Abstieg erfordert nochmals volle Aufmerksamkeit. Über waghalsige Holzleitern klettern wir in einer schmalen Felsverschneidung vorsichtig hinab zum Ausstieg in die Geröll- und Sandwüste des Vallon Bianco. Dort läuft der Friedensweg als Wandertrasse bergauf zum Biwak (2760 m) am Monte Castello, bergab zurück nach Groß-Fanes, von dem aus wir nach Klein-Fanes oder hinab nach Armentarola wandern.

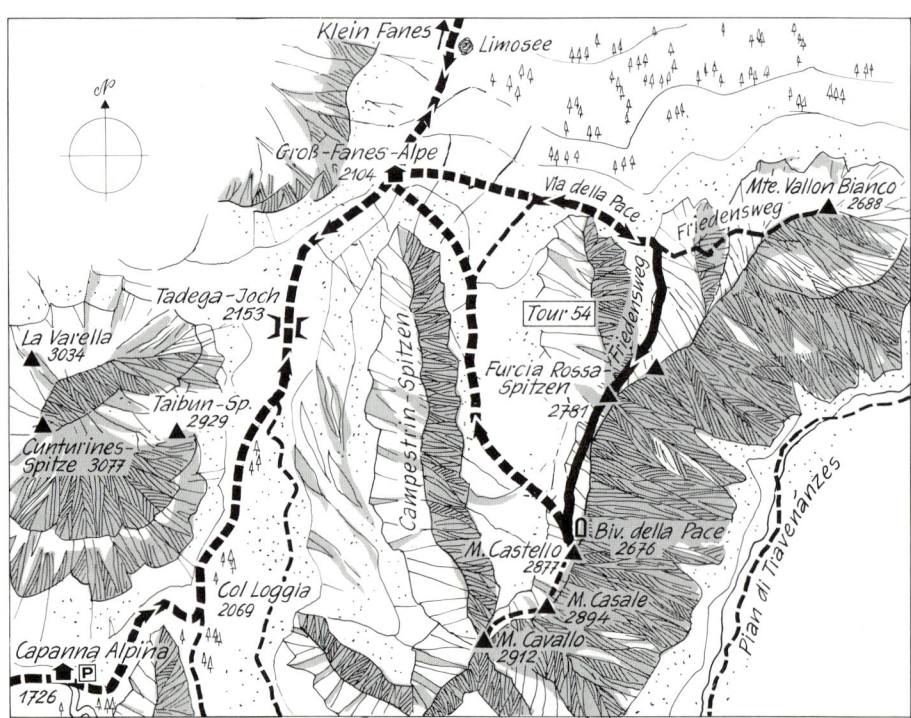

Tourensteckbrief

Ausgangsort
Pederù im Rautal 1548 m, oder Capanna Alpina 1726 m in Armentarola.

Die Tour in Stichworten
Pederù 1548 m im Rautal – Fanes-Hütte 2060 m – Groß-Fanes 2104 m, *oder* Armentarola 1630 m – Capanna Alpina 1726 m – Col Loggia 2069 m – Tadega-Joch 2153 m – Groß-Fanes – Via della Pace – Klettersteig – Cima Furcia Rossa III 2781 m – Biv. della Pace 2676 m – Groß-Fanes.

Schwierigkeit: II = mäßig schwierig
Lange Tour mit nur kurzem Klettersteig. Südwestlicher Routenverlauf, gut gesichert.
Zugang: Vom Parkplatz Pederù zur Fanes-Hütte (hierher auch mit Jeep ab Pederù) und über das Limo-Joch 2172 m hinab nach Groß-Fanes, **oder** vom Parkplatz Cap. Alpina über das Tadega-Joch. Ab Groß-Fanes auf der »Via della Pace« zur Wegeteilung an einer Quelle ca. 2400 m: links »VB« = Mte. Vallon Bianco, rechts »FR« = Furcia Rossa.
Klettersteig: Nach »FR« über ein Band, kurzer Abstieg und Wiederanstieg zu einem Sattel 2620 m unter der östl. Gipfelflanke der Furcia Rossa III. Mit Drahtseilsicherung, Holzleitern und Klammern kurzer, steiler Anstieg zum Gipfeldach, in wenigen Min. zum Gipfel. Zurück zum Steig, sehr steil hinab zu einer Felsverschneidung, mit Hilfe von Holzleitern und Drahtseilen unter überhängenden Felsdächern zum Wandfuß und Ausstieg ca. 2600 m im Vallon Bianco. Auf mark. Steig hinauf zum Biwak della Pace am Monte Castello. Ab Biwak mark. Wanderweg Nr. 17 durch den Vallon Bianco zurück nach Groß-Fanes.

Höchste Wegestelle/Gipfel
Furcia Rossa Cima III 2781 m, Bivacco della Pace 2676 m.

Anstiegsleistung
Ab Fanes-Hütte 800, ab Cap. Alpina 1000 Höhenmeter, davon Klettersteig im Auf und Ab 300 Höhenmeter.

Abstieg
Siehe Tourenverlauf.

Gehzeiten
Fanes-Hütte 2060 m – Groß-Fanes 2104 m: 1 Std., *oder* Cap. Alpina 1726 m – Groß-Fanes: 2 Std., Groß-Fanes – Via della Pace – Wegeteilung 2400 m: 1 Std. – Klettersteig Furcia Rossa Cima III: 1 Std. – Biv. della Pace 2676 m: 1 Std. Abstieg: Biwak – Groß-Fanes: 1½ Std. – Fanes-Hütte: 1 Std.
oder Cap. Alpina: 1½ Std.
Gesamtgehzeit: Ab Fanes-Hütte 6½ Std., ab Cap. Alpina 8 Std.

Hütten/Stützpunkte
Fanes-Hütte 2060 m, privat, 65 Betten/Matr., bew. Anf. Juni–Mitte Okt.
Bivacco della Pace 2676 m, ständig geöffnete Notunterkunft.

Landkarten
Kompass-Wanderkarte 1:50000, Blatt 55 »Cortina d'Ampezzo«.

55 Ferrata Alleghesi
Monte Civetta
3220 m

Traumweg zur Civetta

schwierig

Südlich der Ampezzaner Dolomiten prägen zwei Berge weithin sichtbar und beherrschend die Landschaft des Zoldano. Die Fahrt auf der großartigen Aussichtsstraße von Andràz über Colle Santa Lucia und den Passo Staulanza (1773 m) stellt

die Civetta und den Monte Pelmo mit ihrer schönsten Ansicht vor. Bei der südseitigen Paßabfahrt nach Palafavera wetteifern Civetta und Pelmo nochmals um die Sympathie des Bergsteigers, denn zu beiden Bergen ist Palafavera (1520 m) ein vorteilhafter Ausgangsort. Die Klettersteiggeher bevorzugen die Civetta und befahren deshalb noch das Almsträßchen hinauf zum Parkplatz an der Casera di Pioda (1892 m) – eine knappe Wegestunde höher steht das Rifugio Coldai (2135 m). Die Coldai-Hütte, ein gut geführtes, geräumiges Haus, ist der Stützpunkt für die Ferrata Alleghesi, den Normalanstieg zur Civetta, dem Tivan-Weg auf der Ostseite des Massivs, und die »Transversale Civetta« im Westen, hinüber zum Rifugio Vazzoler (1714 m). Die »Alleghesi« steht hoch im Kurs: Sie gehört in jedem Fall zu den Eisenwegen, die jeder Klettersteiggeher gemacht haben will. Die Erwartungen sind deshalb schon in der Anreise groß, und im Zugang auf dem Sentiero Tivan – meist in Begleitung vieler Gleichgesinnter – hochgespannt! Wir gehen in mäßigem Auf und Ab im Ostsockel des Civetta-

Massivs durch ausgedehnte Karmulden zur Scharte zwischen dem »Schienal del Bec«, einem nach Osten zu vorgesetzten, untergeordneten Fels, und dem Civetta-Ostpfeiler. Der Ostpfeiler baut eine Riesentreppe zur Punta Civetta (2892 m) im Civetta-Hauptkamm. Über diese deutlich ausgeprägte Spitze zieht der Kammverlauf zur wenig markanten Punta Tissi (2992 m) und weiter zu seinem Kulminationspunkt auf dem Hauptgipfel, dem 3220 Meter hohen Monte Civetta. Die Ferrata Alleghesi steigt am Ostpfeiler an, quert unter der Punta Civetta eine Scharte hinüber zur Punta Tissi und überschreitet sie zum Hauptgipfel.

Ab 1950 gab es am Ostpfeiler nur Sicherungen, die für Kletterer der nordwestseitigen Extremrouten zur Erleichterung des Abstiegs gedacht waren. Durch dauernde Verbesserungen entstand schließlich bis zum Jahre 1966 daraus die mittlerweile berühmt gewordene *Via ferrata degli Alleghesi*. Mit ihrem Höhenunterschied von 900 Meter ist die Ferrata kein Klettersteig für Anfänger! Auch geübte Leute betrachten am Einstieg (ca. 2350 m) den schwarzen, senkrechten Fels, an dem die Route mit Klammern und Stiften recht anspruchsvoll beginnt, mit gehörigem Respekt. Nach diesem Start muß jeder Anwärter in dem langen, ungesicherten Kamin darüber wissen, ob er dieser Tour gewachsen ist, denn der prickelnde Reiz des freien Kletterns im steilen Fels beflügelt nur den gewandten, sicheren Geher. Die Route hält eine fast direkte, nur von kurzen Quergängen unterbrochene Linie ein. Das freie, sehr abschüssige Gelände zwischen den Drahtseillängen verlangt peinlich genaues Gehen und ruhige Nerven. Mit zunehmender Höhe wächst auch die umliegende Bergwelt, vor allem der nahe Pelmo, prachtvoll mit empor. Die Vormittagssonne leuchtet den Klettersteig voll aus, erst oben an der Scharte unter der Punta Civetta im Übergang zur Punta Tissi taucht er in einen Schattenwinkel, aus dem heraus wir einen Einblick in die furchterregenden Nordwestabstürze bekommen. Wir überschreiten den leichten Fels der Punta Tissi (2992 m), bald darauf führt kein Schritt mehr höher, wir stehen am 3220 Meter hohen Gipfel des Monte Civetta – Traumziel der Dolomitenbergsteiger.

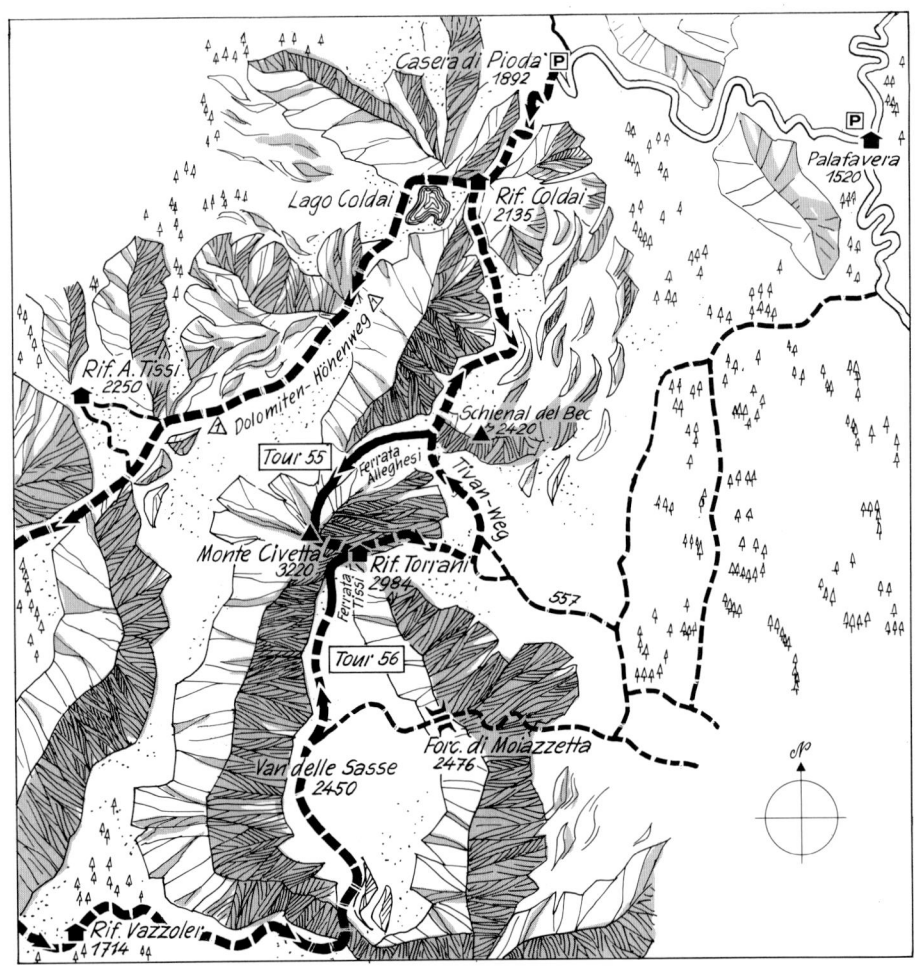

Die Ferrata Alleghesi erschließt den Ostpfeiler der Punta Civetta in steiler, anstrengender Route. Kleine Absätze und Bänder erlauben aber immer wieder Verschnaufpausen und auch bequeme Rastplätze.

Tourensteckbrief

Ausgangsort
Palafavera 1520 m (Restaurant/Pension), Parkplatz Casera di Pioda 1892 m.

Die Tour in Stichworten
Palafavera 1520 m – Parkplatz Casera di Pioda 1892 m – Rif. Coldai 2135 m – Ferrata Alleghesi – Monte Civetta 3220 m – Rif. Torrani 2984 m – Tivan-Weg – Rif. Coldai.

Schwierigkeit: III = schwierig
Vielbegangener, aber sehr langer Klettersteig. Steile, ostseitige Felsroute, nur teilweise mit Drahtseilen, Klammern, Stiften und einer Leiter gesichert; Ausdauer notwendig.
Zugang: Ab Casera di Pioda mark. Weg zur Coldai-Hütte. Auf dem mark. Tivan-Weg bis zum Einstieg ca. 2350 m am Ostpfeiler der Punta Civetta.
Klettersteig: Über diesen mächtigen Pfeiler verläuft die Anstiegsroute. Sehr steil mit Klammern, Stiften und einer Leiter hinauf zu einem ungesicherten Kamin. Weiterhin teilweise sehr ausgesetzt und steil durch Rinnen, Kamine, nur an den schwierigen Stellen gesichert, daher immer wieder freies Klettergelände, unterbrochen von Querbändern, hinauf zur Scharte 2850 m unter der Punta Civetta. Auf der Ostseite, in Überschreitung der Punta Tissi 2992 m in leichterem Fels zum Hauptgipfel.

Höchste Wegestelle/Gipfel
Monte Civetta 3220 m.

Anstiegsleistung
Ab Rif. Coldai 1100 Höhenmeter, davon Klettersteig 900 Höhenmeter.

Abstieg
Vom Gipfel über steile, südöstliche Schotter- und Schrofenhänge zum Rif. Torrani. Weiter nach Mark., Steinmänner, teilweise gesichert, über plattigen, teils steilen Fels zum Ausstieg 2420 m auf einem Geröllkegel (häufig Altschnee); Steigspuren nach links hinab zur Einmündung 2218 m in den Tivan-Weg (557), auf ihm zurück zur Coldai-Hütte.

Gehzeiten
Parkplatz Casera di Pioda 1892 m – Rif. Coldai 2135 m: 1 Std. – Einstieg Klettersteig 2350 m: 1 Std. – Ferrata Alleghesi – Mt. Civetta 3220 m: 3½ Std.
Abstieg: Rif. Torrani 2984 m: ½ Std. – Tivan-Weg – Coldai-Hütte: 3½ Std.
Gesamtgehzeit: 8½ Std. ab Coldai-Hütte.

Hütten/Stützpunkte
Rifugio Coldai 2135 m, CAI-Sektion Venezia, 80 Betten/Matr., bew. Mitte Juni–Ende Sept.
Rifugio Torrani 2984 m, CAI-Sektion Conegliano, 12 Matr., einf. bew. Mitte Juli–Anf. Sept.

Landkarten
Kompass-Wanderkarte 1:50 000, Blatt 77 »Alpi Bellunesi«.

Mit dieser Serie von Stiften und Klammern an senkrechter Wand startet die Ferrata Alleghesi.

56 Ferrata Tissi
Rifugio Torrani
2984 m

Im Civetta-Südanstieg

sehr schwierig

Die Ferrata Tissi war vor Fertigstellung der Ferrata Alleghesi ein Geheimtip unter Civetta-Kennern. Aber wegen unzulänglicher, defekter Sicherungen kam der Klettersteig in Verruf, die Begehung wurde ein riskantes Unternehmen. Seit 1974 ist die Ferrata in gutem Zustand, heute kann sie klettergewandten, sicheren Gehern wieder empfohlen werden.

Die Idealtour an der Civetta aber wird für den unternehmungslustigen Klettersteigfreund die Überschreitung auf der »Hohen Transversale« sein: Ferrata Alleghesi im Anstieg und Ferrata Tissi im Abstieg (siehe auch Sepp Schnürer: »Hohe Routen Dolomiten«). Die im Vergleich zur »Alleghesi« höheren klettertechnischen Ansprüche der *Via ferrata Attilio Tissi* konzentrieren sich in der Überwindung einer etwa 300 Meter hohen Wandstufe, die aus dem Van delle Sasse zur Südostschul-

ter der Civetta aufschließt. Im ungewöhnlich langen Civetta-Südanstieg aus dem Agordino, dem Tal des Torrente Cordevole, ist dieser senkrechte Felsenwinkel die einzige ernsthafte Hürde, und deswegen wohl wurde die Route schon frühzeitig gesichert. Trotz der langen Anmarschzeit wird dieser Civetta-Weg nicht aus der Mode kommen, denn das Cordevoletal ist eine wichtige innerdolomitische Verkehrsader, aus den großen Städten der Poebene eine schnelle, praktische Zufahrt. In der Differenz von 2500 Höhenmeter vom Talort Listolade (701 m) zum Gipfel halbiert in Meereshöhe von 1714 Meter das Rifu-

Die Ferrata Tissi überwindet aus dem Hochkar Van delle Sasse – Einstieg am mittleren Firnfleck in der linken Bildhälfte – in extremer Routenführung die Felsstufe zum Ausstieg an dem kleinen Schattendreieck.

gio Vazzoler diese erhebliche Anstiegsleistung. Das große, zwischen Zirben und Lärchen versteckte, heimelige Haus ist aber auch eine willkommene Station für die vielen Bergwanderer, Bergsteiger und Kletterer, die in den Nachmittagsstunden von allen Seiten ankommen. Die herrliche Wandertrasse Coldai-Hütte – Tissi-Hütte – Vazzoler-Hütte, bekannt als »Transversale Civetta«, bringt den meisten Besuch. Diese schon immer hochgelobte Wanderung – ein Abschnitt im Dolomiten-Höhenweg 1 – läßt uns aus idealer Nähe zur »Wand aller Wände«, zur fast 1000 Meter hohen Civetta-Nordwestwand, ehrfürchtig aufschauen – sie ist nur den Besten vorbehalten.

Von der Vazzoler-Hütte müssen wir frühzeitig aufbrechen: zuerst 100 Meter Abstieg, dann zur Ferrata Tissi 1000 Höhenmeter aufwärts! Wohltuend entschädigt uns dafür der Schatten, der uns durch das Latschengehölz der unteren Region bis weit hinauf begleitet. Nach der 2000-Meter-Linie bleibt jeglicher Pflanzenwuchs

zurück, über die Schrofenstufen der »Scalett delle Sasse« betreten wir das weite Hochkar Van delle Sasse. Im Rückblick schauen wir dem Torre Trieste (2458 m), dieser scheinbar im Aufblick von der Vazzoler-Hütte fast himmelhohen Steinsäule, auf das platte Dach. In dem von hohem Fels weitrandig umschlossenen Karkessel interessiert uns aber letztlich nur noch die von Wasser und Steinschlag blankgescheuerte, fast senkrechte Wandstufe, die von einer Scharte zu den Schotterkegeln im hintersten Karwinkel abbricht. Die Scharte ist der Ausstieg der Ferrata Tissi; den Einstieg am Felsfuß (ca. 2550 m) markieren drei große rote Farbtupfen. Über Schotter, Schnee und abschüssigen Fels steigen wir zu ihm hinauf. Die Ferrata Tissi überwindet diagonal von links nach rechts schwierigen bis sehr schwierigen Fels, der noch dazu durch ein eingelagertes Schneefeld darüber naß und vereist sein kann! Auf halber Wandhöhe verschwindet der Klettersteig hinter dem sekundären Turm des Campanile Psaro und

kommt nach ihm zur Schlüsselstelle, einer äußerst gewagten, abdrängenden Passage – nur noch mit Eisenstiften unter den Füßen! Wer Sicherheit, einiges Kletterkönnen, dazu Mut und Gewandtheit mitbringt, der wird bei trockenem Fels sehr schnell oben an der Felsrampe sein, die den Ausstieg (ca. 2850 m) ankündigt. 100 Meter höher stoppt auf dem Pian delle Tenda die kleine Torrani-Hütte vorerst den Gipfelsturm. Der letzte Weg zur 3220 Meter hohen Civetta ist eine Konditionssache – steile Schotterhänge über noch 200 Höhenmeter –, aber wer möchte nicht am Gipfel stehen?

Die Ferrata Tissi fordert vom Einstieg bis zum Ausstieg (im Bild) über eine Differenz von etwa 300 Höhenmeter den geübten, sicheren Klettersteiggeher. ▷

Ausgesetzte Klammernreihe im unteren Drittel des Tissi-Klettersteiges.

Tourensteckbrief

Ausgangsort
Palafavera 1520 m – Casera di Pioda 1892 m; oder Listolade 701 m im Agordino (Hauptstraße Alleghe–Agordo), für direkten Anstieg zum Rifugio Vazzoler.

Die Tour in Stichworten
Rif. Coldai 2135 m (siehe Tour 55) – Rif. Vazzoler 1714 m **oder** Listolade 701 m an der Straße Alleghe-Agordo – Rif. Vazzoler – Van delle Sasse 2450 m – Ferrata Tissi – Rif. Torrani 2984 m – Monte Civetta 3220 m.

Schwierigkeit: IV = sehr schwierig
Exponierter, aber kurzer Klettersteig im Civetta-Südanstieg mit sehr langem Zugang. Mit Klammern, Stiften und Drahtseilen gut gesichert. In der Civetta-Überschreitung als Abstiegsroute vorteilhaft.
Zugang: Ab Rif. Coldai auf Dolomiten-Höhenweg ⚠ zum Rif. Vazzoler. Von der Hütte kurzer Abstieg, dann steiler, südseitiger Steig, mark., zum Hochkar Van delle Sasse, über steile Schotter- und Schneekegel zum Einstieg ca. 2550 m bei drei roten Punkten.
Klettersteig: Im steilen Sockelfels mit Drahtseilen aufwärts; die Route läuft in einer Diagonalen nach rechts sehr ausgesetzt höher zum markanten Campanile Psaro (Klammern!), schlüpft hinter ihm durch, kurzer Abstieg, und in einer Rinne hinauf zur Schlüsselstelle, einer abdrängenden Wandpassage. Über steile Ausstiegsfelsen in ein Schotter- und Schneekar und zur nahen Torrani-Hütte auf dem Pian delle Tenda. Über Schotter und Schrofen steil zum Gipfel.

Höchste Wegestelle/Gipfel
Rif. Torrani 2984 m, Monte Civetta 3220 m.

Anstiegsleistung
Ab Rif. Vazzoler zum Rif. Torrani 1200 Höhenmeter, davon Klettersteig 300 Höhenmeter.

Abstieg
Wie Anstieg; oder auf dem Tivan-Weg zur Coldai-Hütte siehe Tour 55.

Gehzeiten
Rif. Coldai 2135 m – Rif. Vazzoler 1714 m: 3½ Std.; oder Listolade Auffahrt Parkplatz Cap. Trieste 1135 m (4 km) – Rif. Vazzoler: 1½ Std. – Van delle Sasse – Einstieg Klettersteig 2550 m: 2½ Std. – Ferrata Tissi – Rif. Torrani 2984 m: 1½ Std. – Mt. Civetta 3220 m: 1 Std.
Abstieg: Rif. Torrani: ½ Std. – Rif. Vazzoler: 3½ Std. oder Rif. Coldai: 3½ Std.
Gesamtgehzeit: 9 Std. ab Rif. Vazzoler.

Hütten/Stützpunkte
Rifugio Coldai 2135 m, siehe Tour 55.
Rifugio Torrani 2984 m, siehe Tour 55.
Rifugio Tissi 2250 m, CAI-Sektion Belluno, am Weg Rif. Coldai – Rif. Vazzoler, 40 Betten/Matr., bew. Mitte Juni–Ende Sept.
Rifugio Vazzoler 1714 m, CAI-Sektion Coneglano, 75 Betten/Matr., bew. Mitte Juni–Ende Sept.

Landkarten
Siehe Tour 55.

57 Ferrata Costantini

Cresta delle Masenade 2740 m
Moiazza-Sud 2878 m

Der Dolomiten-Supersteig

besonders schwierig

Mit der Moiazza-Gruppe erhält die Civetta noch ein interessantes Anhängsel im Süden, auch wenn dort kein Gipfel die 3000er Linie erreicht. An der Forcella della Moiazzetta (2476 m) erfolgt die Trennung vom Civetta-Massiv, der Moiazza-Kammzug erhebt den 2865 Meter hohen Monte Moiazza als Hauptgipfel, als höchsten Punkt die Moiazza-Sud, 2878 m, und verbirgt in seinem Schwung nach Osten zur Cresta delle Masenade, 2740 m, einen ungewöhnlichen Klettersteig, die Ferrata Costantini.

Im Vergleich der Dolomiten-Klettersteige untereinander gebührt die Krone unbestritten der *Via ferrata Gianni Costantini*. Die Experten sind sich einig: Dieser Klettersteig, eingerichtet im Jahre 1974 von der CAI-Sektion Agordina, übertrifft die bisher bekannten Dolomiten-Eisenwege! Die Ferrata Costantini vereinigt alle Vorzüge, die andere Klettersteige im einzelnen auszeichnen: schneller, problemloser Zugang, südseitiger Routenverlauf in festem Fels zu zwei hohen Gipfeln, Gehgelände auf Bändern, wie wir sie in dieser Schönheit nur noch in der Brenta antreffen, und Sicherungen, die beispielhaft genannt werden müssen. Die Anstiegsleistung, 1000 Höhenmeter im Steilfels, und auch der Abstieg, ein Klettersteig für sich, fordern Klettertechnik, Kraft und Bergerfahrung, dazu erhebliche Ausdauer, denn auch von der Länge her übertrifft der Costantini-Steig alle anderen Eisenwege. Die Anfahrt von Norden läuft entweder durch das Cordevoletal über Alleghe-Agordo oder über den Staulanza-Paß (1773 m) in das Hoch-Zoldano und hinauf zum Duran-Paß. Die Paßhöhe (1601 m) schmückt ein grüner Wiesenplan, im Nordwesten erhebt sich die Moiazza-, im Südosten die Tamer-Gruppe. Im Dolomiten-Höhenweg ⚠ ist der Duran-Paß eine wichtige Station. Die CAI-Sektion Agordina reaktivierte deshalb das kleine, lange Zeit geschlossene Rifugio Tomè, ein rühriger Privatunternehmer erstellte das komfortable Rifugio San Sebastiano. Nur eine

Gehstunde entfernt, am Südsockel der Moiazza, steht auf der Höhe von 1834 Meter das Rifugio Carestiato.

Im Aufblick von der kleinen Carestiato-Hütte bewundern wir den Rundbogen senkrechter Wände. Sie formen über einer schrägen, riesigen, latschenbewachsenen Felsrampe die Cima Cattedrale (2557 m); in der Felskulisse hinter ihr, nicht einzusehen, erhebt sich der primäre Gipfel, die 2740 Meter hohe Cresta delle Masenade. Im Südflügel der Moiazza-Gruppe ist die Masenade-Gratschneide der zweithöchste Punkt, nur die Moiazza-Sud, die Südliche Moiazzaspitze, ragt darüber hinaus. Im Aufstieg zur Cresta delle Masenade – Höhendifferenz 900 Meter ab Hütte – liegen die Hauptschwierigkeiten der Ferrata Costantini, wenngleich die Cresta (= Schneide) nur knapp die Hälfte der gesamten Gehzeit markiert. Wenige Minuten von der Hütte entfernt verkündet eine Tafel den Einstieg. Die Route zieht aus dem Latschenwald fast senkrecht hoch und verlangt sofort vollen Einsatz. Glatter Stein, wenige Tritte – nur ein Drahtseil sichert den exponierten Quergang, der die Eintrittskarte in die graue Felsrampe vergibt, die zur Südwand der Cima Cattedrale aufschließt. Die Querung läuft nach links. Von straff fixierten Seillängen geführt, zieht der Klettersteig in leichterem Gelände höher, benützt Latschenbalkone, geht durch steile Rinnen und hält an einer kleinen, grasigen Kanzel beim letzten Baum, einer Lärche. Nach 200 Höhenmetern bietet sich hier ein idealer Rastplatz mit Tiefblick auf das Dach der Carestiato-Hütte. Die absolute Schlüsselstelle (ca. 2130 m) folgt wenig später in der Fallinie der Cima Cattedrale in einem U-förmigen Felsausbruch. Wir stehen vor einer senkrechten Wand, die auch einem extremen Kletterer ohne das schräg nach oben gespannte Drahtseil kaum eine Chance gäbe. Mut, Vertrauen in das eigene Können, die Selbstsicherung mit zwei eingehängten Karabinern und Armkraft – alles muß zusammenhelfen, damit diese 10-Meter-Passage gelingt. Ein Aufatmen ist jedoch zu früh: Überhängender Fels, nur durch wenige Klammern erleichtert, fordert noch einmal den ganzen Einsatz. Auf der Schotterterrasse »Pala del Belia« (2295 m) stellen wir fest, daß wir nach 2 Stunden Gehzeit noch immer fast 500 Höhenmeter zur Cresta delle Masenade vor uns haben!

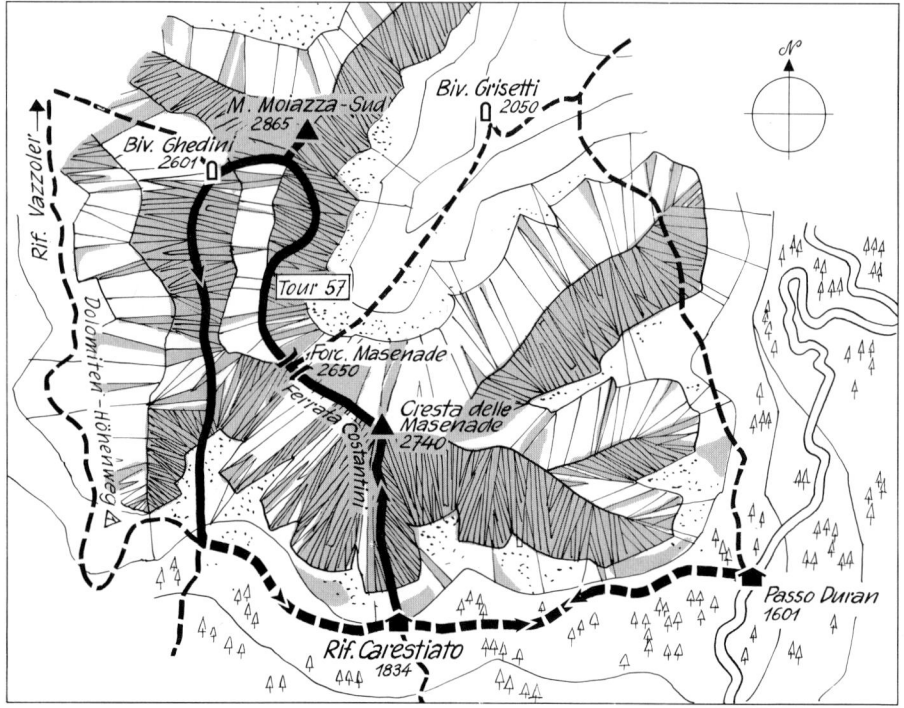

Die Schlüsselstelle der Ferrata Costantini. Nur ein Drahtseil an senkrechter Wand, fast ohne Tritte, sichert diese Passage.

Bis zur nächsten Zwischenstation »Cima Cattedrale« übt die Ferrata keine Nachsicht. Auch im Schlußanstieg zur Cresta Masenade bleiben Reiz und Anspruch dieser Steiganlage, aber auch die Anstrengung erhalten.

Am Gipfelgrat der Cresta delle Masenade erreicht die Ferrata Costantini ihren höchsten Punkt; eine ausgedehnte Gratsenke verbindet die Cresta mit der Moiazza-Sud im Nordwesten. Unsere Route bleibt am Grat und berührt die Forcella Masenade (2650 m, Abstiegsmöglichkeit zum sichtbaren Biwak Grisetti, 2050 m, und zum Duran-Paß). Nach kurzem Quergang klettern wir über eine hohe Felsformation hinauf zur Südostschulter der Moiazza-Sud. An der Schulter (ca. 2730 m) müssen wir entscheiden, ob wir uns die markierte und mit Drahtseilen gesicherte Stichtour zum 2878 Meter hohen Gipfel noch leisten können. Die Zeit, das Wetter und auch die Kondition plädieren vielleicht dagegen, denn die Ferrata ist noch lang. Nach dieser Abzweigung entfaltet die Cengia Angelini (2784 m) höchsten landschaftlichen Dolomitenreiz. Das »Engelsband« erschließt einen fast horizontalen, sehr ausgesetzten, aber gut gesicherten »Weg« durch eine großzügige Wandbucht, wie er schöner nicht sein könnte. Der herrlich freie Ausblick nach Westen, zur Pala, ermuntert uns; der scharfe Wegeknick an einer vorspringenden Felsnase am Ende des Bandes zeigt uns die Civetta, das Hochkar Van delle Sasse, die Ferrata Tissi und die Torrani-Hütte.

Der Costantini-Klettersteig verläßt den Wandfels, durch ein Schotter- und Schneekar laufen wir hinunter zur Forcella delle Nevere mit dem Bivacco Ghedini (2601 m). In diesem stabilen und gut eingerichteten Holzhäuschen kann ein Wettersturz seine Schrecken verlieren, wogegen er im folgenden, steilen Felsabstieg in die »Lavina dei Cantoi« sehr gefährlich sein kann. Auf der rechten Seite der tief eingeschnittenen Plattenschlucht leiten Drahtseile von Felsstufe zu Felsstufe abwärts – 800 Höhenmeter sind schier unendlich lang und anstrengend, fordern Aufmerksamkeit und Trittsicherheit! Vom Biwak führt jedoch auch eine markierte Route entgegengesetzt nach Norden und erreicht ohne besondere Schwierigkeiten, schon unter der 2000er Linie, die Verbindung Rifugio Vazzoler (1714 m) – Ferrata Tissi.

Am Auslauf einer Schotterreise fängt der Dolomiten-Höhenweg ⚠, der von der Vazzoler-Hütte herüberkommt, die Ferrata Costantini auf und führt uns zurück zum Rifugio Carestiato.

Ausgangsort
Duran-Paß 1601 m.

Die Tour in Stichworten
Duran-Paß 1601 m – Rif. Carestiato 1834 m –
Ferrata Costantini – Cresta delle Masenade
2740 m – Forc. delle Nevere, Biv. Ghedini
2601 m – Rif. Carestiato.

Schwierigkeit: V = besonders schwierig
Dieser Klettersteig stellt höchste Anforderungen an Bergerfahrung, Kraft und Ausdauer.
Klettertechnik notwendig. Routenverlauf in
südwestseitigem Fels; gute Drahtseilsicherung,
nur wenige Klammern und Stifte.
Zugang: Vom Duran-Paß mark. Wanderweg
zum Rif. Carestiato, in wenigen Min. zum Einstieg ca. 1900 m.
Klettersteig: Sehr steiler, latschenbewachsener,
fester Fels, nur ein straff gespanntes Drahtseil
sichert durch die riesige, schräge Felsrampe,
über einige Absätze, hinauf zur Schlüsselstelle,
ca. 2130 m, einer 10-m-Querung in senkrechter,
glatter Wand. Es folgt ein mit Klammern gesicherter Überhang, ein Kamin und der Ausstieg
auf die Schotterterrasse »Pala del Belia«,
2295 m. Weiterhin sehr steil, unterbrochen von
kurzem Gehgelände, hinauf zur Cima Cattedrale 2557 m und zum Gipfelgrat der Cresta delle
Masenade 2740 m. Am NW-Verlauf des Grates
hinab zur Forc. Masenade 2650 m (wenig vorher Abstiegsmöglichkeit nach Norden zum
sichtbaren Biv. Grisetti 2050 m und zum Duran-
Paß). Steilanstieg zur Moiazza-SO-Schulter
2730 m, hier Abzweigung der mark. und gesicherten Gipfelroute zur Moiazza-Sud 2878 m
(½ Std.). Von der Schulter nach links zur »Cengia Angelini« 2784 m und auf dem fast horizontalen Felsband hinaus zu einem Absatz, hinab
zum Biv. Ghedini 2601 m an der Forc. delle Nevere. (Abstieg zum Rif. Vazzoler möglich,
mark.). Die Ferrata führt nach Süden, durch die
Steilschlucht »Lavina dei Cantoi« über plattigen Fels, drahtseilgesichert, über 800 (!) Höhenmeter hinab zur Einmündung in den Dolomiten-Höhenweg ⚠. Auf ihm zurück zum Rif.
Carestiato.

Höchste Wegestelle/Gipfel
Cresta delle Masenade 2740 m, Moiazza-Sud
2878 m, Cengia Angelini 2784 m.

Anstiegsleistung
Ab Duran-Paß 1300 Höhenmeter, davon Klettersteig 1000 Höhenmeter nur im Anstieg.

Abstieg
Siehe Tourenverlauf.

Gehzeiten
Duran-Paß 1601 m – Rif. Carestiato 1834 m:
1 Std. – Einstieg Klettersteig 1900 m: 10 Min.;
Ferrata Costantini: Cresta delle Masenade
2740 m: 3½ Std. – Forc. Nevere, Bivacco Ghedini 2601 m: 2 Std.
Abstieg: »Lavina dei Cantoi« – Dolomiten-Höhenweg 1 ca. 1850 m: 1½ Std. – Rif. Carestiato
1834 m: 1 Std.
Gesamtgehzeit: 8 Std. ab Rif. Carestiato.

Hütten/Stützpunkte
Rifugio Carestiato 1834 m, CAI-Sektion Agordina, 36 Betten/Matr., bew. Ende Juni–Ende
Sept.
Bivacco Ghedini 2601 m, gut ausgestattete Holzhütte, ständig geöffnete Notunterkunft.
Rifugio Tomè 1601 m am Duran-Paß, CAI-Sektion Agordina, 12 Matr., Ende Juni–Ende Sept.
Rifugio San Sebastiano 1600 m am Duran-Paß,
privat, Hotel-Pension, ganzjährig geöffnet.

Landkarten
Kompass-Wanderkarte 1:50 000, Blatt 77 »Alpi
Bellunesi«.

*Sofort nach der Schlüsselstelle des Costantini-
Klettersteiges brauchen wir zur Meisterung
dieser überhängenden Wandstelle nochmals
Kraft und Geschick.*

◁ *Der Einstieg zur Ferrata Costantini legt es darauf an, unerfahrene und zu wenig geübte Bergsteiger von einer Begehung abzuhalten. Sehr
steil und ausgesetzt führt die Drahtseilsicherung in die latschenbewachsene untere Wandzone.*

58 Ferrata Zacchi
59 Ferrata Berti
Monte Schiara
2565 m

Hohe Anforderung in der Südwand des Monte Schiara

sehr schwierig

Die Gusela del Vescova, diese freistehende, etwa 40 Meter hohe Felsensäule, ist ein seltsames Naturwunder der Schiara.

Die Schiara-Gruppe am Südrand der Dolomiten mit Blick zu »ihrer« Stadt, nach Belluno, war bis in die fünfziger Jahre unseres Jahrhunderts kaum bekannt. Der aufblühende Tourismus, die Ära der Klettersteige und der Höhenwege entdeckten jedoch sehr bald auch die Schiara. In den Jahren 1952–1966 entstanden vier Klettersteige, auch der Dolomiten-Höhenweg ⚠ schneidet vor seinem Auslauf in Belluno seit 1966 die Schiara. Die »Vie ferrate« und die »Alta via Dolomiti« laufen im Zentrum der Schiara, im Pis Pilon, in einem Knotenpunkt zusammen. Dort hält das Rifugio 7° Alpini (1498 m), kurz Alpini-Hütte genannt, alle Fäden in der Hand. Der Talzugang kommt von Belluno über die Ortschaft Bolzano-Bellunese zum Parkplatz an der Case Bortot (700 m). Eine Panorama-Tafel stellt die »Gruppo della Schiara« vor: Die Alpini-Hütte, den Weg zu ihr durch das romantische Tal des Torrente Ardo, die Lage der einzelnen Biwakschachteln und den Routenverlauf der Klettersteige. Die Erwartung, die diese Tafel in uns weckt, tragen wir hinauf zum Rifugio 7° Alpini.

Via ferrata Luigi Zacchi

Die bekannteste und von den Klettersteiggehern am meisten begehrte Ferrata trägt den Namen des Colonel Luigi Zacchi. Seine Belluneser Alpini-Soldaten leisteten die Pionierarbeit und richteten 1952 diesen ersten Schiara-Klettersteig ein. Die Route kann von der Alpini-Hütte gut eingesehen werden: Im Sockel des Monte Schiara zeigt ein gut erkennbarer schwarzer, portalähnlicher Felsausbruch, der »Porton«, den Einstieg. In steiler Diagonale quert die Ferrata Zacchi die Pfeilerköpfe der Südwestformation nach links, hinaus zur Einscharung der Forcella della Gusela. Der Zacchi-Steig überwindet eine Höhendifferenz von etwa 500 Meter und erhebt den Anspruch, der schwierigste, aber auch der schönste aller Schiara-Klettersteige zu sein.

Das Bild zeigt die helle Ostwand und die gegliederten Südabstürze des Monte Schiara. Die Ferrata Zacchi zieht vom Schneefeld rechts unten eine Diagonale nach links hinauf zu dem Einschnitt an der Gusela.

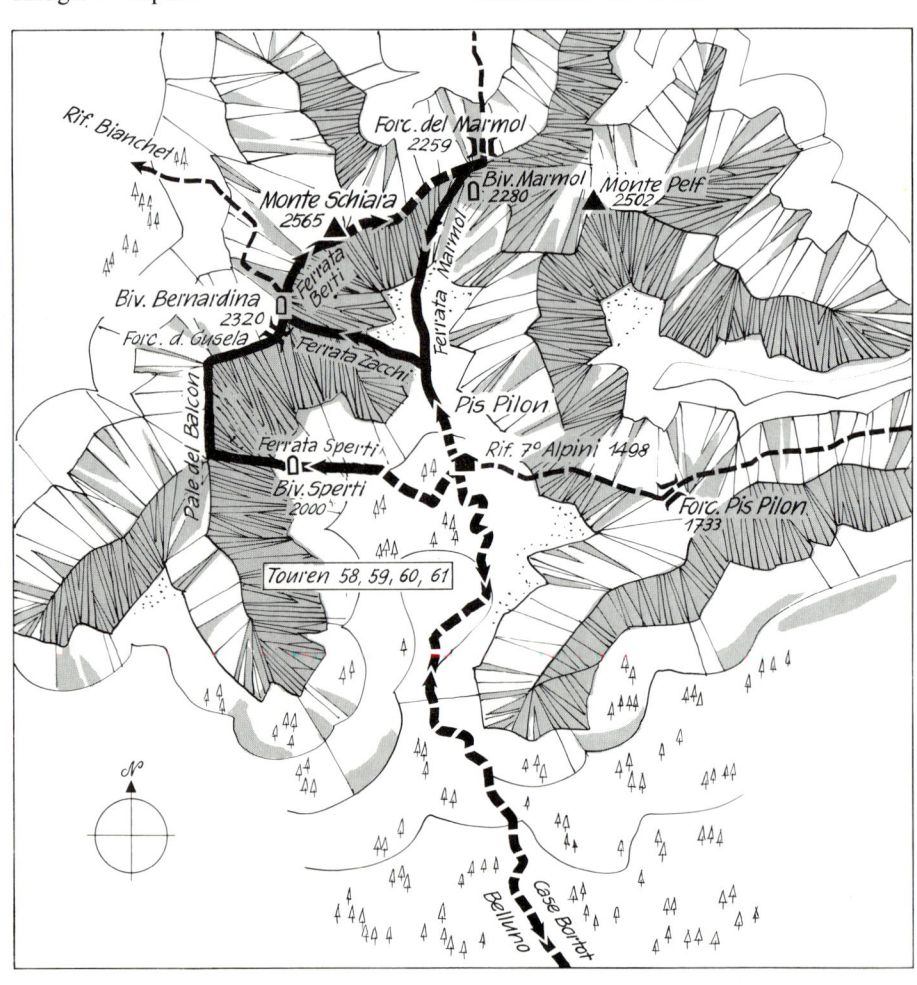

Über Bergwiesen gehen wir hinauf zum Porton; mit der Ferrata Zacchi beginnt hier auch die Ferrata Marmol. Am Einstieg warnt das Schild:

»Achtung: Gesicherte Klettersteige sind immer gefährlich und können jederzeit wegen Abnützung der Seile und Lockerung der Haken unsicher werden. Da es sich um richtige alpinistische Wege handelt, ist geeignete Ausrüstung und gute Klettergewandtheit erforderlich!«

Die Gefahren der Klettersteige sollte niemand unterschätzen. Der Zacchi-Steig verlangt die Vertrautheit mit dem Steilfels, und so ist es selbstverständlich, diese Tour mit vollständiger Ausrüstung anzutreten. Leitern und Drahtseile führen in eine Schlucht, 100 Meter höher steigen wir über dem Porton auf einer Latschenterrasse aus und entlassen den Marmol-Steig nach rechts. Der Zacchi-Steig zieht in gut gestuftem, aber steilem Fels höher und schlüpft durch einen senkrechten 15-Meter-Kamin zum Ausstieg auf die nächste Terrasse. Die Ferrata springt von Pfeilerkopf zu Pfeilerkopf. Der Fels bleibt interessant, er fordert Zupacken und gewandtes Steigen, denn die Erbauer beließen der Route, wo sie es verantworten konnten, die ursprüngliche Natürlichkeit – es ist also immer wieder freies Klettern erforderlich! Im Anschluß zur direkten Südwand klettern wir in der Gipfelfallinie durch die »Zona difficile« (= schwierig). Nach dieser Feuerprobe an sehr ausgesetztem Wandfels betreten wir das anfangs breite begrünte Zacchi-Band und überlisten es, zuletzt fast auf Zehenspitzen entlang gut verankerter Hangelschienen, zum Ausstieg vor dem Bivacco Bernardina (2320 m).

Via ferrata Antonio Berti

Im Jahre 1959 erstellte die CAI-Sektion Belluno in der Monte-Schiara-Westflanke knapp über der Forcella Gusela (2250 m) das Bivacco Ugo Dalla Bernardina. Der Entschluß, vom 2320 Meter hohen Biwak-Standort eine Ferrata zum Gipfel einzurichten, war die logische Fortsetzung der von den Alpini-Soldaten eingeleiteten neuen Erschließung – vom Biwak 200 Höhenmeter zum Monte Schiara! Auch wenn die Rast nahe der Felsnadel »Gusela del Vescova« noch so schön ist, der Versuchung und dem Schild *»Via ferrata A. Berti – Cima M. Schiara – ore 1«* kann kaum ein Bergsteiger widerstehen, wenn das Wetter und auch die sonstigen Verhältnisse gut sind. Markierungen weisen die etwas verwickelte Route zuerst im Schutze mächtiger Felsdächer zu einer kurzen, fast überhängenden Leiter. Aus ei-

nem engen Felsspalt steigen wir in einer nordwestlichen Schotterrinne höher zu einer Scharte, folgen den Markierungen nach rechts und den Drahtseilen hinauf zum Ansatz des luftigen, freien Westgrates. Gute Sicherungen – Leitern, Klammern und Drahtseile – entschärfen den schmalen und steilen Gratverlauf, der in einem Geröllrücken ausläuft, auf dem wir dem höchsten Punkt zugehen. Das hohe eiserne Gipfelkreuz steht etwas tiefer nach Süden zu vorgesetzt, ein Stein gibt die Höhe des Monte Schiara mit 2563 Meter an. »Nicht besonders hoch«, wird ein auf Dolomiten-Dreitausender erpichter Bergsteiger vielleicht bemerken, aber was für eine Aussicht!

Der Monte Schiara beherrscht mit seinem Nachbarn, dem nur wenig niedrigeren Monte Pelf (2502 m), unangefochten den südöstlichen Dolomitenraum. Die hohen Berge aber ragen alle im Norden auf, bei

Auf der Ferrata Berti im Schlußanstieg zum Monte Schiara. Drahtseile, kleine Leitern und Klammern sichern die teilweise sehr ausgesetzte Routenführung am schmalen Grat.

klarer Sicht deutlich zu bestimmen. Leider wird die Schiara häufig von einem Wettergeschehen beeinflußt, das die Gipfelschau trübt. Der nach Süden geöffnete Schiara-Felsenring bildet eine Staulage, in der am Vormittag schon Wolken den Berg einhüllen – ein sehr früher Anstieg an einem klaren Morgen kann das große Bergerlebnis der Schiara-Tage sein!

Schon im Jahre 1878 kam als erster Tourist der Münchner Bergsteiger Gottfried Merzbacher über die Marmolscharte, den Vorgipfel und den Ostgrat zum Monte Schiara – ob ihm wohl die erwartete Schau zuteil wurde?

Tourensteckbrief

Ausgangsort
Parkplatz Case Bortot 700 m bei Belluno (Anfahrt über Bolzano–Bellunese).

Die Tour in Stichworten
Belluno 379 m – Parkplatz Bortot 700 m – Rif. 7° Alpini 1498 m – Ferrata Zacchi – Biv. Bernardina 2320 m – Ferrata Berti – Monte Schiara 2565 m.

Schwierigkeit: IV = sehr schwierig
Beliebte Klettersteig-Kombination zum Monte Schiara. Sehr steiler, ausgesetzter, südwestseitiger Routenverlauf, an schwierigen Stellen mit Drahtseilen, Leitern, Klammern gut gesichert.
Zugang: Von Case Bortot nach Mark. 501 zum Rif. 7° Alpini und auf Steig zum Einstieg am »Porton« ca. 1780 m.
Ferrata Zacchi: Mit Drahtseilsicherung nach rechts in eine Schlucht, mit Leitern höher zu dem Latschenbalkon über dem Porton ca. 1870 m (Abzweigung der Ferrata Marmol). Die Ferrata Zacchi zieht eine Diagonale nach links, überwindet einen senkrechten Kamin und erreicht über mehrere begrünte Pfeilerköpfe den Anschluß zur »Zona difficile« in der Südwand. Sehr steil hinauf zum Zacchi-Band, Stahlschienen, zum Ausstieg am Biv. Bernardina.
Ferrata Berti: Vom Biwak nach Mark. in die Schiara-Westflanke. Ein Überhang mit Leiter führt in verwickeltem, mäßig steilem Fels über eine ausgesetzte, mit Drahtseilen, Leitern, Klammern gesicherte Gratrippe zu einem Geröllrücken und zum Gipfel des Monte Schiara.

Höchste Wegestelle/Gipfel
Biv. Bernardina 2320 m, Mt. Schiara 2565 m.

Anstiegsleistung
Ab Case Bortot 1900 Höhenmeter, davon Ferrata Zacchi 500, Berti 200 Höhenmeter.

Abstieg
Wie Anstieg; oder auf der Ferrata Marmol siehe Tour 61; oder auf der Ferrata Sperti siehe Tour 60.

Gehzeiten
Parkplatz Case Bortot 700 m – Rif. 7° Alpini 1498 m: 2½ Std. – Einstieg Klettersteig 1780 m: ½ Std. – Ferrata Zacchi – Biv. Bernardina 2320 m: 2½ Std. – Ferrata Berti – Mt. Schiara 2565 m: 1 Std.
Abstieg: Wie Anstieg: 3½ Std., Ferrata Marmol: 3½ Std., Ferrata Sperti: 4½ Std.
Gesamtgehzeit: 7½–8½ Std. ab. Rif. Alpini.

Hütten/Stützpunkte
Rif. 7° Alpini 1498 m, *Biv. Bernardina* 2320 m siehe Tour 60.

Landkarten
Siehe Tour 60.

Im unteren Drittel der Ferrata Zacchi. Dieser Klettersteig ist anspruchsvoll, aber der feste Dolomitfels und die gute Sicherung stempeln ihn für den sicheren Geher zu einer Genußtour.

Schiara-Gruppe

60 Ferrata Sperti
Pale del Balcon
2356 m

Ein abenteuerlicher Felsenweg

schwierig

Die Überlegung, wie man von der Alpini-Hütte aus alle vier Schiara-Klettersteige am besten zusammenknüpfen könnte, zeigt sehr schnell, daß mindestens ein Steig zweimal begangen werden muß. Wir stehen – im Anstieg über den Zacchi- und den Berti-Steig – auf dem Monte Schiara in 2565 Meter Höhe und überlegen die möglichen Abstiege: Der Gipfel bietet die Überschreitung auf dem gut gangbaren Ostgrat zur Anticima (= östlicher Vorgipfel, 2506 m) und den Rückweg auf der Ferrata Marmol zur Alpini-Hütte an. Nach dieser Supertour bleibt nur noch die Ferrata Sperti übrig, die wir, wollen wir wieder zur Alpini-Hütte zurück, am günstigsten mit der Ferrata Zacchi im Auf- oder Abstieg verbinden. Die Ferrata Sperti paßt jedoch für leistungsfähige Geher ebenfalls sehr gut in die Gipfeltour. Das bedeutet: Auf dem Berti-Steig zurück zum Biwak Bernardina und an der Forcella Gusela hinüber zur Ferrata Sperti mit Abstieg zur Alpini-Hütte. Die Entscheidung wird nicht zuletzt auch vom Wetter beeinflußt; der Rückweg auf dem Marmol-Steig ist kürzer und leichter als der Abstieg auf dem Berti- und dem Sperti-Steig.

In der Umschau von der Alpini-Hütte, aber auch aus den Klettersteigen Zacchi und Berti, bewundern wir den nahen, vielgipfeligen Felskamm der »Pale del Balcon«. Die enggestaffelten Felsspitzen der Pale bilden den Westbogen des Schiara-Ringes: Mit der Prima Pala (= Pala I, 2356 m) erreicht der Kamm seinen höchsten Punkt, der markante Nason (2385 m) ist das Zwischenglied zur eigenwilligen Felsnadel Gusela del Vescova (2316 m) vor der gleichnamigen Forcella. Inmitten der Pale-Felsenwildnis, in tiefen Schluchten, auf Bändern und in Steilrinnen versteckt sich die im Jahre 1963 gesicherte *Via ferrata Gianangelo Sperti*. Dieser Weg ist ein Abenteuer – wir sollten die Schiara nicht verlassen, ohne ihn erlebt zu haben! Als erste Station erreichen wir nach einer Anstiegszeit von etwa 1½ Stunden ab Alpini-Hütte (1498 m) auf der Höhe von 2000 Meter das Bivacco Sperti. 200 Meter tiefer, in den steilen, latschenbewachsenen

Felsschrofen des »Zoccolo« (= Vorbau) der Pale I und II beginnen bereits die Drahtseilsicherungen des Klettersteiges. Aber erst an der Grasterrasse der Biwakschachtel ist der eigentliche Startplatz in das Abenteuer »Ferrata Sperti«. Im Wandsockel der Seconda Pala (= Pala II) gehen wir auf Schotterbändern durch Felsbuchten, queren eine Rinne und schleichen auf sehr schmaler Felsleiste hinüber zum Eingang der »Grande Gola«, der Großen Schlucht. In ihrem düsteren Grund, in der furchterregenden Bedrängnis überhängender Wände, suchen wir den Ausweg nach oben. Immer neue Felsstufen bauen sich vor uns auf, müssen – oftmals auch ohne Drahtseile – überwunden werden, ehe sich die Forcella Sperti 150 Meter höher als einziger Lichtblick zeigt. Markierungen weisen hinauf zu einer langen Leiter, die an der linken Schluchtwand den Übertritt auf ein schräges Felsband und damit den Ausstieg er-

Die Ferrata Sperti ist im Verbund der Schiara-Klettersteige eine etwas abseitige Route, die von eiligen Schiara-Besuchern deshalb vielleicht sogar vernachlässigt wird. Das viele Auf und Ab an den Pale del Balcon zwischen der Forcella Sperti und der Forcella della Gusela ist mühsam, aber in der Überschreitung kleiner Scharten (im Bild) recht abwechslungsreich.

Tourensteckbrief

Ausgangsort
Siehe Tour 58 und 59.

Die Tour in Stichworten
Rif. 7° Alpini 1498 m – Biv. Sperti 2000 m – Ferrata Sperti – Forc. della Gusela ca. 2280 m – Biv. Bernardina 2320 m.

Schwierigkeit: III = schwierig
Dieser Klettersteig steht im Schatten der anderen Schiara-Steige. Verwickelte Route durch eine südöstliche hohe Schlucht und südwestseitigem Gratfels; teilweise sehr steil, schwierige Passagen Drahtseilsicherung, Leitern.
Zugang: Vom Rif. 7° Alpini mark. Steig 504 zum Felssockel der Pale del Balcon.
Klettersteig: In Höhe von ca. 1800 m beginnt der drahtseilgesicherte Anstieg durch Steilrinnen und schrofigen, latschenbewachsenen Fels zum Biv. Sperti auf einer Grasterrasse. Ab Biwak nach Mark. über schmale, horizontale, teils ausgesetzte Felsbänder, durch Buchten und Rinnen zum Eingang einer tiefen und hohen Schlucht. Durch diesen Canalone hinauf zur

möglicht. In der breiten Forcella Sperti (auch Forcella Viel) befinden wir uns zwischen der Terza Pala (= Pala III) und der Seconda Pala auf einer Höhe von etwa 2250 Meter. Die Sperti-Steig quert nun, markiert und drahtseilgesichert, sehr abwechslungsreich auf hoher, nordwestseitiger Route knapp unter den Gipfeln der Pale II und I hinüber zum Nason. Für das langwierige Auf und Ab entschädigt der weite Ausblick in die nördliche Dolomitenwelt und der Anblick des Monte Schiara, dem wir immer näher kommen. Unsere Trasse schneidet den Nason auf einem südseitigen Band, wir stehen am Fuße der Gusela del Vescova und überlegen, wie wohl diese 40 Meter hohe, völlig freistehende Felssäule entstanden sein könnte! Am nahen Biwak Bernardina knüpft die Ferrata Sperti an den Berti- und den Zacchi-Steig. Von der Guselascharte weisen Markierungen den leichten Normalabstieg nach Norden, zum Rifugio Bianchet (1245 m) am Pian dei Gat. Bei Wetterbedrängnis könnte dieser Weg – vor dem sonst notwendigen Abstieg über die Ferrata Zacchi – der Notausgang sein.
Wer behaupten will, überall in der Schiara gewesen zu sein, muß auch die Bianchet-Hütte besucht haben. Dieses neue Schutzhaus hat aus dem Cordevole-Tal, vom Weiler Pinei (486 m), auf einer gesperrten Forststraße einen guten Zugang (2½ Std.) und eignet sich vorzüglich als Startplatz für eine großzügige Schiara-Rundtour. Der Anstieg zur Marmolscharte und von dort Abstieg auf dem Marmol-Klettersteig zur Alpini-Hütte könnte dazu ein vorteilhafter Auftakt sein.

Forc. Sperti 2250 m, Drahtseile, Leitern und Klammern sichern den sehr steilen Anstieg = schwierigster Abschnitt. Ab Scharte im Auf und Ab Querung der Pale del Balcon. In durchschnittlicher Höhe von ca. 2300 m über vier Scharten zum markanten Nason und auf seiner Südseite zur Forc. della Gusela, knapp darüber das Biv. Bernardina.

Höchste Wegestelle/Gipfel
Forc. Sperti 2250 m, Bivacco Bernardina 2320 m.

Anstiegsleistung
Ab Rif. 7° Alpini 900 Höhenmeter, davon Klettersteig 600 Höhenmeter.

Abstieg
Wie Anstieg; *oder* Ferrata Zacchi siehe Tour 58; **oder** nach Norden auf mark. Steig 503 zum Rif. Bianchet 1245 m, 2 Std.

Gehzeiten
Rif. 7° Alpini 1498 m – Einstieg Klettersteig ca. 1800 m – Biv. Sperti 2000 m: 1½ Std. – Ferrata Sperti – Forc. Sperti 2250 m – Forc. della Gusela 2280 m – Biv. Bernardina 2320 m: 3 Std.

Abstieg: Wie Anstieg: 4 Std. *oder* Ferrata Zacchi: 3 Std.
Gesamtgehzeit: 7½–8½ Std. ab Rif. 7° Alpini.

Hütten/Stützpunkte
Rifugio 7° Alpini 1498 m, CAI-Sektion Belluno, 41 Betten/Matr., bew. Anf. Juni–Ende Sept.
Bivacco Bernardina 2320 m,
Bivacco Sperti 2000 m, ständig geöffnete Notunterkünfte.
Rifugio Bianchet 1245 m, CAI-Sektion Belluno, 32 Betten/Matr., bew. Anf. Juni–Ende Sept.

Landkarten
Kompass-Wanderkarte 1:50000, Blatt 77 »Alpi Bellunesi«.

Tip
Lohnende Bergtour ab Rif. 7° Alpini: Besteigung des Monte Pelf, 2502 m (siehe auch Sepp Schnürer: »Hohe Routen Dolomiten«).

Leitern und Drahtseile sichern in der »Großen Schlucht« die Ferrata Sperti hinauf zur gleichnamigen Forcella.

Schiara-Gruppe

61 Ferrata Marmol

Bergab mit dem Dolomiten-Höhenweg ⚠

schwierig

Die *Via ferrata Marmol,* benannt nach der Forcella Marmol zwischen dem Monte Schiara und dem Monte Pelf, entstand im Jahre 1966 aus der Notwendigkeit heraus, die Trasse des Dolomiten-Höhenweges ⚠ im Schiara-Bereich zu verbessern. Jeder Höhenweg-Geher hat viele Stunden Marschzeit vom Rifugio Pramperet herüber oder den 1000-Meter-Anstieg vom Rifugio Bianchet herauf hinter sich, wenn er an der Marmolscharte (2262 m) ankommt und sich auf den Abstieg freut. Bis 1966 war das Bergab zur Alpini-Hütte (1498 m) nur in dem sehr steilen Geröll- und Eisschlauch eines »Canalone« (=Schlucht) möglich. Die Ferrata Marmol löste dieses unerfreuliche Schlußstück des Dolomiten-Höhenweges ab und

eröffnete in der Südostflanke des Monte Schiara eine neue, weniger gefährliche, interessante Route. Aber auch dieser »Weg« ist für Dolomitenwanderer ohne Klettersteigerfahrung, dazu meist mit schwerem Rucksack, oftmals eine harte Schlußprüfung vor der endgültigen Ankunft in Belluno. Im Zugang zur Schiara von Norden ermöglichen nur die Klettersteige Marmol, Zacchi und Sperti den Abstieg zur Alpini-Hütte im Pis Pilon, zum Zentrum des Schiara-Ringes. Auch für die Bergsteiger, die von der Alpini-Hütte aus am Monte Schiara unterwegs sind, ist es günstig, die Ferrata Marmol für den Abstieg zu planen – diese Beschreibung richtet sich deshalb danach aus.

Nach dem Übergang vom Monte Schiara zur Anticima (2506 m) mündet der Ostabstieg oberhalb der Marmolscharte, noch vor dem Bivacco (2280 m) in den Marmol-Steig. Die Position der Biwakschachtel gewährt einen hervorragenden Einblick in die Felsenarena des Schiara-Ringes. Die nahe, abweisend dunkle Mauer des Monte Pelf (2502 m) stellt die Ostkulisse hinaus zur Forcella Pis Pilon (1733 m), die Gipfelkette der Pale del Balcon vollendet den Westbogen hinab zur Forcella Oderz (1716 m). In Luftlinie sind beide Scharten nur 1½ Kilometer entfernt.

Von der Biwakschachtel – wir sehen 800 Meter tiefer die Alpini-Hütte – gehen wir über grasdurchsetzte Schrofen gegen die Südostabstürze des Monte Schiara. Im Hin und Her der Markierungen, die schmale, gangbare Felssimse aufzeigen, windet sich der Klettersteig diagonal nach rechts und stürzt – gesichert durch eine senkrechte Leiter – hinab in einen Schluchtgrund. Drahtseile entlang der Felsbänder an einem Pfeilervorbau führen zu den Leitern des nächsten, wiederum sehr steilen Schluchtabstieges. Aus dieser Enge inmitten grauer Felswände leitet ein schmales Band hinaus in die Freiheit der freundlichen Latschenterrasse (ca. 1850 m) über dem Porton. Die Ferrata Marmol trifft dort auf die Ferrata Zacchi. 100 Meter tiefer klettern wir aus der letzten Schlucht hinab zum Ausstieg (ca. 1750 m) am grünen Wiesenrand des Pis Pilon – der glücklichen Ankunft in der schmucken Alpini-Hütte steht nichts mehr im Wege.

Jeder Bergsteiger braucht fast 2½ Stunden Gehzeit vom Parkplatz an der Case Bortot durch die romantische Ardo-Schlucht zum Rifugio 7° Alpini im Pis Pilon, inmitten des Schiara-Felsenringes.

Tourensteckbrief

Ausgangsort
Siehe Tour 58, 59 und 60.

Die Tour in Stichworten
Monte Schiara 2565 m – Ostgipfel (Anticima) 2506 m – Biv. Marmol 2280 m – Ferrata Marmol – Ausstieg ca. 1780 m – Rif. 7° Alpini 1498 m.

Schwierigkeit: III = schwierig
Die Ferrata Marmol wird zumeist im Abstieg begangen, entweder auf dem Dolomiten-Höhenweg △ oder in Überschreitung des Mt. Schiara, deshalb Beschreibung in Abstiegsrichtung. Teils sehr steile, aber mit Absätzen gestufte, südseitige Felsroute; an schwierigen Passagen Drahtseilsicherung und Leitern.
Zugang: Zum Rif. 7° Alpini und zum Mt. Schiara siehe Touren 58/59/60. Ab Mt. Schiara auf schmalem, gut begehbarem Grat zum Ostgipfel und nach Steigspuren und Mark. in der Ostflanke hinab zur Einmündung in den Dolomiten-Höhenweg △ und über eine gesicherte Steilstufe zum Biv. Marmol.
Klettersteig: Vom Biwak auf deutlichem Steig nach rechts zur steilen, schrofigen Südflanke, an schwierigen Stellen Drahtseile und Leitern und im Abstieg in eine Schlucht. Jenseits hinauf und auf Felsbändern und über Absätze zum nächsten Schluchtabstieg. Aus der Schlucht auf einem Band hinaus zum Treffpunkt mit der Ferrata Zacchi auf der Latschenterrasse über dem »Porton« 1870 m. Über den steilen Wandvorbau mit Drahtseilen und Leitern hinab zum Ausstieg 1780 m.

Höchste Wegestelle/Gipfel
Bivacco Marmol 2280 m.

Anstiegsleistung
Im Abstieg 800 Höhenmeter ab Biv. Marmol.

Abstieg
Siehe Tourenverlauf.

Gehzeiten
Zum Monte Schiara siehe Tour 58 und 59.
Abstieg: Mt. Schiara 2565 m – Ostgipfel 2506 m – Biv. Marmol 2280 m: 1 Std. – Ferrata Marmol – Ausstieg ca. 1780 m: 2 Std. – Rif. 7° Alpini 1498 m: ½ Std.
Gesamtgehzeit: 3½ Std. ab Monte Schiara.

Hütten/Stützpunkte
Bivacco Marmol 2280 m, ständig geöffnete Notunterkunft.

Landkarten
Siehe Tour 60.

Rifugio 7° Alpini 1498 m, CAI-Sektion Belluno, 41 Betten/Matr., bew. Anf. Juni–Ende Sept.

Rifugio Bianchet 1245 m, CAI-Sektion Belluno, 32 Betten/Matr., bew. Anf. Juni–Ende Sept.

Im Dolomiten-Höhenweg △ verbindet die Ferrata Marmol die Forcella Marmol mit dem Rifugio 7° Alpini. In einer Diagonale schneidet der Marmol-Steig den sehr abschüssigen Fels der Südostabstürze des Monte Schiara.

Mendelkamm Gardasee- berge

Die alpine Geografie benennt den ausge- dehnten Mittelgebirgszug rechts der Etsch vom Bozner Becken abwärts zur Talwei- tung von Mezzocorona und Mezzolom- bardo als Mendelkamm. Dieser etwa 35 Kilometer lange, aus Kalkgestein auf- gebaute Gebirgszug beginnt am Gantko- fel, erhebt noch vor dem Mendelpaß den Penegal, nach ihm den Monte Roèn und läuft am Pont Alt aus. Zum Etschtal profi- liert der Mendelkamm eine buchtenrei- che, durch Steilschluchten aufgerissene, teils senkrechte Felsfront. Diese attraktive Formation rechtfertigt sehr gut den Na- men »Etschbuchtgebirge«, eine Bezeich- nung, die früher einmal geläufig war, aber heute fast vergessen ist. Die Gipfelhöhen schwanken zwischen 1600 und 1900 Me- ter, nur der Monte Roèn durchstößt die 2000-Meter-Grenze. Die Höhendifferenz aus dem Etschtal zu den Kammhöhen be- trägt in jedem Falle über 1500 Meter! Das Mendelgebirge ist deshalb auch bergstei- gerisch interessant, und viele Südtirol- freunde verbinden einen Aufenthalt im Bozner Unterland mit den Klettersteigen zur Roènspitze, zum Fennberg und mit dem Burrone-Steig bei Mezzocorona.

Auch nach der Einmündung des Torrente Noce von Mezzocorona die Etsch abwärts nach Trient bleibt der Charakter des Berg- zuges zur Rechten dem Mendelkamm ähnlich. Bei der Paganella und am Monte Bondone registrieren wir über 2000 Meter Höhe! In dieser Differenz liegt die alte Bischofsstadt Trient unter uns, wenn wir nach dem Anstieg auf der Attrezzata De- gasperi vom il Palon hinab in das Etschtal schauen.

Von dieser berühmten Aussichtsplattform am Monte Bondone übersehen wir die Gardaseeberge. In dem milden, schon me- diterranen Klima dieser Bergwelt sind die Klettersteige Via del Amicizia bei Riva, der Mori-Steig am Monte Albano und die Attrezzata Pisetta bei Sarche schon zeitig im Frühjahr und noch spät im Herbst das Ziel der Klettersteigfreunde.

Das Etschtal zur Salurner Klause. Links Salurn, am rechten Bildrand die bewaldete, ebene Hochfläche des Fennberges. Am Horizont die Gipfelkette der Brenta.

62 Klettersteig Roènspitze 2116 m

2000 Meter über dem Bozner Unterland

wenig schwierig

Der zum Etschtal hin so vorteilhaft mit Steilfels profilierte Mendelkamm trägt nach Westen dichte Wälder und sonnige Almmatten in sanften Wellen hinab ins Val di Non, das frühere österreichische Nonsberg. Der Mendelpaß (1363 m) findet die einzige größere Lücke in dem sonst kompakten, durchschnittlich 1800 Meter hohen Kammzug; er ist ein schon Jahrhunderte alter Übergang zwischen den früheren Deutschtirol und Welschtirol. In den Jahren 1880 bis 1886 bekam »die Mendel« – so wird der Paß seit jeher genannt – von Überetsch herauf eine Straße und entwickelte sich sehr schnell zu einer beliebten Sommerfrische für die Bozner Bürger mit viel Wald und erholsamen Spaziergängen in würziger Höhenluft.

Die damaligen Verkehrsmittel müssen für die 16 Kilometer der kurven- und kehrenreichen Straße wohl doch zu lange unterwegs gewesen sein, denn man erbaute im Jahre 1901 eine elektrische Standseilbahn. Diese Schmalspurbahn – Talstation St. Anton (523 m) bei Kaltern, Höhenunterschied 840 Meter, Länge 2350 Meter, Steigung 64 Prozent, Fahrzeit etwa 30 Minuten – ist auch heute noch der bequemste Weg, um schnell und einfach die »Mendola«, wie die Italiener sagen, zu erreichen. Am Paß stehen wir an der deutsch-italienischen Sprachengrenze.

Im Kammzug nach Norden ist der Penegal (1750 m) ein berühmter Aussichtsbalkon hinab zum Bozner Talkessel. Der 8 Kilometer nach Süden zu entfernte Monte Roèn übertrifft mit 2116 Meter Höhe den Penegal beträchtlich. Leider vermerkt keine Karte den früher gültigen deutschen Namen »Rhönberg«. Den Penegal erschließt eine Straße, und so konzentriert sich die Wanderlust verstärkt zum Roèn und damit auch zur Überetscher Hütte – ein Ausflug, der an schönen Tagen die Leute in Scharen herauflockt. Vorbei an der einfachen Halbweg-Hütte (1594 m) gewinnen wir auf dem schattigen Waldweg langsam an Höhe und haben vom Wiesensattel der Roèn-Alm (1773 m, Abzweigung des Wanderweges zur Roènspitze) einen fast ebenen Zugang zur schon nahen Überetscher Hütte (1775 m). Das Haus steht auf der Ostseite des Mendelkammes auf einem schmalen Saum zwischen den steilen Waldhängen hinab nach Tramin und der Felsmauer hinauf zur Roènspitze.

100 Meter über der Hütte greifen wir das erste Drahtseil, queren auf einem schmalen, grasigen Band hinaus zu einer Latschenkanzel und steigen dort in die seichte, aber sehr steile, grasbewachsene Schrofenrinne ein, die den Klettersteig zum Ausstiegsband führt. Diese leichte und kurze Ferrata überwindet nur etwa 200 Höhenmeter; jeder trittsichere, an Tiefblicke gewöhnte Bergwanderer kann den Klettersteig gehen.

An einem klaren Tag ist die Rundschau von der Roènspitze – dem höchsten Punkt im Mendelkamm – überwältigend weit und groß. Schon die ersten und heute längst vergriffenen Führerwerke schwärmten von dem Blick zu den Zentralalpen, zu den Dolomiten, zu Ortler, Adamello und Brenta. 2000 Meter unter uns fließt die Etsch durch das Bozner Unterland, zu dem die Roènspitze die herrlichste aller Aussichtswarten ist. Wer diese Höhe nicht so schnell verlassen will, wählt den »Gamsweg« zurück zur Hütte.

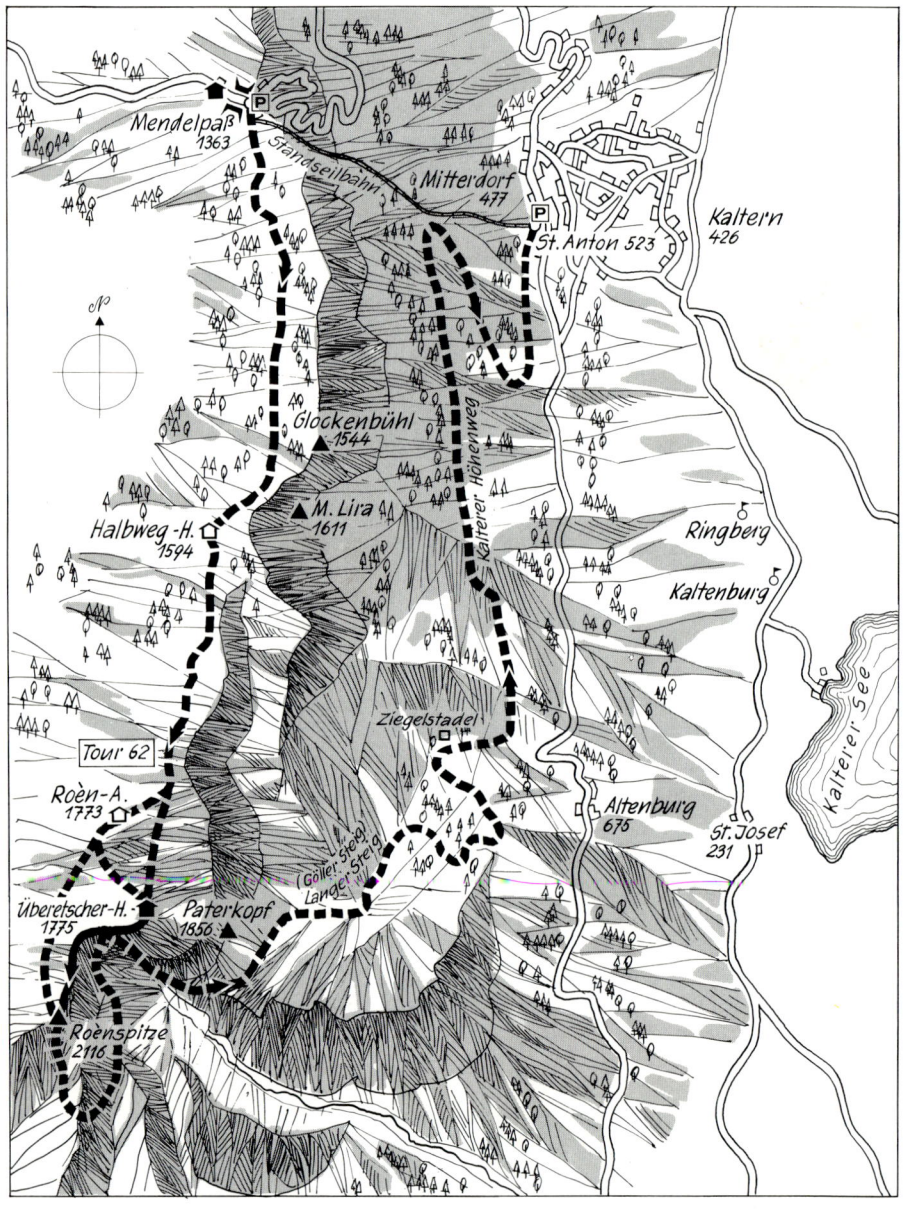

Tourensteckbrief

Ausgangsort
St. Anton 523 m bei Kaltern = Talstation Mendelbahn oder Mendelpaß 1363 m.

Die Tour in Stichworten
St. Anton 523 m bei Kaltern = Talstation der Mendelbahn – Bergstation Mendelpaß 1363 m – **oder** Straße zum Mendelpaß – Halbweg-Hütte 1594 m – Roèn-Alm (Malga di Romeno) 1773 m – Überetscher Hütte 1775 m – Klettersteig – Roènspitze 2116 m.

Schwierigkeit: I = wenig schwierig
Einfacher, kurzer Klettersteig mit langem Zugang. Steiler Anstieg in schrofigem, ostseitigem Fels, Drahtseilsicherung.
Zugang: Nach Auffahrt zum Mendelpaß auf mark. Waldweg 521/10 über die Halbweg-Hütte – Roèn-Alm zur Überetscher Hütte. Bei der Hütte nach Schild »Roènspitze – Via ferrata« steil hinauf zum Sockelfels der Ostabstürze und zum Einstieg ca. 1850 m.

Klettersteig: Über den unteren, steilen Fels mit Drahtseilsicherung nach links zu einem Steig auf eine Wandschulter. Dort in eine seichte, latschenbewachsene, steile Schrofenrinne und fast in Fallinie zur Überetscher Hütte steil hinauf gegen die Abbruchkante der Wandfelsen. Wenig vorher auf einem Steig nach rechts zum Ausstieg auf die Roèn-Hochfläche und in 15 Min. zum Gipfel.

Höchste Wegestelle/Gipfel
Roènspitze 2116 m.

Anstiegsleistung
Ab Mendelpaß 800, ab Überetscher Hütte 350 Höhenmeter, davon Klettersteig 200 Höhenmeter.

Abstieg
Wie Anstieg; *oder* auf dem mark. Sentiero Camosci zurück zur Überetscher Hütte (2 Std.), **oder** über die latschenbewachsene Hochfläche auf mark. Steig zur Roèn-Alm und zurück zum Mendelpaß. Ab Überetscher Hütte hinab nach Tramin *oder* auf dem »Langen Steig« zurück zur Talstation St. Anton.

Die Überetscher Hütte ist der Stützpunkt für den Klettersteig an der Roènspitze. Direkt in Fallinie zur Hütte zieht dieser Steig in einer Höhendifferenz von 200 Meter hinauf zur Abbruchkante des Roèn.

Gehzeiten
Mendelpaß 1363 m – Roèn-Alm 1773 m – Überetscher Hütte 1775 m: 2 Std. – Klettersteig – Roènspitze 2116 m: 1 Std.
Abstieg: Roèn-Alm – Mendelpaß: 2½ Std.
Gesamtgehzeit: 5½ Std.

Hütten/Stützpunkte
Überetscher Hütte 1775 m, CAI-Sektion Bozen, 24 Betten/Matr., bew. Ende Mai–Ende Okt.
Halbweg-Hütte 1594 m, privat, Jausenstation.
Roèn-Alm (Malga di Romeno) 1773 m, Jausenstation.

Landkarten
Kompass-Wanderkarte 1:50000, Blatt 54 »Bozen« und Blatt 74 »Tramin/Cavalese«.

63 Fennberg – Klettersteig

Aus der Salurner Klause zum Fennberg

mäßig schwierig

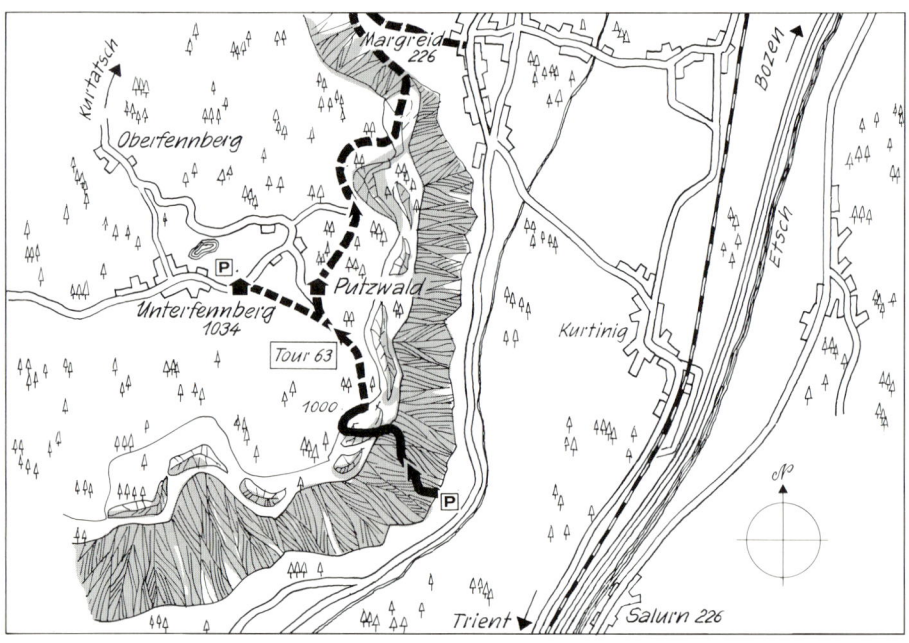

Das malerische Weindörfl Margreid schmiegt sich in eine Geländefalte des Fennberges, der eine Hochterrasse zum Mendelkamm aufbaut. Der Corno di Tres (1812 m) schaut hinab zur entlegenen Bergbauernidylle von Ober- und Unterfennberg, dem südlichsten Südtiroler Zipfel rechts der Etsch. Am linken Etschufer liegt der Marktflecken Salurn. Zu ihm setzt der Fennberg einen gewaltigen Fuß in die Ebene des Etschtales und verengt das Tal zur Salurner Klause. Eine gut ausgebaute Straße erreicht den Fennberg, das Hochplateau am Fenner See beim Wirtshaus Unterfennberg ist für jedermann die Haltestelle (1034 m). Nach Unterfennberg führen vom Etschtal herauf auch Wanderwege und seit 1976 über die Höhendifferenz von 900 Meter der *Fennberg-Klettersteig*. Mit diesem in mittlerer Schwierigkeit angelegten Klettersteig erschloß die AVS-Sektion »Südtiroler Unterland« den Fennberg aus der Salurner Klause mit einer landschaftlich sehr reizvollen Route, die fast das ganze Jahr über die Begehung erlaubt.

Von Margreid (226 m) auf der Weinstraße einige Kilometer südwärts treffen wir die Provinzgrenze Bozen/Trient, dort zeigt eine Tafel den Einstieg. Direkt von der Straße gehen wir durch Büsche 100 Meter höher, hinauf zum weißgelben, festen Mendeldolomit des Fennberges. Der erste Riß und ein senkrechter Kamin möchten schwächere Geher abschrecken, aber durch die gute Sicherung – Drahtseile, Leitern und Klammern – haben wir keine Probleme, die schwierigen Passagen anstandslos zu überwinden. Wir freuen uns am Tiefblick in die Obstgärten der Talsohle und sind, wie schon so viele vor uns, am Ausstieg in 1000 Meter Höhe begeistert vom »Fennberg-Klettersteig«.

Tourensteckbrief

Ausgangsort
Margreid 226 m an der Weinstraße.

Die Tour in Stichworten
Margreid 226 m an der Weinstraße – Fennberg Klettersteig – Unterfennberg 1034 m – Margreid.

Schwierigkeit: II = mäßig schwierig
Beliebter, fast das ganze Jahr hindurch begehbarer Klettersteig. Teilweise sehr steile, südostseitige Felsroute, immer wieder Gehgelände, mit Drahtseilen, Leitern und Klammern gut gesichert.
Zugang: Von Margreid auf der Weinstraße das Etschtal etwa 3 km abwärts bis zur Tafel »Provinzgrenze Bolzano/Trentino«. Parken an der Straße. Auf einem Steig, Tafel »Fennberg Klettersteig«, durch Büsche 100 m höher zum Einstieg ca. 300 m am Sockelfels.
Klettersteig: Durch einen 10 m hohen, sehr steilen, drahtseilgesicherten Kamin hinauf in eine erdige Felsrinne. Mäßig steil zu einem breiten Band, Klammern und Seile im Steilfels und

zwei Leitern in senkrechter Wand überwinden die untere Felszone; Ausstieg auf eine Buschterrasse ca. 400 m. In diesem mittleren Abschnitt längeres, mäßig steiles Gehgelände, Steig, hinauf zur oberen Felsstufe. Eine Leiter und Drahtseile führen sehr steil zur Querung (ca. 900 m) unter einem mächtigen Überhang. Wenig später bei etwa 1000 m Ausstieg im Mischwald der Hochfläche. Mark. Weg zum Gasthaus Unterfennberg.

Höchste Wegstelle/Gipfel
Ausstieg 1000 m, Gasthaus Unterfennberg 1034 m.

Anstiegsleistung
Ab Straße 800 Höhenmeter.

Abstieg
Von Unterfennberg auf mark. Waldsteig 3 und Straße zurück nach Margreid, *oder* Fahrstraße nach Kurtatsch im Etschtal.

Gehzeiten
Parkplatz ca. 200 m – Fennberg Klettersteig – Ausstieg 1000 m: 3 Std. – Gasthaus Unterfennberg 1034 m: ½ Std.

Im Durchstieg unter diesem mächtigen Überhang sind wir 700 Meter über dem Etschtal und knapp vor dem Ausstieg zur Fennberg-Hochfläche.

◁ *Von der Weinstraße unterhalb von Margreid, aus der Sohle des Etschtales, steigen wir hinauf zum Felsfuß des Fennberges und haben im Bild die erste Steilstufe bereits hinter uns.*

Abstieg: Margreid 226 m: 2 Std.
Gesamtgehzeit: 5½ Std.

Hütten/Stützpunkte
Gasthäuser in Unterfennberg.

Landkarten
Kompass-Wanderkarte 1:50 000, Blatt 74 »Tramin/Cavalese«.

Tip
Von Oberfennberg lohnende Bergtour zum Corno di Tres 1812 m.

64 Ferrata Burrone di Mezzocorona

Exkursion durch eine urweltliche Schlucht

wenig schwierig

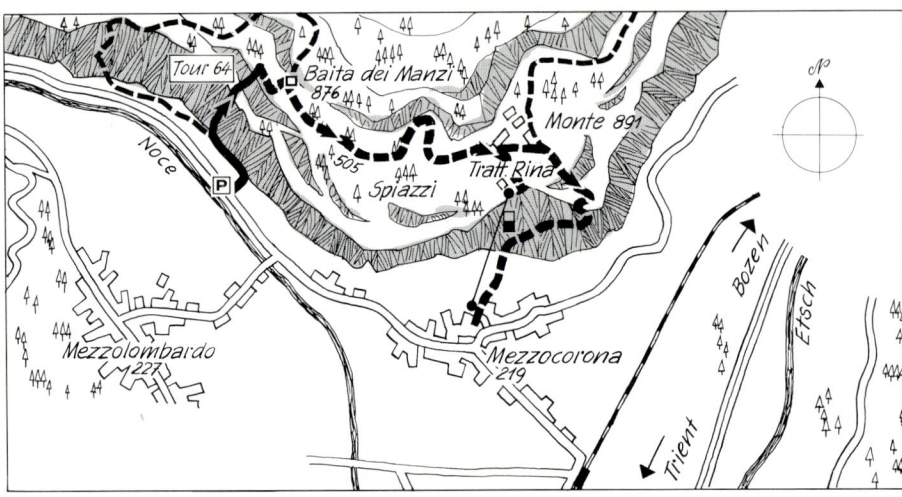

Der Torrente Noce fließt im weiten Talkessel von Mezzocorona und Mezzolombardo in die Etsch. Der Mendelkamm schiebt seinen Südausläufer, den Pont Alt (1688 m) hinab nach Mezzocorona (219 m) – zu Kaisers Zeiten Kronmetz geheißen –, und so mündet auch er in die sonnendurchfluteten Weingärten der Talschaft. Wir registrieren teils senkrechten, bloßen Fels, dichten Mischwald, tief eingefräste Schluchten und die Bergstation Monte (891 m) auf einer Mittelterrasse über Mezzocorona. Der schmale Spalt links einer auffallend breiten Schlucht verbirgt die *Ferrata Burrone,* derentwillen jetzt auch Klettersteiggeher nach Mezzocorona kommen. Wegweiser leiten aus der Ortsmitte zum Parkplatz am Einstieg.

»Burrone« = tiefe Schlucht. Der Anstieg über freien, teils bewachsenen, steilen Sockelfels entlang des Wasserfalles, der 200 Meter höher aus dem Schluchteingang stürzt, ist nur die Einleitung zu einer Exkursion in viele tausend Jahre Erdgeschichte. In der Höhe von etwa 430 Meter dringen wir auf einer ausgewaschenen, niederen Felsengalerie in das Schluchtinnere vor und stehen nach kurzem Leiternabstieg in ihrem Grund, von Wasser umspült, das den Ausgang sucht. Die Wände wölben einen hohen Felsendom über uns, nur für wenige Tagesminuten gelingt der Sonne mit einem Streiflicht die Beleuchtung dieser phantastischen, urweltlichen Szenerie. Mit Leitern steigen wir über eine Felsstufe höher in das Halbdunkel der inneren Schlucht und gehen in mäßiger Steigung am Wasser entlang dem oberen Ausgang (ca. 630 m) zu. Noch eine Leiter, schon außerhalb der Schlucht, und der Burrone-Steig entläßt uns aus dem düsteren, feuchtwarmen Berginneren in das lichte Blattgrün des dicht wuchernden Mischwaldes an der Oberwelt.

Tourensteckbrief

Ausgangsort
Mezzocorona 219 m im Etschtal.

Die Tour in Stichworten
Mezzocorona 219 m im Etschtal – Ferrata Burrone – Monte 891 m – Mezzocorona.

Schwierigkeit: I = wenig schwierig
Vielbegangener Klettersteig. Feuchte, dunkle Schlucht, nach starken Regenfällen ungünstig. Mit Drahtseilen und Leitern gut gesichert.
Zugang: Von Mezzocorona beschilderte Zufahrt zu einem Waldparkplatz am Einstieg 219 m.
Klettersteig: Durch Wald hinauf zum südseitigen Felssockel und auf teilweise gesichertem Steig steil höher zu einer ausgewaschenen Felsengalerie und damit zum Eingang ca. 430 m in

die Schlucht = Burrone. Kurzer Abstieg zum Schluchtgrund, über drei Leitern hinauf zu einem Absatz, von dem aus die Schlucht bis zu ihrem Auslauf in etwa 630 m Höhe ohne Schwierigkeiten zu begehen ist. Über eine lange Leiter zu einem Pfad, im Mischwald aufwärts zur verfallenen Baita dei Manzi 876 m und auf horizontalem Waldweg 505 zur Bergsiedlung Monte. Abfahrt mit der Seilbahn oder auf Wanderweg zurück nach Mezzocorona.

Höchste Wegestelle/Gipfel
Ausstieg Klettersteig 630 m, Monte 891 m.

Anstiegsleistung
Ab Parkplatz 600 Höhenmeter, davon Klettersteig 400 Höhenmeter.

Abstieg
Siehe Tourenverlauf, oder ab Baita dei Manzi nach Schild zurück zum Parkplatz.

Gehzeiten
Parkplatz 219 m – Ferrata Burrone – Baita dei Manzi 876 m: 2½ Std. – Monte 891 m: ½ Std., Seilbahn nach Mezzocorona – Rückweg Parkplatz: ½ Std.
Gesamtgehzeit: 3½ Std.

Hütten/Stützpunkte
Gasths. in Monte.

Landkarten
Siehe Tour 63.

◁ *Am Ausgang der Ferrata Burrone; über die Leiter steigen wir hinauf in den Bergwald.*

Im Inneren der Schlucht, die der Burrone-Steig mit Leitern und einem Drahtseilgeländer erschließt.

65 Attrezzata Degasperi

Monte Bondone
il Palon 2091 m

Aussichtsbalkon über Trient

schwierig

teils gesicherte Felsrippen, schneiden Geröllrinnen, im Auf und Ab wandern wir am Saum zum Steilfels durch eine artenreiche südliche Flora. Bis zum Einstieg bei einer kleinen Bucht unter einer deutlichen, latschenbewachsenen Felsnase, dem allgemeinen Rastplatz (1650 m), haben wir schon 2 Stunden Gehzeit absolviert. Der Degasperi-Steig wird deshalb kaum zur schnellen Modetour aufrücken, der Zugang ist länger als der Klettersteig. Aber welch blühenden, subalpinen Garten zaubert der Frühsommer in die südostseitigen Hänge hinunter zum Etschtal!

Trient liegt fast 1500 Meter unter uns, der Klettersteig überwindet in sehr steilem, ostseitigem Wandfels etwa 300 Höhenmeter zum Ausstieg zwischen Cornetto und il Palon. Die schräge Querung in überdachter Wand hinauf zum Latschensattel der Felsnase ist die Eignungsprüfung, die jeder Interessent anstandslos bestehen sollte, denn die größeren Schwierigkeiten

kommen erst nachher. Latschenbewachsene Schrofen schließen zur fast senkrechten Wandmitte auf, nur ein straff gespanntes Drahtseil übernimmt die Führung zu einer ausgesetzten Verschneidung und damit zur Schlüsselstelle. Der Überhang ist nicht groß, aber die Attrezzata gönnt uns nur einen künstlichen Tritt und das Drahtseil. Ein mutiges Hinauslehnen, mit Armkraft schwingen wir uns über den Wulst hinweg, hinein in die nächste Verschneidung. Bald aber lehnt sich die Wand zurück und gibt den Ausstieg frei, nachdem wir uns noch im Libro del Firme eingetragen haben – fast unmittelbar stehen wir in den Latschenfeldern zwischen Cornetto di Mugon und il Palon. Nur ½ Stunde Abstieg durch Latschen und über begrünte Pisten zum Parkplatz Montesel oder in der gleichen Zeit hinauf zur Bergstation eines Sessellifts mit Gipfelrestaurant am il Palon – die berühmteste Trentiner Aussicht behält gewiß den Vorrang!

Aus der Salurner Klause strömt die Etsch hinein in das frühere Welschtirol, heute die italienische Provinz Trentino. Der Mendelkamm begleitet den Fluß bis Mezzocorona, und auch nach dieser Talweitung bleibt der Bergzug zur Rechten höher und attraktiver als die Hügelkette am linken Ufer. Die Paganella (2125 m) bestimmt die erste 2000er-Kote, aber der Blick gehört sehr bald einem Berg – dem Monte Bondone. Wir fahren direkt auf diesen Koloß zu, der die Bezeichnung »Monte« = Berg verdient wie sonst kein anderer im unteren Etschtal. Vier Gipfel zeichnen sein Profil: Vason 1581 m, Montesel 1729 m, Cornetto di Mugon 1933 m und il Palon 2091 m. Zum Etschtal wendet der Monte Bondone auch die bergsteigerisch interessante Seite, die südostseitigen Felsabstürze seiner Gipfel, nach Norden gleiten sanfte Hänge hinab zur Bondone-Bergstraße. Auf der baumlosen Nordseite rotiert bis Ostern ein beliebter Skizirkus, der längst verschwunden ist, wenn wir, vielleicht im Mai oder Juni, zum Parkplatz an der Baita Montesel (1480 m) kommen, um den Klettersteig am Monte Bondone zu gehen. Das Schild *»Sentiero attrezzato Pero Degasperi ore 3.30«* verkündet den Steig und nennt uns auch ein Zeitmaß, dem wir aber bis zum il Palon noch ½ Stunde dazugeben sollten. Wir gehen hinauf zum Wiesensattel (Camp 1520 m) zwischen Vason und Montesel, schwenken zur Etschseite nach rechts und queren die steilen Südostflanken von Montesel und Cornetto di Mugon weit hinüber bis zum il Palon. Der Steig führt uns durch Grashänge, wir überschreiten

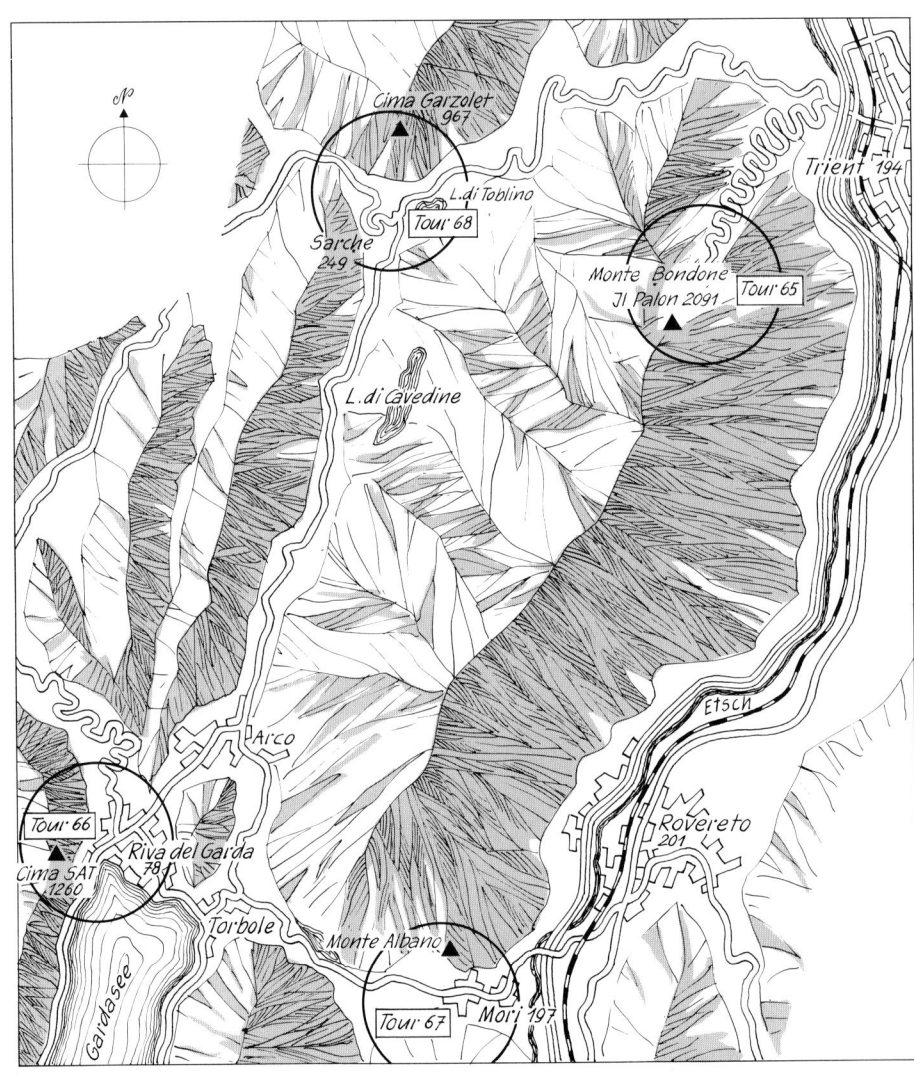

Tourensteckbrief

Ausgangsort
Trient 194 m im Etschtal.

Die Tour in Stichworten
Trient 194 m – Bergstraße Monte Bondone, Parkplatz Baita Montesel 1480 m – Attrezzata Degasperi – il Palon 2091 m – Baita Montesel.

Schwierigkeit: III = schwierig
Relativ kurzer, aber anstrengender, sehr ausgesetzter Klettersteig in sehr steilem, ostseitigem Fels. Gute Drahtseilsicherung, langer Zugang zum Einstieg.
Zugang: Auffahrt zur Bergsiedlung Mt. Bondone, Parkplatz an der Baita Montesel (Liftstation). Nach Schild und Mark. 690 über Wiesen, unter Lifttrassen hindurch, zu einem Wiesensattel (Camp 1520 m). Vom Sattel auf schmalem Steig in steile Wiesenhänge. Ausgedehnte, fast horizontale Wegestrecke; ständiges Auf und Ab, einige Seilsicherungen, durch das bewachsene, stark abschüssige, felsige Sockelterrain ostseitig von Montesel und Cornetto di Mugon bis zu einer Bucht unter einem auffallenden Latschensattel im Ostpfeiler des Cornetto. Hier Einstieg, ca 1650 m.
Klettersteig: Über ein drahtseilgesichertes, schräges Felsband zum Latschensattel. Nach Mark. über steile Schrofen zum Wandfels und mit Drahtseilsicherung durch eine ausgesetzte Verschneidung zur Schlüsselstelle, einem kleinen Überhang mit künstlichem Tritt. Sehr steil durch eine nächste Verschneidung, bei den ersten Latschenbalkonen lehnt sich die Wand zurück und gibt den Ausstieg ca. 1950 m frei. Auf Steig zwischen Latschen mäßig steil entlang der Ostabstürze zum Gipfelrestaurant des il Palon.

Höchste Wegestelle/Gipfel
Ausstieg ca. 1950 m, il Palon 2091 m.

Anstiegsleistung
Ab Parkplatz Montesel 800 Höhenmeter (Gegensteigungen), davon Klettersteig 300 Höhenmeter.

Abstieg
Mit Sessellift oder über die Skipisten zum sichtbaren Parkplatz Baita Montesel.

Gehzeiten
Parkplatz Baita Montesel 1480 m – Einstieg Klettersteig 1650 m: 2 Std. – Attrezzata Degasperi – Ausstieg ca. 1950 m: 1½ Std. – il Palon 2091 m: ½ Std.
Abstieg: Parkplatz: ½ Std.
Gesamtgehzeit: 4½ Std.

Hütten/Stützpunkte
Gipfelrestaurant il Palon 2091 m.

Landkarten
Kompass-Wanderkarte   1 : 50 000,   Blatt 73 »Gruppo di Brenta«.

Der Einstieg in die Attrezzata Degasperi am Sockelfels des Cornetto di Mugon. Der sichtbare Steig rechts unten mündet bei etwa 1650 Meter Höhe in eine Geländebucht, dem Startplatz zum Einstieg in den latschenbewachsenen ostseitigen Steilfels des Cornetto di Mugon.

66 Via dell' Amicizia
Rocchetta
Cima SAT 1260 m

Über den Dächern von Riva

mäßig schwierig

Die 1521 Meter hohe Rocchetta ist der Hausberg von Riva (78 m) am Nordufer des Gardasees. In die breite, aber durch Terrassen und Steilwände gut gegliederte ostseitige Bergflanke legte die Trentiner Alpinistenvereinigung SAT im Jahre 1969 die *Via dell' Amicizia*. Dem Freizeitvergnügen am Gardasee gibt dieser »Weg der Freundschaft« einen neuen Anreiz. Die Cima SAT, 1260 Meter, ein ostseitiger Vorgipfel der Rocchetta, ist das Ziel der Via Amicizia.

Von Riva wandern wir auf gutem Weg hinauf zur Capanna S. Barbara (560 m) und stehen dort noch 700 Meter unter der Cima SAT. Aus einer schrägen Hochterrasse 200 Meter über der Capanna bauen senkrechte Felswände und ein kleiner Zwischenabsatz eine hohe Stufe zur Buschmulde unter der Spitze. Die Tafel *Ferrata dell' Amicizia* zeigt den teils gesicherten Steig hinauf zur Hochterrasse, erst in 900 Meter Höhe beginnt der waghalsige Leitern-Anstieg, der diesen Klettersteig so bekannt macht. Die erste, sehr steile Leiter wird in Wandmitte von einem Eisenpodest unterbrochen; diese Verschnaufpause muß sein, denn absolut senkrecht klettern wir im nächsten Leiternverbund nochmals 25 Meter hinauf zur Zwischenterrasse. Eine noch längere Leiternserie folgt, schräg hineingebaut in eine gelbe Wandverschneidung, sie zählt bis zum Ausstieg in die Buschmulde 135 Sprossen – zwischen den Beinen sehen wir tief unter uns das leuchtende Blau des Gardasees. Der Schlußanstieg zum Gipfelzeichen der Cima SAT ist gegenüber der Anforderung in den Leiternserien nur mehr ein harmloser, vergnüglicher Spaziergang – gut gangbarer Fels, gesichert mit noch einigen kurzen Leitern.

Tourensteckbrief

Ausgangsort
Riva 78 m am Gardasee.

Die Tour in Stichworten
Riva 78 m – Capanna S. Barbara 560 m – Via Amicizia – Cima SAT ca. 1260 m – Chiesetta S. Barbara 625 m – Capanna S. Barbara – Riva.

Schwierigkeit: II = mäßig schwierig
Beliebter, das ganze Jahr hindurch begehbarer Klettersteig durch die Rocchetta-Ostflanke. Sehr lange, fast senkrechte Leitern, anstrengend.
Zugang: In Riva, von der westl. Umgehungsstraße mark. Weg 404 zur Cap. Santa Barbara.
Klettersteig: Ab Capanna nach Schild teilweise gesicherter Steig über den schrofigen Felsvorbau hinauf zu einer breiten, mäßig geneigten, mit Büschen bestandenen Hochterrasse, ca. 900 m. Die erste, mit einer Plattform unterteilte Leiternreihe ca. 50 m überwindet eine untere Wandstufe zur Terrasse darüber. Die zweite, noch längere Leiternserie (135 Sprossen!) lehnt etwas geneigt in der Verschneidung der oberen Wandstufe und vermittelt den Ausstieg zu einem Laubwäldchen. Noch einige kurze Leitern hinauf zur Cima SAT.

Höchste Wegestelle/Gipfel
Cima SAT 1260 m.

Anstiegsleistung
Ab Riva 1200, ab Cap. S. Barbara 700 Höhenmeter.

Abstieg
Ab Gipfel nach Wegweisung S. Barbara 404 in einer Rundtour auf gut gangbarem, teils gesichertem Steig hinab zur Chiesetta S. Barbara (= Barbara-Kapelle), von dort zur Capanna und zurück nach Riva.

Gehzeiten
Riva 78 m – Cap. S. Barbara 560 m: 1½ Std. – Via dell'Amicizia – Cima SAT 1260 m: 2 Std.
Abstieg: Cima SAT – Barbara-Kapelle – Capanna S. Barbara: 1½ Std. – Riva: 1 Std. Gesamtgehzeit: 6 Std.

Hütten/Stützpunkte
Capanna S. Barbara 560 m, im Sommer einfach bewirtschaftet.

Landkarten
Kompass-Wanderkarte 1:50000, Blatt 101 »Rovereto – Monte Pasubio«.

◁ *Die erste Leiternserie der Via dell'Amicizia ist so steil, daß die Erbauer ein Zwischenpodest als Rastplatz einsetzten.*

Die zweite Leiternserie ist weniger steil, aber ▷ *um einiges länger. Die Bewältigung der beiden Leiternabschnitte sind die Hauptschwierigkeiten im Amicizia-Steig.*

67 Attrezzata Monte Albano

»Mori-Klettersteig«

Klettersteig – oder Übungsroute für Kletterer?

besonders schwierig

Der eilige Gardasee-Reisende verläßt bei Rovereto-Sud die Autobahn, registriert noch die Ortschaft Mori (197 m), aber kaum den grünen, niedrigen Rücken des Monte Albano, der zum Ort mit einer breiten, südseitigen Wandformation abfällt. Dieser eher unscheinbare Felsabbruch wurde zu Beginn der achtziger Jahre fast zu einem Mekka der Klettersteiggeher, denn jeder im Dolomiten-Steilfels versierte Ferrata-Anhänger möchte sein Können auch am »Mori-Steig« erproben – eine kurze, aber technisch sehr schwierige Anlage.

Der kleine Wiesenfleck am Wallfahrtskirchlein (330 m) Monte Albano über dem Ort ist der allgemeine Treffpunkt, von dem aus jeder Anwärter zuerst einmal prüfend die Felsmauer betrachtet: Eine bewachsene Zwischenterrasse teilt die Wandhöhe; Pfeiler, Kanten, Kamine, Quergänge in extremer Ausführung – das ist das Angebot der *Via attrezzata Monte Albano.* Eine Schautafel in Mori vermerkt: *»Quinti 550 Metri di Percorso in Roccia«.* Damit ist die Routenlänge im Fels gemeint, nicht der Höhenunterschied, der nur etwa 200 Meter beträgt.

In gespannter Erwartung gehen wir zum Einstieg an der rechten Wandseite. Wer den ersten griff- und trittarmen Riß nur mit Mühe meistert, sollte die angebotene Ausweiche zur Rückkehr annehmen. Die äußerst ausgesetzte »Traversata al Gufo«, der folgende 30-Meter-Kamin, die luftige Querung zur Mittelterrasse und der schier endlos hohe, senkrechte Ausstiegskamin »Camino del Chiodo« kosten trotz der guten Drahtseilsicherung und der künstlichen Eisentritte sehr viel Kraft, Mut und Nerven – Voraussetzungen, die nicht jeder Aspirant mitbringt, wenn er sich auf das Abenteuer »Mori-Steig« einläßt!

Tourensteckbrief

Ausgangsort
Mori 197 m im Etschtal.

Die Tour in Stichworten
Mori 197 m – Wallfahrtskirche Monte Albano 330 m – Attrezzata Mt. Albano (Mori-Steig) – Wallfahrtskirche.

Schwierigkeit: V = besonders schwierig
Sehr anspruchsvolle, aber kurze Ferrata in fast senkrechtem Südwandfels, viel begangen. Nur für klettergewandte Geher; mit Drahtseilen, künstlichen Tritten und Stiften gut gesichert.
Zugang: Aus dem Ort Mori nach Schild zur Wallfahrtskirche und durch Buschwerk zum nahen Einstieg, ca. 350 m.
Klettersteig: In einem senkrechten Riß hinauf zu einem Absatz. An sehr steilem Felszacken höher zu dem langen, äußerst ausgesetzten Quergang »al Gufo« nach rechts zu einem Kamin. Etwa 40 m senkrechter Anstieg zu einer Felsnische, extreme Wandquerung nach links zu einem Winkel mit Laubbaum und hinaus auf die bewachsene Zwischenterrasse. Leichteres Gelände über blockige Wandfelsen zu einer schmalen, waagrechten Felsleiste, um eine Kante, Standplatz mit Wandbuch. In einem senkrechten, fast 50 m hohen Kamin zum Ausstieg, 550 m.

Anstiegsleistung
Klettersteig 200 Höhenmeter, Länge 550 m.

Abstieg
»Sentiero di Rientro« links = leichter Steig, »Rientro Attrezzato« rechts = gesicherter Steig zurück zum Einstieg.

Gehzeiten
Mori 197 m – Einstieg 350 m: ½ Std. – Mori-Steig – Ausstieg 550 m: 2 Std. Abstieg: Mori: 1 Std. Gesamtgehzeit: 3½ Std.

Landkarten
Kompass-Wanderkarte 1:50000, Blatt 101 »Rovereto – Monte Pasubio«.

Tip
Die Begehung ist im Sommer der starken Sonneneinstrahlung wegen ungünstig; dies gilt für alle Gardasee- und Etschtal-Klettersteige.

Sehr luftiger Quergang in der Attrezzata Monte Albano; im Tiefblick der Ort Mori.

68 Attrezzata Pisetta

Cima Garzolet 967 m

Super-Ferrata am Weg zum Gardasee

besonders schwierig

Die landschaftlich sehr reizvolle Nordzufahrt von Trient nach Riva am Gardasee berührt kurz nach dem Lago di Toblino den kleinen Ort Sarche. Klettersteiggeher halten am Ortseingang, denn der helle, busch- und latschenbewachsene Steilfels rechts über dem See trägt die *Via attrezzata Rino Pisetta,* derentwillen sie nach Sarche (249 m) kommen. Die Cima Garzolet bricht mit einer ungegliederten, mehrere hundert Meter hohen, senkrechten Südmauer nach Sarche ab, die Südostflanke jedoch legt sich im ganzen etwas zurück: Mit Krüppelholz bestandene, schmale Terrassen, dazwischen kurze, senkrechte Wandpartien und Pfeilerkanten erlaubten hier die Anlage eines Klettersteiges, der zum Andenken an Rino Pisetta diesen Namen trägt.

Seit 1982 konkurriert die Attrezzata Pisetta mit dem Mori-Steig: Im Vergleich zu ihm ist die »Via Pisetta« ein Gipfelsteig – ab Einstieg 400 Höhenmeter –, also wesentlich länger, für den Bergsteiger interessanter, aber nicht leichter. Die Sicherung übernehmen ausschließlich straff gespannte, mit vielen Fixpunkten verankerte Drahtseile. Am Einstieg (570 m) gibt die untere Wandpartie den Vorgeschmack auf die Anforderung. Wer 50 Meter höher feststellt, daß Kraft und Können nicht ausreichen, sollte an der ersten Baumgruppe, beim Schild: »Rientro Energenza«, verzichten und den Rückzug antreten. Kleine Laubbäume wurzeln auf winzigen Terrassen, dazwischen verwegener Fels, über den wir von einer rettenden Insel zur anderen klettern, hinauf bis zum »Libro del via« (ca. 850 m) unter einem Felsdach. Wenig später, von keinen besonderen Schwierigkeiten mehr aufgehalten, betreten wir den 967 Meter hohen Gipfel der Cima Garzolet.

Tourensteckbrief

Ausgangsort
Sarche 249 m an der Straße Trient–Riva.

Die Tour in Stichworten
Sarche 249 m – Attrezzata Pisetta – Cima Garzolet 967 m – Ranzo 739 m – Sarche.

Schwierigkeit: V = besonders schwierig
Sehr anspruchsvoller Klettersteig. Extreme Route in südostseitigem Steilfels. Fast durchlaufende Drahtseilsicherung.
Zugang: Von der Nordeinfahrt Sarche (Tankstelle) auf Steig zum Einstieg 570 m.
Klettersteig: Über die untere Wandpartie sehr steil hinauf zu einer Baumgruppe. In fast senkrechtem Fels höher, Verschneidungen und glatte Wandpassagen, aber immer wieder Absätze und kleine Laubbauminseln, hinauf zu einer stärker ausgeprägten Kanzel ca. 750 m. Kurzes Gehgelände zu den Schlüsselstellen: eine fast griff- und trittlose Wand und eine äußerst ausgesetzte Querung. Etwas leichterer Fels zum »Libro de Via« 850 m und zum Ausstieg, 900 m, am Gipfelgrat und über leichten Fels zum höchsten Punkt der Cima Garzolet.

Höchste Wegestelle/Gipfel
Cima Garzolet 967 m.

Anstiegsleistung
Ab Sarche 700 Höhenmeter, davon Klettersteig 400 Höhenmeter.

Abstieg
Mark. Weg in Richtung zur sichtbaren Ortschaft Ranzo. Kurz vorher bei einer Bergkapelle nach rechts, auf mark. Waldweg zurück zum Einstieg und nach Sarche.

Gehzeiten
Sarche 249 m – Einstieg 570 m: 1 Std. – Attrezzata Pisetta – Cima Garzolet 967 m: 2½ Std.
Abstieg: Ranzo-Sarche: 1½ Std.
Gesamtgehzeit: 5 Std.

Hütten/Stützpunkte
Gasthaus in Ranzo 739 m.

Landkarten
Kompass-Wanderkarte 1:50000, Blatt 73 »Gruppo di Brenta«.

Höchste Anforderungen auch im Pisetta-Steig über Sarche. Vom Einstieg fast senkrechter Fels über 400 Höhenmeter.

Die Brenta

Das Kalkgebirge der Brenta-Gruppe erhebt sich westlich von Trient und nördlich vom Gardasee, durch den tiefen Graben der Etsch von den Dolomiten deutlich getrennt. Die Entstehungsgeschichte führt uns 200 Millionen Jahre zurück in das Zeitalter des Mesozoikum, in dem auch die Dolomiten im Urmeer der »Tetys« entstanden. Vom geologischen Gesichtspunkt und vom Erscheinungsbild ist die Brenta daher mit den Dolomiten eng verwandt. Die Brenta, etwa 40 Kilometer lang und 12 Kilometer breit, füllt den Raum zwischen dem Soletal im Norden, dem Tal der Sarca im Süden, dem Rendena-Campiglio-Tal und dem Meledrio-Tal, der sogenannten Judikarienlinie, im Westen. Die von Nord nach Süd ausgerichtete Brenta-Hauptkette erlaubt – unterstützt von markanten Paßeinschnitten – eine klare alpin-geografische Aufgliederung. Der Nordkamm läuft vom Eckpfeiler, dem Monte Peller, über seinen höchsten Gipfel, die 2936 Meter hohe Pietra Grande, zum Passo del Grostè. Der zentrale Mittelkamm und touristisch bedeutsamste Abschnitt erhebt sich zwischen dem Grostè-Paß und der Bocca di Brenta mit der Cima Brenta, 3150 Meter, als höchstem Punkt. Südlich der Bocca di Brenta verzweigt die Hauptkette an der Cima Tosa in zwei starke Äste. Hier bildet die Cima Tosa den Mittelpunkt, ihr Gletscherhaupt triumphiert mit der Höhe von 3173 Meter über alle Brentaberge.

Prachtvolle Gipfel, kleine, meist in Nordbuchten eingelagerte Gletscher, acht gut geführte Hütten und die berühmte Wegekette des *Sentiero delle Bocchette* erheben die Brenta zu einem einzigartigen Wanderer- und Bergsteigerparadies. Der Besucherstrom, der alljährlich auf sie zukommt, ist fast zuviel des Guten – doch die Brenta und ihr Bocchette-Weg sind ohne Beispiel!

In diesem Bild schlägt das Herz der Brenta. Wir sehen die »Zentrale Brenta« von Westen. Von links den Einschnitt der Bocca dei Armi, dort startet die berühmte »Via delle Bocchette«. Auf ostseitiger Route schneidet sie den Torre di Brenta, die Spitzen der Sfulmini, den Campanile Alto und schwenkt am markanten Turm des Campanile Basso (= Guglia di Brenta) in die breite Westwand der Brenta Alta zum Auslauf an der nicht mehr sichtbaren Bocca di Brenta. Im kleinen Bild eine Leiter in der Ferrata Castiglioni.

69 Sentiero Vidi

Beliebte, leichte Rundtour ab Grostè-Paß

wenig schwierig

Fast jeder Bergfreund, der in der Brenta Touren unternehmen will, kommt zuerst nach Madonna di Campiglio (1522 m). Dieses berühmte, internationale Hoteldorf ist das touristische Zentrum; alle Schutzhütten im Bereich vom Grostè-Paß bis zur Cima Tosa haben vom Ort aus gute Zugänge. Doch die Anstiege sind lang, eine Tagestour, die mehr will als nur einen Hüttenbesuch, ist fast die Ausnahme. Eine sinnvolle Tourenplanung ist wichtig, sie muß Übernachtungen einkalkulieren – deshalb die täglich überfüllten Hütten! Eine wertvolle Anstiegshilfe leistet lediglich die Seilbahn zum Passo del Grostè (2442 m). Sie öffnet die leichte Familienwandertrasse, den »Giro del Brenta«, und für die Klettersteiggeher den Sentiero Benini zur Tuckett-Hütte. Außerdem ist sie ein wichtiger Zubringer für die Touren im Nordkamm: Zwei Steiganlagen – der »Sentiero Gustavo Vidi« im Nahbereich des Grostè-Passes und der Graffer-Hütte sowie der sehr lange, anspruchsvolle, aber überaus lohnende »Sentiero Claudio Costanzi« über die gesamte Kette zum Rifugio Peller – erschließen die Nördliche Brenta. Der Sentiero Costanzi, ein nur teilweise gesicherter Höhenweg (siehe Sepp Schnürer: »Hohe Routen Ortler, Adamello, Brenta«), paßt nicht in den Rahmen dieses speziellen Klettersteigbuches. Unsere Brenta-Reise beginnt mit der beliebten, aussichtsreichen Rundtour Grostè-Paß – Sentiero Vidi – Rifugio Graffer. Der Vidi-Weg ist im Vergleich zu den Anlagen in der Zentralen Brenta leicht; als Tagestour eignet er sich gut zum Eingehen und für Familien als Test, ob man sich größere und schwierigere Unternehmungen zutrauen darf.

Nach den Wegweisern an der Bergstation (2438 m) gehen wir hinauf zum Paß, schwenken in die Ostseite des Pietra-Grande-Massivs und steigen steil höher zu einem Band im Felssockel des Berges. Wir verfolgen es bis zu seinem Ende; über eine leichte Schrofenstufe gewinnen wir den Südausläufer der Pietra Grande und damit die erste, großartige Aussichtsstelle (2582 m) nach Süden zur Zentralen Brenta. Wenig oberhalb lenkt ein Steinmann die Route in die Westflanke. Wir wandern auf einer hohen, breiten Terrasse, unter uns stürzt ein senkrechter Felssockel hinab zu riesigen Schotterreisen, über uns steht der vom Wetter geschliffene Steilfels des Gipfelkammes. Der fast horizontale Weg führt zu einem Winkel, und in diesem mittleren Abschnitt, in der Terrassenlücke hinüber zum Auslauf an der Schulter unter dem höchsten Punkt der Pietra Grande, liegen die Schwierigkeiten des Vidi-Weges. Bei dem Schild »*Sentiero Gustavo Vidi 1969*« beginnt die Drahtseilsicherung. Wir queren nun Steilrinnen (Achtung: Schnee!), brauchen im Auf und Ab die Hilfe von einigen Leitern, bis der Berg wieder eine Terrasse zuläßt, auf der wir ohne Mühe zur Schulter hinausgehen.

»Orti della Regina«, 2522 Meter, verzeichnet die Landkarte, wahrhaft ein königlicher Platz, von dem wir hinabschauen zum Passo Campo Carlo Magno (1702 m) und drüben auf der anderen Seite der Judikarienlinie das so gegensätzliche Tonalitgebirge der Presanella-Adamello-Gruppe betrachten. An dieser Stelle fädelt der Sentiero Vidi in die Route des Sentiero Costanzi; im Bergab sind wir eine knappe Stunde später am Rifugio Graffer (2256 m). Das geräumige Schutzhaus ist ein wichtiges Bindeglied zur Nördlichen Brenta und als Ausgangsort zum Costanzi-Weg sehr zu empfehlen.

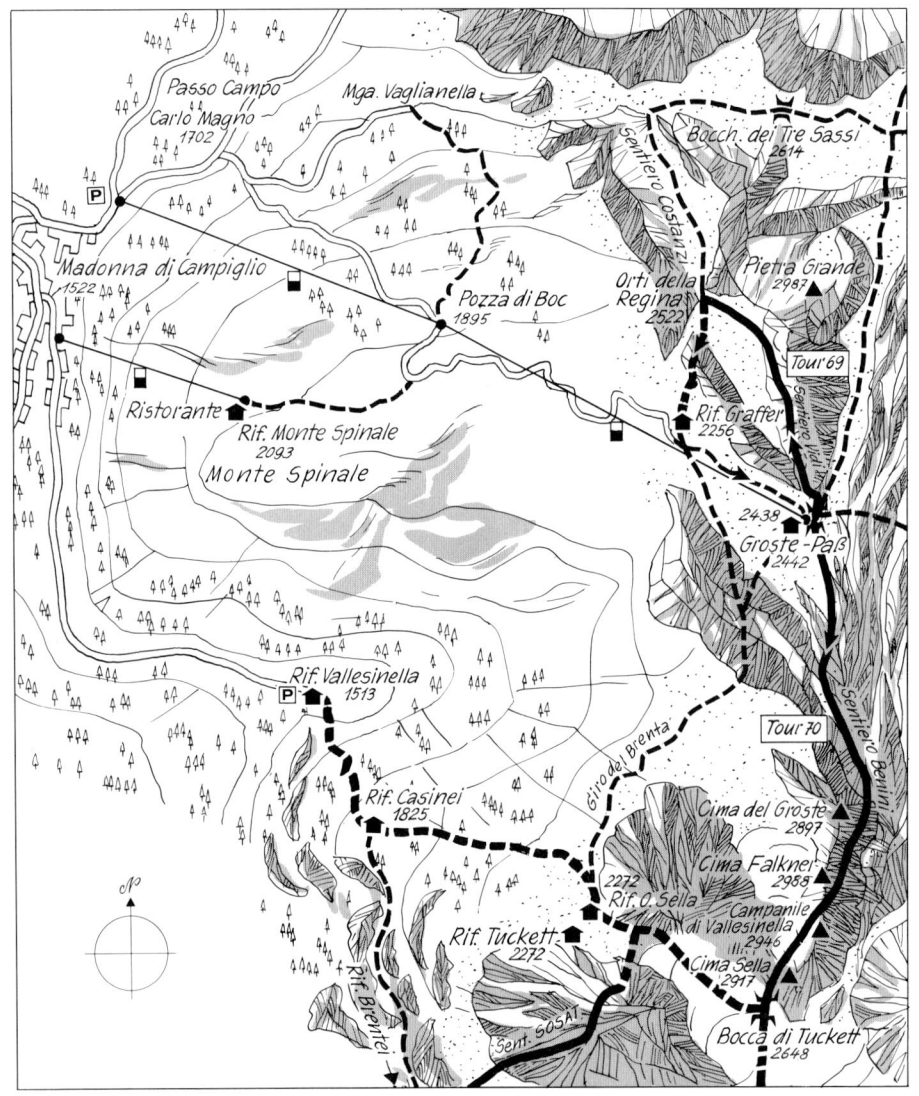

Tourensteckbrief

Ausgangsort
Madonna di Campiglio 1522 m.

Die Tour in Stichworten
Madonna di Campiglio 1522 m – Seilbahn Grostè-Paß Bergstation 2438 m – Sentiero Vidi – Rifugio Graffer 2256 m.

Schwierigkeit: I = wenig schwierig
Beliebte, leichte Route durch die Westflanke der Pietra Grande. Schwierigere Stellen mit Drahtseilen und Leitern gut gesichert.
Zugang: Seilbahn-Auffahrt zum Grostè-Paß.
Klettersteig: Von der Bergstation nach Wegweiser zur Paßhöhe 2442 m und auf mark. Steig in die Ostseite des Pietra Grande-Massivs. In Kehren steil höher gegen eine Scharte, auf einem Band im Ostsockel zu seinem Auslauf und über eine Felsstufe hinauf zur Südschulter 2582 m. Auf gut ausgeprägtem Steig höher, über eine kleine Seilbrücke und bei einem Steinmann in die breite Hochterrasse der Westflanke, die das Massiv bis zu einer markanten West-

schulter durchzieht. Vor dem Auslauf wird diese Schotterterrasse durch Steilrinnen unterbrochen, dies ist der eigentliche Klettersteig im Vidi-Weg. Drahtseile, einige Leitern sichern die Route im Auf und Ab über schrofigen Fels, durch Steilrinnen (Achtung, Altschnee!) hinaus zur Schulter »Orti della Regina« 2522 m. Dort Wegeteilung: Nach rechts »Sentiero Claudio Costanzi«, nach links im Felssockel der Schulter sehr steil hinab zu Schotterreisen und über begrüntes Gelände zum nahen Rif. Graffer.

Höchste Wegestelle/Gipfel
Südschulter 2582 m, Westschulter 2522 m.

Anstiegsleistung
Ab Bergstation Grostè-Paß 200 Höhenmeter.

Abstieg
Von der Graffer-Hütte Anstieg zur Bergstation am Grostè-Paß ½ Std., *oder* auf Fahrweg über die Mittelstation 1895 m zur Talstation der Grostè-Seilbahn 2 Std.; *oder* Übergang auf Wanderweg zum Monte Spinale 2093 m, 1 Std. und Abfahrt mit der Seilbahn nach Madonna di Campiglio.

Gehzeiten
Bergstation Grostè-Seilbahn 2438 m – Sentiero Vidi – Rif. Graffer 2256 m: 3 Std.
Abstiege: siehe oben.

Hütten/Stützpunkte
Rifugio Graffer 2256 m, CAI-SAT Trient, 58 Betten/Matr., bew. Ende Juni–Ende Sept.

Landkarten
Kompass-Wanderkarte 1:50 000, Blatt 73 »Gruppo di Brenta« und Kompass-Karte 1:30 000, Blatt 073 »Dolomiti di Brenta«.

Den Sentiero Vidi, diese einmalig schöne Aussichtstour, sollte kein Brenta-Wanderer versäumen. Die Route zieht in etwa 2500 Meter Höhe durch die Westflanke der Pietra Grande und läuft am »Orti della Regina«, der mit Gras bewachsenen Schulter (rechte Bildhälfte), aus. Im Bild die grüne Hochfläche des Monte Spinale, darüber die Presanella (3556 m), am linken Bildrand Gletscher der Adamello-Gruppe.

70 Sentiero Benini

*Vom Grostè-Paß zur
Bocca di Tuckett*

mäßig schwierig

Die große Brenta-Bergfahrt, die Durchquerung der Zentralen Brenta auf dem Sentiero delle Bocchette, startet man vorteilhaft am Grostè-Paß, in Richtung von Nord nach Süd. Die einzigartige Kette des Sentiero springt von Bocca zu Bocca. Als »Bocca« werden die tiefen Scharteneinschnitte bezeichnet, die den Hauptzug so markant gliedern und nach denen der Weg benannt wurde. Die einzelnen Abschnitte tragen die Namen verdienter Persönlichkeiten; der Sentiero Alfredo Benini ist das jüngste Glied. Im Jahre 1972, zur 100-Jahr-Feier ihres Zusammenschlusses, übergab die Trentiner Alpinistenvereinigung SAT den Sentiero Benini offiziell seiner Bestimmung: Die letzte, im Norden verbliebene Lücke von der Bocca di Tuckett zum Grostè-Paß war geschlossen.
Die erste Seilbahnauffahrt zum Grostè-Paß sollten wir nützen; an der Bergstation (2438 m) erwartet uns ein voller Tag, den wir zielstrebig ausfüllen. Im weitflächigen Karstgelände gehen wir nach Süden gegen die Cima del Grostè, den ersten Gipfel des Hauptzuges, bis ein ausgeprägter Steig die Route aufnimmt. Vor der Cima Grostè, an der Abzweigung zum Gipfelanstieg (ca. 2600 m), zieht der Benini-Weg nach links aufwärts, muß vielleicht, je nach Jahreszeit, ein Schneefeld queren und umrundet den östlichen Gipfelaufbau der Cima Grostè. Wir steigen an zu einem Winkel, in dem die Bocca dei Camosci (2770 m) ein Aussichtsfenster nach Westen öffnet. Bisher war die große, ungehinderte Schau nach Osten ein interessanter Begleiter; auf eine kurze Wegestrecke sehen wir hinab in die Vedretta di Vallesinella und hinüber zum hohen, glänzenden Firnstreifen der Adamelloberge im Westen. Gut markiert und an den schwierigeren Stellen mit

Drahtseilen gesichert, benützt der Sentiero die Bänder in den Ostflanken des Campanile dei Camosci und der Cima Falkner, schlüpft unter Felsdächer und erreicht an der Bronzetafel »Alfredo Benini 1895–1968« die höchste Wegestelle (2900 m). Dort verlieren wir in der Ostwand des Campanile di Vallesinella 100 Höhenmeter, der Wiederanstieg führt uns hinauf zu einem Absatz (ca. 2850 m) nahe der Bocca di Val Perse, und diese hohe Terrasse drängt uns eine Rast geradezu auf.
Das neue, weite Panorama im Westen wetteifert mit dem Nahblick zur eisgeschmückten Cima Brenta. Vor uns liegt der oberste Firnfleck des kleinen Vallesinella-Gletschers, in dem eine Spur den Benini-Weg um die Spitze der Cima Sella herum zur Südflanke führt, die zur Bocca

Diese drei Brenta-Wanderer begehen den Sentiero Benini. Im ostseitigen Routenverlauf des Weges öffnet dieses Felsenfenster einen weiten Blick nach Westen, zu den schimmernden Gletschern der Adamello-Gruppe.

di Tuckett abbricht. Eine Stange markiert den Einstieg. Dieses sehr steile Bergab durch Kamine und Rinnen über etwa 100 Meter ist die schwierigste Stelle im Benini-Weg, aber mit Leitern und Drahtseilen gut gesichert. Auch der Übertritt vom Fels- zum Firnsattel kann je nach den Schneeverhältnissen seine Tücken haben. Am Tuckett-Paß teilen sich die Wege: Abstieg über den Gletscher zur Tuckett-Hütte, auf dem Sentiero Bocchette Alte zur Alimonta-Hütte, und auf dem Sentiero Orsi zur Pedrotti-Tosa-Hütte.

Tourensteckbrief

Ausgangsort
Madonna di Campiglio 1522 m.

Die Tour in Stichworten
Madonna di Campiglio 1522 m – Seilbahn Grostè-Paß Bergstation 2438 m – Sentiero Benini – Bocca di Tuckett 2648 m – Rif. Tuckett 2272 m.

Schwierigkeit: II = mäßig schwierig
Bis zur höchsten Wegestelle ostseitiger Routenverlauf, im westseitigen Abstieg zur Bocca di Tuckett Gletscherberührung, ab Paß über Gletscher zur Tuckett-Hütte. Benini-Weg mit Drahtseilen und Leitern gut gesichert.
Zugang: Seilbahn-Auffahrt zum Grostè-Paß.
Klettersteig: Von der Bergstation mit Mark. nach Süden gegen die Cima del Grostè, bis ein ausgeprägter Steig den Benini-Weg aufnimmt und mäßig steil in die Ostseite der Cima Grostè lenkt. Auf einem Geröllband zur Bocca di Camosci 2770 m und über ausgesetzte Felsbänder unter den Gipfeln des Campanile dei Camosci und der Cima Falkner zur höchsten Wegestelle, ein Felsabsatz 2900 m, Tafel »Alfredo Benini«. Steiler Abstieg etwa 100 m und Wiederanstieg zu einer Felskanzel ca. 2850 m. Hinab zum Vallesinella-Gletscher, dort nach links zur Cima Sella und zum Felsabstieg (Stangenbezeichnung) zur Bocca di Tuckett, mit Leitern und Drahtseilen gut gesichert = schwierigste Stelle. Ausstieg am vergletscherten Tuckett-Paß. Vom Paß über den Brenta-Gletscher zur sichtbaren Tuckett-Hütte.

Höchste Wegestelle/Gipfel
Tafel »Alfredo Benini 1895–1968« 2900 m.

Anstiegsleistung
Ab Grostè-Paß 500 Höhenmeter.

Abstieg
Siehe Tourenverlauf.

Gehzeiten
Bergstation Grostè-Paß 2438 m – Sentiero Benini – Bocca di Tuckett 2648 m: 3 Std.
Abstieg: Rif. Tuckett 2272 m: 1 Std.
Gesamtgehzeit: 4 Std.

Hütten/Stützpunkte
Rifugio Tuckett 2272 m, CAI-SAT Trient, 68 Betten/Matr., bew. Ende Juni–Ende Sept.

Landkarten
Kompass-Wanderkarte 1:50000, Blatt 73 »Gruppo di Brenta« und Kompass-Karte 1:30000, Blatt 073 »Dolomiti di Brenta«.

Achtung: Der Sentiero delle Bocchette, diese durchgehende Wegekette zwischen dem Grostè-Paß im Norden und der 12-Apostel-Hütte im Süden wird in den nachfolgenden Tourensteckbriefen von Nord nach Süd = bevorzugter Tourenverlauf, von Hütte zu Hütte beschrieben, ohne jedesmal Talzugänge und -abstiege zu erwähnen. Für Touren in der Zentralen Brenta eignet sich als Ausgangsort auch sehr gut der Parkplatz am Rifugio Vallesinella (1513 m, Nächtigungsmöglichkeit) mit Zufahrt von Madonna di Campiglio.

Nach der Scharte, die wir im linken Bild sehen, schlüpft der Sentiero Benini in senkrecht aufgeschichtete, gewinkelte Felskulissen und schneidet auf schmalen, überdachten Felsbändern die Ostflanke des Campanile dei Camosci und der Cima Falkner.

Brenta-Gruppe

71 Sentiero Bocchette Alte

Von der Bocca di Tuckett zur Alimonta-Hütte

sehr schwierig

Steilfels zu beiden Seiten, dazwischen ewiges Eis – das sind die Merkmale der Bocca di Tuckett. Dieser sehr deutliche Paßeinschnitt schlägt in 2648 Meter Meereshöhe eine Brücke hinüber zur Cima Brenta und führt den Bocchette-Weg hinein in das Zentrum der Hauptkette. Von der Gipfelregion der Cima Brenta (3150 m) stürzt ein Hängegletscher in die Vedretta di Brenta inferiore und unterstreicht den hochalpinen Charakter der Umgebung. Blankes Gletschereis kann im Spätsommer den Abstieg zur Tuckett-Hütte (2272 m) erheblich erschweren; zur Ausrüstung einer Brentafahrt gehören deshalb auch Leichtsteigeisen und ein kurzer Pickel! Die Gletscher spielen im Gesamtbild der Gruppe zwar nur eine Nebenrolle, aber der Bocchette-Weg kann dem Eis nicht ausweichen, er muß verfirnte Steilrinnen und die Gletschersattel einiger Scharten queren.

Gute Geher erreichen ab Grostè-Paß nach 3 Stunden die Bocca di Tuckett. Bei sicherem Wetter sollten sie die Chance nützen, sogleich in den Bocchette-Alte-Weg einfädeln und erst an der Alimonta-Hütte den Tag ausklingen lassen. Dieser »Hohe Weg« erschließt den Normalweg zur Cima Brenta und quert auf höchstmöglicher

◁ *Im Bild die Tuckett-Hütte, links oben die Cima Falkner. Von dort zieht der Sentiero Benini in die Firnflecken unter dem Felszahn der Cima Sella, in der Südwand des Gipfels stürzt er sehr steil herab zur vergletscherten Bocca di Tuckett.*

Der Sentiero Bocchette Alte beginnt an der   ▷ Bocca di Tuckett mit dem Anstieg zur Nordschulter der Cima Brenta, am rechten Bildrand. Seine kühne Wegetrasse veranschaulicht das Bild rechts.

Route die Gipfelkette bis zur Bocca degli Armi. Im Jahre 1968 wurde die neuerbaute Alimonta-Hütte (2600 m) eröffnet, und dieser notwendige Stützpunkt an der Bocca degli Armi forderte die Einrichtung der höchsten und verwegensten Wegeverbindung heraus: Im Sommer 1969 war der *Sentiero delle Bocchette Alte* vollendet. Bis zu diesem Zeitpunkt stellten ab Tuckett-Hütte auf der Brenta-Westseite der Sentiero SOSAT und auf der Ostseite der Sentiero Orsi die Verbindungen zur Brentei-Hütte und zur Pedrotti-Tosa-Hütte her. Für die meisten Brentawanderer haben diese beiden Wegeverbindungen ihre frühere Bedeutung behalten, denn der »Bocchette Alte« setzt sehr hohes Leistungsvermögen voraus, dazu bestmögliche Klettersteigausrüstung und für das Eis, dem wir auch hier begegnen, Pickel und Steigeisen.

An der Bocca di Tuckett zeigt die Tafel *»Enrico Pedrotti – Coro della SAT«* den ersten Teil des Weges an. Über Felsstufen, geführt von Steinmännern und Drahtseilen, steigen wir hinauf zur meist schneebedeckten Nordschulter der Cima Brenta. Unter dem ostseitigen Gipfelaufbau – knapp an der 3000-Meter-Grenze – übernimmt als Teilabschnitt der Sentiero Fratelli Garbari die Fortsetzung. Das anfangs breite »Garbari-Band« (Abstecher zur Cima Brenta möglich) verengt sich zu einer schmalen Felsleiste. Wir klettern auf einer langen Leiter hinab zu einer steilen, oft vereisten Firnrinne, die wir queren müssen – zwei Drahtseile, berechnet für unterschiedliche Schneeverhältnisse, sichern diese gefährliche Passage. Drahtseile und Leitern helfen durch Schluchten und über kleine Scharten (= Bocchetti), senkrechte

Wände zur Rechten, nur geringe Felsvorsprünge zur Linken über schier bodenlosen Tiefen, die jeden Ausweg zu versperren scheinen. Wie kann es weitergehen? Diese Frage stellt sich an jeder Felsenecke neu – Drahtseile und Leitern geben die Antwort. Die Südschulter der Cima Brenta (= Spalla di Brenta) markiert mit 3020 Meter die höchste Position im Sentiero Bocchette Alte, aber auch der nächste, »Mario Coggiola« benannte Teilabschnitt bleibt an der 3000er Linie. Endlos scheinen uns die Treppenstufen hinab in den Spalt der Bocchetta Alta dei Massodi (2950 m), aus dem wir über die 68 Sprossen der »Scala degli Amici« (= Leiter der Freundschaft) hinauf zur Aussichtsplattform (2999 m) des Spallone dei Massodi klettern.

Der eine mag es bedauern, viele werden es aber gerne zur Kenntnis nehmen: Mit den nächsten Drahtseilen und Leitern verlassen wir die Höhe endgültig, der Klettersteig muß durch die jähe Südwand des Spallone hinab zur vergletscherten, scharf eingeschnittenen Bocca Bassa di Massodi (2790 m). Beidseitig stürzen Eisrinnen zur Tiefe, jenseits knüpft der Wegeabschnitt »Umberto Quintavalle« mit einem steilen Leiternaufstieg an, über die Schotterterrassen der Cima Molveno (2918 m) läuft der Bocchette Alte an der Bocca degli Armi aus.

Ein Schild weist an der Bocca Bassa di Massodi die Variante »Oliva Detassis« und damit einen schnellen Abkürzer zur Alimonta-Hütte. Dieser Abstieg in das Felsengefängnis des kleinen Brentei-Gletschers auf mehr als 300 (!) Leiternsprossen zehrt auch routinierten Ferrata-Gehern an Kraft und Nerven. Waghalsiger als die »Scala degli Dei«, die »Götterleiter«, darf keine Leiternserie sein! Wem der Mut für diese extreme Variante fehlt, unterwirft sich besser dem Auf und Ab auf der Normalroute über die Cima Molveno. Dieser Anstieg führt nochmals an die 3000-Meter-Grenze heran. Der Sentiero Quintavalle quert das Gipfelplateau, Seile und Leitern sichern den nicht schwierigen Abstieg zum Sfulmini-Gletscher.

Im sorglosen Wanderschritt auf einem Schotterpfad hinüber zur nahen Alimonta-Hütte schauen wir befriedigt zurück: Unglaublich, was die Erbauer des Sentiero Bocchette Alte geleistet haben – dieser »Hohe Weg« ist die Krone aller Brenta-Steige – ein großes Bergerlebnis!

Schmale, sehr steile Eisrinnen erschweren die Begehung des Bocchette Alte. Sicherungsseile können in Eis und Firn eingefroren sein, deshalb Pickel mitnehmen!

Tourensteckbrief

Ausgangsort
Rif. Tuckett 2272 m; oder Rif. Alimonta 2600 m.

Die Tour in Stichworten
Rif. Tuckett 2272 m – Bocca di Tuckett 2648 m – Sentiero Bocchette Alte – Bocca degli Armi 2749 m – Rif. Alimonta 2600 m.

Schwierigkeit: IV = sehr schwierig
Hochalpine, sehr anspruchsvolle, meist ostseitige Routenführung. Sehr steile, ausgesetzte, aber kurze An- und Abstiege, (Achtung Eis); mit Drahtseilen und Leitern gut gesichert.
Zugang: Von der Tuckett-Hütte über den Brenta-Gletscher zur Bocca di Tuckett.
Klettersteig: Ab Tuckett-Paß mit dem ersten Teilabschnitt, dem »Enrico-Pedrotti-Weg«, steil hinauf zur Nordschulter der Cima Brenta und im Wegeabschnitt »Fratelli Garbari« zum Garbari-Band ca. 2950 m in der Ostseite der Cima Brenta. (Abstecher zur Cima Brenta möglich.) Ab Garbari-Band verwickelte Routenführung mit sehr steilem, kurzem Auf und Ab zu kleinen Scharten und Felsabsätzen (Querung von Eisrinnen!), immer an der Dreitausender-Linie bis zur höchsten Wegestelle »Spalla di Brenta« 3020 m. Im Abschnitt »Mario Coggiola« sehr steile und lange Leitern-An- und Abstiege, »Leiter der Freundschaft« 68 Sprossen hinauf zum Spallone dei Massodi. Dort sehr steil hinab zur Bocca bassa di Massodi 2790 m und zur Wegeteilung: Jenseits der Bocca auf dem »Umberto-Quintavalle-Weg«, der leichteren Route, zur Cima Molveno 2918 m – Bocca degli Armi 2749 m und über den Sfulmini-Gletscher zur Alimonta-Hütte; *oder* aus der Scharte auf der Variante »Oliva Detassis« nach Norden, sehr steil bis senkrecht mit der »Götterleiter« (etwa 300 Sprossen!) hinab zum Brentei-Gletscher und auf Steig zum Rif. Alimonta.

Höchste Wegestelle/Gipfel
Spalla di Brenta 3020 m.

Anstiegsleistung
Ab Rif. Tuckett 900 Höhenmeter (Gegenanstiege!).

Abstieg:
Siehe Tourenverlauf.

Gehzeiten
Rif. Tuckett 2272 m – Bocca di Tuckett 2648 m: 1 Std. – Bocchette Alte – Rif. Alimonta 2600 m: 5 Std.
Gesamtgehzeit: 6 Std.

Hütten/Stützpunkte
Rifugio Tuckett 2272 m, siehe Tour 70.
Rifugio Alimonta 2600 m, privat, 72 Betten/ Matr., bew. Ende Juni–Ende Sept.

Landkarten
Siehe Tour 70.

Die fast senkrechte Leiternserie der »Scala degli Dei« ist die kühnste Sicherungsanlage aller Brenta-Steige. Im Sentiero Bocchette Alte läuft über ihre 300 Sprossen die Variante »Oliva Detassis« hinab zur Alimonta-Hütte.

Brenta-Gruppe

72 Sentiero SOSAT

Von der Tuckett-Hütte zur Brentei- und Alimonta-Hütte

wenig schwierig

In der Euphorie der Erschließerzeit bekam der günstige, aussichtsreiche Platz unter der Vedretta di Brenta inferiore nahe dem Felsturm des Castelletto inferiori gleich zwei Hütten. Im gegenseitigen Wettlauf erbauten in den Jahren 1905–1907 in enger Nachbarschaft die CAI-SAT-Trient das Rifugio Sella und die Sektion Berlin des damaligen Deutschen und Österreichischen Alpenvereins die Tuckett-Hütte. Beide Häuser gehören heute der SAT Trient; der Name »Tukkett« (englischer Alpenerschließer) gilt im deutschen Sprachgebrauch für beide Hütten. Die Zugänge kommen vom Parkplatz am Rifugio Vallesinella (1513 m), auf dem »Giro del Brenta« von der Bergstation

(2438 m) am Grostè-Paß und von der Seilbahn-Bergstation (2093 m) am Monte Spinale. Bergsteiger und Bergwanderer planen die Tuckett-Hütte gerne als ersten Sützpunkt ein, und spätestens hier, im Angesicht von schwarzgestriemtem, gelbrotem, Dolomitfels und firnbedeckter Dreitausender beginnt die Verführung, die in dem Wort »Brenta« steckt, voll zu wirken! Nach Süden, zur Alimonta-Hütte im Zentrum der Hauptkette, stehen die Sentieri Bocchette Alte und SOSAT zur Wahl. Der Bocchette-Alte-Weg stellt für den Bergwanderer zu hohe Ansprüche, der SO-SAT-Weg jedoch ist eine interessante Verbindung von Hütte zu Hütte, die jeder trittsichere, geübte Wanderer gehen kann.

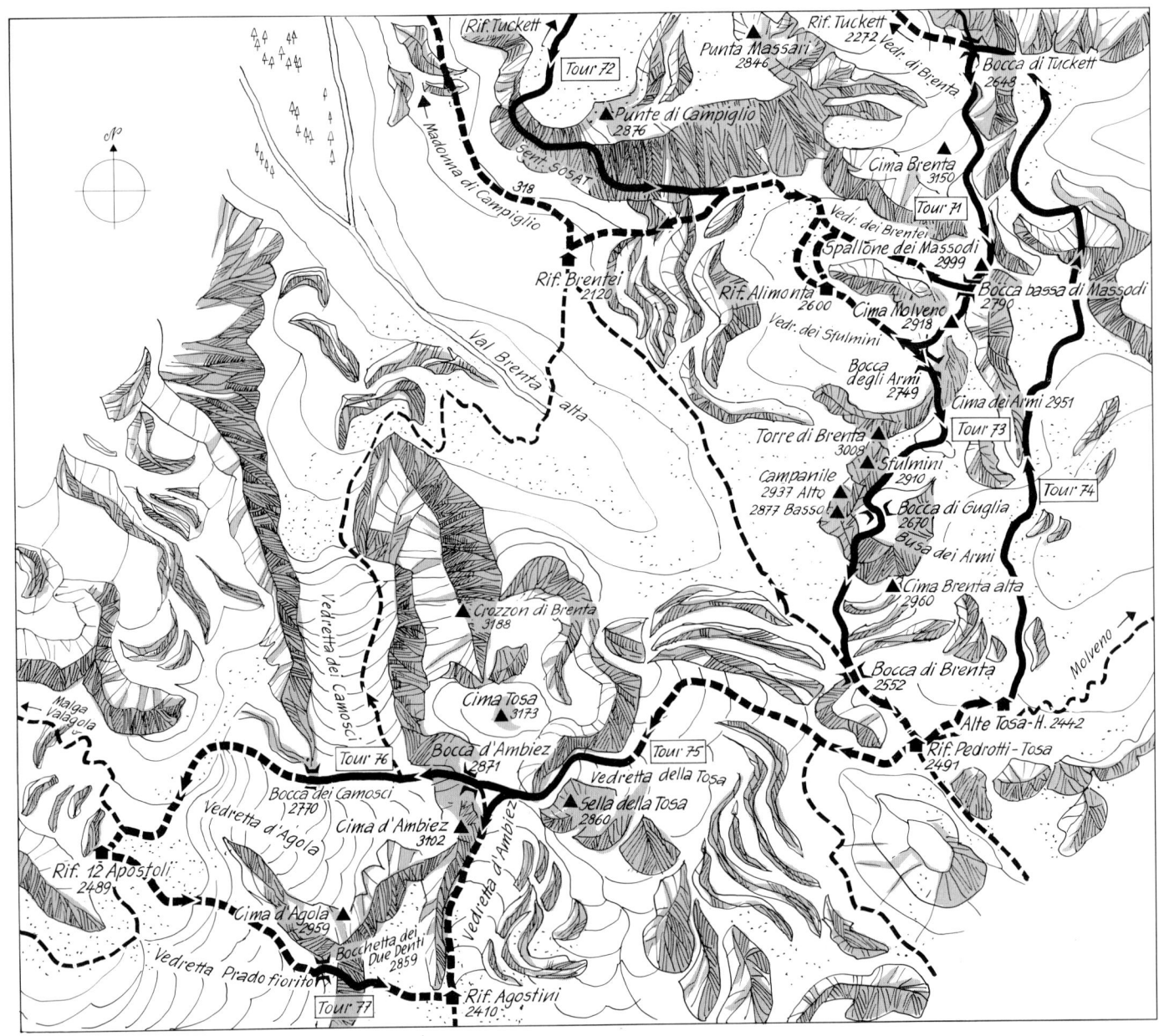

Oberhalb der Tuckett-Hütte überschreiten wir das Gletschergeschiebe hinüber zu den Felsterrassen der Punta Massari. Der leichte, aber abschüssige Fels braucht zur Sicherung nur eine kleine Leiter und Drahtseile hinaus in das Labyrinth eines Bergsturzes auf der zum Tal offenen West-seite. Der Sentiero sucht und findet durch die ungefügen Felsblöcke seinen Weg; fast horizontal läuft er der höchsten Position (2630 m) und auch dem einzigen schwierigeren Abschnitt entgegen. Die großartige Aussicht zu den vergletscherten Presanella- und Adamellobergen und zur nahen, himmelhohen Nordkante des Crozzon di Brenta betrachten wir in Ruhe bei einer kleinen Rast. Der steile Abstieg über Leitern und mit Drahtseilsicherun-gen in eine tiefe Felsschlucht und der jen-seitige Anstieg über die 51 Sprossen einer absolut senkrechten Leiter hinauf zu ei-nem Band beanspruchen die volle Auf-merksamkeit. Von einer begrünten Schro-fenterrasse schauen wir hinab zur Brentei-Hütte, noch zwei gesicherte, enge Felsrinnen, und am Bronzeschild: »*Sentiero SO-SAT 1960*« müssen wir wissen, ob wir zur Brentei-Hütte (2120 m) hinab, oder zur Alimonta-Hütte (2600 m) hinauf wollen. Die Alimonta-Hütte lockt mit dem An-schluß an den Sentiero Bocchette Centra-le, dem wohl berühmtesten Glied in der gesamten Kette des Bocchette-Weges. Die Position dieser Hütte ist eine der schön-sten in der Brenta. Eine nahe, fast 3000 Meter hohe Felsenkulisse schirmt das Haus ab, nur im Westen ist das Gebir-ge weit offen; im Osten, über dem Firn des Vedretta dei Sfulmini, schlägt die Bocca degli Armi eine tiefe Bresche in die Hauptkette.

Tourensteckbrief

Ausgangsort
Rif. Tuckett 2272 m, oder Rif. Brentei 2120 m.

Die Tour in Stichworten
Rif. Tuckett 2272 m – Sentiero SOSAT – Rif. Brentei 2120 m **oder** Rif. Alimonta 2600 m.

Schwierigkeit: I = wenig schwierig
Schnellste und leichteste Verbindungsroute zur Brentei- und zur Alimonta-Hütte. Westseitiger Routenverlauf, schwierigere Stellen mit Leitern und Drahtseilen gesichert.
Klettersteig: Von der Tuckett-Hütte nach Mark. über den Abfluß des Brenta-Gletschers zum nordseitigen, schrofigen Felsvorbau der Punta Massari und über eine kleine Leiter, Drahtseile, mäßig steil hinaus zur offenen, freien Westseite. Markierungen leiten durch das Labyrinth eines Bergsturzes mäßig steil aufwärts, fast horizontal zur höchsten Wegestelle 2630 m auf einer Ge-ländeschulter unter den Punte di Campiglio. Der steile, aber mit Leitern und Drahtseilen gut gesicherte Abstieg in eine Schlucht und der jen-seitige Anstieg über eine senkrechte, lange Lei-ter (51 Sprossen) zu einem Band ist der schwie-rigste Abschnitt im SOSAT-Weg. Das Band führt hinaus in eine begraste Schrofenterrasse (Brentei-Hütte 400 m tiefer sichtbar), Abstieg durch zwei gesicherte, enge Rinnen in ein Täl-chen zur Wegeteilung ca. 2400 m: links aufwärts zum Rif. Alimonta, nach rechts hinab zum Rif. Brentei.

Höchste Wegestelle/Gipfel
Geländeschulter unter den Punte di Campiglio 2630 m.

Anstiegsleistung
Rif. Tuckett – Rif. Brentei 400 Höhenmeter, zur Alimonta-Hütte 600 Höhenmeter.

Abstieg Siehe Tourenverlauf.

Gehzeiten
Rif. Tuckett 2272 m – Sentiero SOSAT – Rif. Brentei 2120 m: 2½ Std. *oder* Rif. Alimonta 2600 m: 3 Std.

Die Querung einer mit Leitern und Drahtseilen gesicherten Westschlucht unter den Punte di Campiglio ist der schwierigste Abschnitt im Sentiero SOSAT.

Hütten/Stützpunkte
Rifugio Tuckett 2272 m, CAI-SAT Trient, 68 Betten/Matr., bew. Ende Juni–Ende Sept.
Rifugio Brentei 2120 m, CAI-Sektion Monza, 90 Betten/Matr., bew. Ende Juni–Ende Sept.
Rifugio Alimonta 2600 m, privat, 72 Betten/ Matr., bew. Ende Juni–Ende Sept.

Landkarten
Kompass-Wanderkarte 1:50000, Blatt 73 »Gruppo di Brenta« und Kompass-Karte 1:30000, Blatt 073 »Dolomiti di Brenta«.

Tip
Der Sentiero SOSAT im Westen und der Sentie-ro Orsi im Osten queren die Zentrale Brenta auf leichteren Routen, sind also günstige Rückwege zum Rifugio Tuckett.

73 Sentiero Bocchette Centrale

*Von der Alimonta-Hütte zur
Pedrotti-Tosa-Hütte*

mäßig schwierig

Die herrliche Wegetrasse des Sentiero Bocchette Centrale ist das Mekka aller Brenta-
Freunde.

Die herrliche Lage der Alimonta-Hütte
auf einer 2600 Meter hohen Felsenrampe
unter dem Sfulmini-Gletscher ist das
Sprungbrett für den *Sentiero Bocchette
Centrale* hinüber zum Rifugio Pedrotti-
Tosa (2491 m). Dieser Weg schneidet auf
einer durchschnittlichen Höhe von
2700 Meter teils ost-, teils westseitig das
Herz der Brenta: den Torre di Brenta, die
Sfulmini, die Campanili Alto und Basso
und die Brenta Alta. Die »Via delle Bocchette«, wie dieser Abschnitt auch genannt wird, ist der Traum eines jeden
Brenta-Besuchers – daher auch in beiden
Richtungen vielbegangen.

Aus dem Gletscher steigen wir im Schartenfels der Bocca degli Armi (2749 m)
über Leitern hinauf zu dem Band (ca.
2800 m, höchste Wegestelle) in der Ostwand des Torre di Brenta. Wir gehen über
natürliche Felsbänder, schlüpfen in tiefge-

winkelte Nischen und kommen schließlich zur Plattform, die uns einen berühmten Felsobelisk zeigt: Wir stehen staunend
vor der »Guglia di Brenta«! Doch nur der
gewandte Kletterer wird über eine der
senkrechten Kanten oder Wände hinauf-
turnen zum winzigen Gipfelplateau, zur
»Insel der Seligen« in 2877 Meter Höhe.
Das Finale, der »Otto-Gottstein-Weg«
hinab zur Guglia-Scharte (2670 m), die
Querung in der Nordwestseite der Brenta
Alta zum Ausstieg an der Bocca di Brenta
(2552 m) läßt uns nochmals die Faszination dieser Via delle Bocchette empfinden
– ein Weg, der für viele Bergsteiger und
Bergwanderer ein Höhepunkt sein wird!
Von Madonna di Campiglio und dem zentralen Brenta-Parkplatz an der Vallesinel-
la-Hütte (1513 m) kann für ausdauernde
Geher der Zentrale Bocchette-Weg sogar
eine Tagestour sein.

Tourensteckbrief

Ausgangsort
Rif. Alimonta 2600 m.

Die Tour in Stichworten
Rif. Alimonta 2600 m – Bocca degli Armi
2749 m – Sentiero Bocchette Centrale –
Bocca di Brenta 2552 m – Rif. Pedrotti-Tosa 2491 m
oder Rif. Brentei 2120 m.

Schwierigkeit: II = mäßig schwierig
Ost- und westseitiger Routenverlauf, teilweise
sehr ausgesetzte Bänder, mit Drahtseilen und
Leitern gut gesichert.
Zugang: Vom Rif. Alimonta über den Sfulmini-
Gletscher zur Bocca degli Armi.
Klettersteig: Aus der Bocca mit Leitern und
Drahtseilen hinauf zu einem Band in der Ost-
seite des Torre di Brenta ca. 2800 m = höchste
Wegestelle. Der Zentrale Bocchette-Weg
schneidet auf schmalen Bändern den Torre di
Brenta, die Sfulmini, die Campanile Alto und
Basso hinab zur Guglia-Scharte 2670 m; mit
dem »Gottstein-Weg« schwenkt er in die NW-
Wand der Cima Brenta alta und läuft zur Bocca
di Brenta aus.

Anstiegsleistung
Ab Rif. Alimonta 200 Höhenmeter.

Gehzeiten
Rif. Alimonta 2600 m – Bocchette Centrale –
Bocca di Brenta 2552 m – Rif. Pedrotti-Tosa
2491 m: 3½ Std. *oder Abstieg* Rif. Brentei
2120 m: 4 Std.

Hütten/Stützpunkte
Siehe Tour 72.

Landkarten
Siehe Tour 72.

*Aus dem Sentiero Bocchette Centrale Nahblick ▷
zur berühmtesten Felsgestalt der Brenta, zur
»Guglia di Brenta«.*

74 Sentiero Orsi

*Die Osttraverse zwischen
Bocca di Tuckett und
Pedrotti-Tosa-Hütte*

wenig schwierig

Der Sentiero Bocchette Centrale mündet bei der Bocca di Brenta (2552 m) in die vielbegangene Querverbindung Rifugio Brentei – Rifugio Pedrotti-Tosa. Der Sentiero delle Bocchette zieht von der nahen Pedrotti-Tosa-Hütte (2491 m) mit dem Brentari-Weg nach Südwesten weiter, hinab zur Agostini-Hütte. Für Bergwanderer, die auf einer der bis jetzt beschriebenen Routen von der Tuckett-Hütte zur Bocca di Brenta kommen, bietet sich, wenn sie die südliche Brenta auslassen wollen, über die Brentei-Hütte (2120 m) der direkte Abstieg nach Madonna di Campiglio oder die Rückkehr auf dem Orsi-Weg zur Tuckett-Hütte an.

Der schon 1952 eröffnete *Sentiero Osvaldo Orsi* verläuft in durchschnittlich 2400 Meter Höhe im Ostabfall der Zentralen Hauptkette, ist also nicht direkt in den Bocchette-Weg eingebunden. Dadurch wird er zwangsläufig auf die untere Brenta-Etage verwiesen, die mittlere beansprucht die Via delle Bocchette und die hohe, wie es die Bezeichnung verrät, der Sentiero Bocchette Alte; auch die Schwierigkeitsbewertung hält diese Reihenfolge ein. Die Landschaftsbilder – die gewaltigen Wandfluchten, die Felstürme und -spitzen der Hauptkette, der grüne Wälder- und Wiesengrund von Molveno mit seinem See, der fast horizontale Weg auf

Im Tourenreigen der Brenta ist die Pedrotti-Tosa-Hütte ein wichtiger Knotenpunkt. Die Talanstiege von Madonna di Campiglio über die Brentei-Hütte und von Molveno sowie die Sentieri Bocchette Centrale, Orsi und Brentari, sie alle treffen an diesem schönen Hüttenplatz zusammen.

schmalen Felsbändern (= »Seghe«) und durch ausgedehnte Karbuchten (= »Buse«) – sind die Trumpfkarten des Orsi-Weges, deren Wert der Berggeher erst zu schätzen weiß, wenn er diesen Sentiero, gleich welcher Richtung, begeht.

Vom Rifugio Pedrotti-Tosa führt ein Steig hinab zur alten Tosa-Hütte. Dort zweigt der Orsi-Weg nach links vom Talweg nach Molveno ab und wendet sich nordwärts, hinauf zur ersten Kareinbuchtung, der Busa dei Sfulmini. Hier lohnt ein kurzer Abstecher vom Weg, denn zum Unteren Massodi-Kar zeigt die »Guglia di Brenta« ihr bestes Profil: Als schlanker, perfekt geformter Campanile ragt sie vollkommen frei 300 Meter hoch in den Brentahimmel – von keiner anderen Stelle ist diese berühmte Felsgestalt so schön!

Im Weiterweg fesselt uns die mächtig vorspringende Felsnase des »Naso di Massodi«. An der Gedenktafel für Osvaldo Orsi (ca. 2500 m) schwenkt der Sentiero in die »Sega alta«, ein breites Band unter senkrechten, teils überhängenden Felsmauern (Drahtseilsicherung), und gelangt zu einem Absatz. Überraschend steil, aber nur kurz führt die Wegetrasse in das nächste, weite Kar und läuft über Schotter und Schneeflecke einem von weitem sichtbaren Steig entgegen. Im Anschluß zu ihm öffnet sich unvermittelt über uns die schmale Einschartung der Bocca di Tukkett. Die Markierung des Orsi-Weges leitet aufwärts zu einem auffallenden Steinklotz (nach rechts Abstieg Val Perse – Molveno). Gute 100 Meter höher, nach einem steilen Geröll- und Firnanstieg, findet der Sentiero Orsi am Tuckett-Paß (2648 m) den Übergang zur Tuckett-Hütte.

Tourensteckbrief

Ausgangsort
Rif. Pedrotti-Tosa 2491 m, oder Rif. Tuckett 2272 m.

Die Tour in Stichworten
Rif. Pedrotti-Tosa 2491 m – Sentiero Orsi – Bocca di Tuckett 2648 m – Rif. Tuckett 2272 m.

Schwierigkeit: I = wenig schwierig
Direkte, leichte, ostseitige Verbindung zwischen Rif. Pedrotti-Tosa und Rif. Tuckett, vorteilhaft in dieser Richtung. Schwierigere Stellen mit Drahtseilen gesichert.
Zugang: Vom Rif. Pedrotti-Tosa auf dem Talweg nach Molveno hinab bis zur alten Tosa-Hütte, 2442 m.
Klettersteig: Ab Hütte mark. Steig aufwärts in das Untere Massodi-Kar. (Abstecher vom Weg nach links hinauf in die Busa dei Armi, schönster Anblick der Guglia di Brenta.) Weiter in das Obere Massodi-Kar zum auffallenden Naso di Massodi. Bei der Gedenktafel »Osvaldo Orsi« schwenkt die Route in die »Sega alta«,

ein breites Felsband. Steiler, drahtseilgesicherter Abstieg (Achtung, Schnee) in die Hochkare der Val Perse. Entlang der Ostabstürze der Cima Brenta höher zu einem auffallenden Felsklotz und Steilanstieg (Schotter, Schnee und Eis) zur Bocca di Tuckett. Achtung! Abstiegstrasse auf dem Gletscher zur Tuckett-Hütte, im Spätsommer oft Blankeis!

Höchste Wegestelle/Gipfel
Bocca di Tuckett 2648 m.

Anstiegsleistung
Ab alter Tosa-Hütte 300 Höhenmeter (Gegenanstiege).

Abstieg
Ab Bocca di Tuckett Gletscherabstieg zum Rif. Tuckett, meist Trasse.

Gehzeiten
Rif. Pedrotti-Tosa 2491 m – alte Tosa-Hütte 2442 m – Sentiero Orsi – Bocca di Tuckett 2648 m: 3½ Std.
Abstieg: Rif. Tuckett 2272 m: 1 Std.
Gesamtgehzeit: 4½ Std.

Hütten/Stützpunkte
Rifugio Pedrotti-Tosa 2491 m, CAI-SAT Trient, 80 Betten/Matr., bew. Ende Juni–Ende Sept.
Rifugio Tuckett 2272 m, CAI-SAT Trient, 68 Betten/Matr., bew. Ende Juni–Ende Sept.

Landkarten
Kompass-Wanderkarte 1:50000, Blatt 73 »Gruppo di Brenta« und Kompass-Karte 1:30000, Blatt 073 »Dolomiti di Brenta«.

Tip
Ab Rif. Tuckett Wandertrasse »Giro del Brenta« zurück zur Bergstation der Grostè-Seilbahn 2438 m, 2 Std.

Ein Bild aus der Wegetrasse des Sentiero Orsi. In den Ostflanken der »Zentralen Brenta« verbindet er auf nicht zu schwieriger Wandertrasse die Pedrotti-Tosa- mit der Tuckett-Hütte. Nach der Begehung des Bocchette Alte und des Bocchette Centrale ist er ein schneller, direkter Rückweg zur Tuckett-Hütte.

Brenta-Gruppe

75 Sentiero Brentari

76 Sentiero dell' Ideale

Von der Pedrotti-Tosa-Hütte zur Agostini-Hütte

mäßig schwierig

Am 22. Juli 1864 überschritt der englische Gelehrte und Alpenforscher John Ball als erster Tourist die Bocca di Brenta (2552 m). Mit diesem Datum beginnt die alpinistische Erschließung der Brenta-Gruppe. Auch die Nachfolger suchten diese tiefe Bresche, war doch die Bocca auch den Einheimischen ein seit langem bekannter Paß zwischen dem östlichen Molveno (864 m) und dem westlichen Pinzolo (770 m). Die ersten Brenta-Freunde begeisterten sich vor allem für die Cima Tosa, und so war es nur natürlich, daß dieser wichtige Übergang auch die erste Schutzhütte erhielt: Trentiner Alpinisten erbauten im Jahre 1881 auf der Molveno-Seite, 100 Meter unter der Bocca di Brenta, die Tosa-Hütte (2442 m). Für drei Jahrzehnte genügte dieses kleine Haus; zwischen 1912 und 1914 errichtete jedoch die Sektion Bremen des damaligen Deutschen und Österreichischen Alpenvereins auf einem vorteilhaften Platz 50 Meter höher eine größere Konkurrenzhütte. Den Streit darüber mußte der oberste Gerichtshof zu Wien entscheiden: Er sprach das neue Haus den Trentinern zu, das heute als Rifugio Pedrotti-Tosa (2491 m) der wichtigste Stützpunkt im Süden der Hauptkette ist. Molveno hat seine frühere Bedeutung für die Brenta-Touristik verloren, die Hauptroute läuft von Madonna di Campiglio über die Brentei-Hütte und verzweigt zum Sentiero delle Bocchette, entweder nach Norden zu den Touren 73 und 74 oder nach Südwesten zum

An der Bocca dei Camosci, Blick zum Camosci-Gletscher und zur verfirnten Bocca d'Ambiez.

Sentiero Livio Brentari

Von der Pedrotti-Tosa-Hütte umgehen wir den Sockel der Brenta Bassa, schwenken in den Firnkessel unter dem Ostmassiv der Cima Tosa und wandern hinauf zu dem großen Steinmann auf der Sella della Tosa. Diese Felsschulter südöstlich der Cima Tosa ist die höchste Wegestelle (2860 m) und ein phantastischer Aussichtspunkt! Eindrucksvoll der Blick zur breiten Ostwand der Cima d'Ambiez, die am Vormittag goldgelb, am Nachmittag dunkel, aber immer schwer und festgefügt den Ambiez-Kessel beherrscht. Der Brentari-Weg, eröffnet 1950, sichert die Abstiegsroute zur Agostini-Hütte am Südrand des Kessels. Drahtseile führen uns zum Eisjoch der Bocca della Tosa (ca. 2800 m), von dem der Weg steil abfällt. Mit einigen Leitern und Drahtseilen gut gesichert, bleibt er im rechten Wandfels und läuft im Ambiez-Gletscher aus. Darunter, umgeben von den haushohen Blöcken eines Bergsturzes, wartet die Agostini-Hütte (2410 m).

Sentiero dell' Ideale

Dieser Sentiero, die Mutter aller anderen Wegabschnitte, entstand im Jahre 1932 aus der Notwendigkeit heraus, die 12-Apostel-Hütte mit der Pedrotti-Tosa-Hütte zu verbinden. Den Namen entlehnt diese Route von der Punta dell' Ideale, einer wegweisenden, markanten Felsspitze an der Bocca della Tosa. Noch im Firn des Ambiez-Gletschers trennt sich der Sentiero Ideale vom Brentari-Weg. Er zieht über das Eis steil höher zur Bocca d'Ambiez (2871 m), überschreitet den Gletschersattel zur Vedretta dei Camosci (2770 m) und läuft als einfacher Wanderweg hinunter zur 12-Apostel-Hütte. Diese früher wichtige Hüttenverbindung tritt in jüngerer Zeit in den Hintergrund. Der Brenta-Wanderer meidet nach Möglichkeit das Eis und bevorzugt im Übergang von der Agostini-Hütte zur 12-Apostel-Hütte die Felsvariante der Ferrata Castiglioni – ein abenteuerlicher Leiternsteig, der das Aushängeschild der Agostini-Hütte ist.

Tourensteckbrief

Ausgangsort
Rif. Pedrotti-Tosa 2491 m.

Die Tour in Stichworten
Rif. Pedrotti-Tosa 2491 m – Sentiero Brentari – Vedretta d'Ambiez – Sentiero dell'Ideale – Rif. 12-Apostoli 2489 m *oder* Vedretta d'Ambiez – Rif. Agostini 2410 m.

Schwierigkeit: II = mäßig schwierig
Brentari-Weg: Südostseitige Verbindungs-Route zum Rif. Agostini. Sehr steiler Felsabstieg, mit Drahtseilen und Leitern gesichert, kurze Gletscherberührung.
Sentiero dell'Ideale: Hochalpiner Routenverlauf von Ost nach West über zwei Gletscher; an der Bocca d'Ambiez Drahtseilsicherung.

Sentiero Brentari: Ab Rif. Pedrotti-Tosa auf markiertem Steig hinein in den Felskessel unter der Cima Tosa und mäßig steil höher zum Steinmann auf der Felsschulter »Sella della Tosa«, 2860 m = höchste Wegestelle. Weiter zur schmalen Schartenkerbe der Bocca della Tosa 2800 m. Dort sehr steiler Felsabstieg, mit Drahtseilen und Leitern gesichert, etwa 100 m hinab zum Ambiez-Gletscher. Im geschlossenen Glet-scherbecken mäßig steile Abstiegstrasse zum sichtbaren Rif. Agostini.
Sentiero dell'Ideale: Im Anschluß an den Brentari-Weg aus dem Hochkessel des Ambiez-Gletschers steil hinauf zum Firnsattel der Bocca d'Ambiez 2871 m, steiler Abstieg im Firn zum Vedretta dei Camosci, Querung zur Bocca dei Camosci 2770 m und auf mark. Steig hinab zur 12-Apostel-Hütte. (Über den Camosci-Gletscher Abstieg zum Rif. Brentei möglich.) Im Spätsommer nur mit Eisausrüstung!

Höchste Wegestelle/Gipfel
Am Sentiero Brentari: Sella della Tosa 2860 m.
Am Sentiero dell'Ideale: Bocca d'Ambiez 2871 m.

Anstiegsleistung
Ab Rif. Pedrotti-Tosa: Sentiero Brentari 400 Höhenmeter, Sentiero dell'Ideale 600 Höhenmeter.

Abstieg
Siehe Tourenverlauf.

Gehzeiten
Rif. Pedrotti-Tosa 2491 m – Sentiero Brentari – Rif. Agostini 2410 m: 3 Std.; Sentiero Brentari – Sentiero dell'Ideale – Rif. 12-Apostoli 2489 m: 4½ Std.

Hütten/Stützpunkte
Rifugio Agostini 2410 m, privat, 50 Betten/Matr., bew. Ende Juni–Ende Sept.
Rifugio 12 Apostoli 2489 m, CAI-SAT Trient, 44 Betten/Matr., bew. Ende Juni–Ende Sept.

Landkarten
Siehe Tour 74.

Tip
Von der Agostini-Hütte auf Wanderweg 320 über die Forcolata di Noghera (2423 m) einfacher Rückweg zur Pedrotti-Tosa-Hütte.

△
Die 12-Apostel-Hütte ist der südwestliche Brenta-Stützpunkt, der Übergang auf der Ferrata Castiglioni und der Sentiero dell' Ideale laufen bei ihr an. Über der Hütte das in den Berg geschlagene Kreuz der Felsenkapelle (siehe auch Bild Seite 154).

Der Sentiero Brentari zieht von der Pedrotti-Tosa-Hütte zur Kerbe der Bocca di Tosa (Bild) ▷
und von dort steil hinab zur Agostini-Hütte.

77 Ferrata Castiglioni

Von der Agostini-Hütte zur 12-Apostel-Hütte

schwierig

Die am 19. September 1964 eröffnete Ferrata Castiglioni ist das südlichste Glied in der Wegekette des Sentiero delle Bocchette. Ihre Leiternreihen in kühner Routenführung durch die Ostwand der Cima d'Agola sind mittlerweile berühmt! Diese Ferrata bindet die vom Zentrum abseitige Agostini-Hütte (2410 m) und die 12-Apostel-Hütte (2489 m) in den Bocchette-Weg mit ein: Wer die Brenta verläßt, ohne diese Südwestschleife zu gehen, kennt die Brenta nicht! Die Benennung ehrt Ettore Castiglioni, der am 9. Juni 1942 die Wand, die seine Ferrata so spielerisch bezwingt, erstmals durchstieg.

150 Höhenmeter über der Agostini-Hütte zeigt die Tafel: *Via ferrata Ettore Castiglioni* bei der ersten, noch kurzen Leiter den Einstieg an. Vor der Eröffnung des Bocchette-Alte-Weges war diese Ferrata die extremste Brenta-Route für Klettersteiggeher. Fast in Fallinie überwinden übereinandergesetzte, sehr lange, teils senkrecht verankerte Leitern, insgesamt etwa 300 Sprossen, dazu Klammern, Drahtseile und ein Steg 200 Meter Wandhöhe. Der gelbe, gebauchte Wandfels bleibt unberührt, das Kletterproblem lösen die Leitern! Mit der Tiefe wächst die Lust, immer höher zu steigen, aber unvermittelt stehen wir in der engen Felsscharte der Bocchetta dei Due Dente (2859 m) am Ausstieg. Die Scharte, nach zwei markanten Felszähnen benannt, gibt den Eintritt frei zum Vedretta Prato fiorito und zur grauen Schotterwüste darunter, die an einem Felsplateau ausläuft. Herrlich die überraschende Aussicht nach Westen zur Adamello-Gruppe – dort glitzert großes Eis, während der Gletscher vor uns nur einige dünne Firnflecken ausbreitet. Wir schauen hinunter zum Rifugio 12-Apostoli. Bei dem unscheinbaren Steinwürfel, an dem seit der Einweihung im Jahre 1907 die Zeit fast spurlos vorüberging, kommen wir eine knappe Stunde später an.

Wir könnten bleiben, den Tag verbummeln, in der Felsenkapelle eine stille Einkehr halten und im übrigen die Ruhe genießen, die dieser weiträumige, aussichtsreiche Hüttenplatz ausstrahlt.

Wer die Tour an der Agostini-Hütte früh morgens begonnen hat, ist 2 Stunden später bei der 12-Apostel-Hütte und deshalb noch tatendurstig. Ohne Zeitnot wandern wir auf dem Sentiero dell' Ideale hinauf zur Bocca dei Camosci (2770 m), gehen über den Camosci-Gletscher hinab zum Fuß der Crozzon-Kante und vollenden bei der Brentei-Hütte (2120 m) unsere große Brenta-Reise.

Tourensteckbrief

Ausgangsort
Rif. Agostini 2410 m.

Die Tour in Stichworten
Rif. Agostini 2410 m – Ferrata Castiglioni – Bocchetta dei Due Denti 2859 m – Rif. 12 Apostoli 2489 m.

Schwierigkeit: III = schwierig
Anspruchsvoller Klettersteig. Sehr hoher, fast senkrechter Leiternanstieg in südostseitigem Fels; zusätzlich mit Drahtseilen gesichert.
Zugang: Vom Rif. Agostini auf mark. Steig im Ambiez-Kessel höher zur Abzweigung »Ferrata Castiglioni«. Über Schrofen zum Einstieg ca. 2600 m an der SO-Wand der Cima d'Agola.
Klettersteig: Vom Einstieg schließen zwei kurze Leitern auf zu einer fast senkrechten, sehr langen Leiternserie, ca. 300 Sprossen! Einige Felsabsätze, ein luftiges Felsband und ein kleiner Steg sind die einzigen Unterbrechungen im Wanddurchstieg über die Höhendifferenz von 200 Meter hinauf zum Ausstieg an der Bocchetta dei Due Denti.

Höchste Wegestelle/Gipfel
Bochetta dei Due Denti 2859 m.

Anstiegsleistung
Ab Rif. Agostini 450 Höhenmeter, davon Klettersteig 250 Höhenmeter.

Abstieg
Von der Bocchetta dei Due Denti mit Drahtseilsicherung hinab zum Vedretta Prato fiorito und über die Firnflecken am rechten Rand zum Auslauf des Gletschers und nach Mark. zur sichtbaren 12-Apostel-Hütte.

Gehzeiten
Rif. Agostini 2410 m – Einstieg Klettersteig 2600 m: ½ Std. – Ferrata Castiglioni – Bocchetta dei Due Denti 2859 m: 1 Std.
Abstieg: Rif. 12 Apostoli 2489 m: 1 Std.
Gesamtgehzeit: 2½ Std.

Hütten/Stützpunkte
Rifugio Agostini 2410 m, siehe Tour 75.
Rifugio 12 Apostoli 2489 m, siehe Tour 76.
Rifugio Brentei 2120 m, CAI-Sektion Monza, 90 Betten/Matr., bew. Ende Juni–Ende Sept.

Landkarten
Kompass-Wanderkarte 1:50000, Blatt 73 »Gruppo di Brenta« und Kompass-Karte 1:30000, Blatt 073 »Dolomiti di Brenta«.

Tip
Eisfreier Rückweg nach Madonna di Campiglio: Ab 12-Apostel-Hütte landschaftlich reizvoller Abstieg zum Lago und zur Malga Valagola 1595 m und auf Forststraße zur Hauptstraße Pinzolo – Madonna di Campiglio, ca. 3 Std.

◁ *Felsenkapelle bei der 12-Apostel-Hütte.*

Die lange, fast senkrecht übereinandergestellte Leiternreihe der Ferrata Castiglioni sind das Aushängeschild und auch der besondere Anziehungspunkt der Agostini-Hütte.

Ein Schlußwort

Liebe Klettersteigfreunde,
wir waren in den Dolomiten, im Mendelkamm über dem Etschtal, in den Gardaseebergen und in der Brenta, überall dort, wo Klettersteige südlich der Zentralalpen ein neues Bergerlebnis versprechen. Die Frage: »Haben wir es gefunden?« stellt sich von selbst, und ich meine, wir alle antworten mit ja. Wir haben erfahren, daß die Klettersteige dem Bergsteigen einen erweiterten Horizont und neue Impulse geben, denn wer möchte ernstlich abstreiten, daß das Begehen von Eisenwegen nicht auch Bergsteigen sei? Die Freude, das Glück am Berg, die zu erleben wir ja aus der Alltagswelt ausbrechen, weil wir diesen Freiraum dringend brauchen, haben wir auf so manchem Klettersteig in reichem Maße gefunden. Diese oder jene berühmte Ferrata war das begehrte Ziel, für uns mit dem gleichen Stellenwert, mit dem der extreme Felsgeher eine berühmte Kletterroute mißt. Wir haben erfahren, daß in einer Ferrata die Faszination von Steilfels, senkrechten Wänden und Kanten, die Urgewalt der Berge uns in gleichem Maß begegnen kann wie dem Freikletterer, der seine eigene Sicherung in den Fels schlägt.
Die Frage, ist es richtig, Klettersteige einzurichten?, stellt sich deshalb für uns nicht. Dennoch gibt es gute Gründe, die gegen noch mehr Klettersteige sprechen. Wer mit wachen Augen unterwegs war, wird feststellen, eine Übererschließung bedroht Natur und Umwelt und nicht zuletzt auch den Klettersteiggeher. Der Trend zu immer schwierigeren Klettersteigen, vom Routenverlauf her oft ohne jede bergsteigerische Vernunft, ist unverkennbar und daher abzulehnen. Diese Tendenz zeigt sich vor allem in den Dolomiten und gerade dort ist sie fehl am Platz. Die Gardaseeberge vertragen vielleicht da und dort noch eine kurze »Übungsferrata«, die Brenta ist mit dem Bocchette-Weg ohnehin genug erschlossen. Haben also Klettersteige eine Zukunft? Trotz der Auswüchse, denen es zu begegnen gilt, meine ich: ja. Die Klettersteige sind aus dem Erlebnisbereich des Bergsteigers und Bergwanderers nicht mehr wegzudenken!

Sepp Schnürer

Praktische Hinweise

Wie schwierig sind Klettersteige?

Bei Klettersteigen gibt es keine allgemein gültigen Kriterien für das Aufstellen einer Schwierigkeitsbewertung. Jeder Autor, der sich mit diesem Thema befaßt, beurteilt die Steige nach eigenen Gesichtspunkten und dem persönlichen Eindruck. Von Führerwerk zu Führerwerk ergeben sich dadurch teilweise unterschiedliche Bewertungen. Wie der Kletterer, so begeht auch der Klettersteiggeher eine Felsroute, die aber im Unterschied zur naturbelassenen Kletterführe durch Drahtseile, Leitern, Klammern und Stifte künstlich mehr oder weniger verändert wurde, damit auch ein Nichtkletterer diese Route gehen kann (siehe »Was ist ein Klettersteig«, Seite 5). Durch die unterschiedliche, kombinierte Anbringung dieser Sicherungen kann von den Erbauern die Schwierigkeit des Klettersteiges gesteuert werden. Es leuchtet ein, daß mit Hilfe einer Leiter eine steile oder sogar senkrechte Wand klettertechnisch wesentlich leichter zu bewältigen ist als wenn nur ein Drahtseil die gleiche Wandpartie sichert. Daraus ergibt sich: Je mehr Leitern, Klammern und Stifte in einem Klettersteig installiert sind, desto technisch einfacher ist er zu begehen, auch wenn senkrechte Anstiege zu überwinden sind.

Bei neueren Klettersteigen zeigt die Tendenz dahin, möglichst nur Drahtseile, sozusagen in Führung einer Kletterroute, zu verwenden, auch wenn der Fels obere Schwierigkeitsgrade aufweist. Diese Klettersteige überfordern den durchschnittlichen Klettersteiggeher, sie sollten nur eine Ausnahme sein und auch nur dort, wo das Gebirge eine extreme »Übungsferrata« gut verträgt (siehe Attrezzata Pisetta). Der ideale Klettersteig sollte sich darauf beschränken, eine ehemalige Kletterführe im III. oder höchstens IV. Schwierigkeitsgrad, möglichst nur mit Drahtseilen, wenigen Klammern und Stiften nachzuerschließen. Der Fels bietet natürliche Griffe und Tritte, in kürzeren Abständen auch Rastplätze; durch die Führung und Sicherung der Drahtseile kann auch ein gewandter Nichtkletterer das Klettererlebnis nachvollziehen, älteren, noch aktiven Bergsteigern bleibt die Freude, nochmals die Hände an den Fels zu legen. Für diese Art Klettersteige gibt es Beispiele genug (Ferrata Lipella, Alleghesi, Zacchi, Bolver Lugli usw.), nicht umsonst sind diese Steige sehr beliebt.

Das bis jetzt Gesagte läßt unschwer erkennen, daß auch für Klettersteige eine möglichst objektive, zuverlässige Beschreibung notwendig ist. Jeder Klettersteiggeher braucht vor Antritt seiner Tour folgende Daten:

1. Wie schwierig ist der Klettersteig?
2. Wie ist er gesichert?
3. Zugang, Einstiegshöhe, Routenverlauf mit Angabe der Schlüsselstelle und der höchsten Wegstelle innerhalb der Tour;
4. Höhenunterschied zwischen Einstieg und Ausstieg;
5. wie verläuft der Abstieg?
6. Zeitbedarf für die gesamte Tour, unterteilt in Zugang, Klettersteig und Abstieg.

Diese Vorinformation in Verbindung mit der kritischen Einschätzung des eigenen Leistungsvermögens ist der Schlüssel für eine erfolgreiche Tour, die »vor Ort« ja immer noch von den Verhältnissen und vom Wetter abhängig ist.

In diesem Buch vermittelt der *Tourensteckbrief* die notwendigen Anhaltspunkte. Jeder Klettersteig unterliegt einer Schwierigkeitsbewertung, die nach unseren eigenen Erfahrungen und in der persönlichen Begehung jeder einzelnen Steiganlage zustande kam.

In Anlehnung an die jedem Bergsteiger geläufige »Alpenskala« verwende ich dafür in fünf Stufen die Begriffe:

I = wenig schwierig
II = mäßig schwierig
III = schwierig
IV = sehr schwierig
V = besonders schwierig

Damit, so glaube ich, ist eine genügend differenzierte Unterscheidung der Klettersteige bezüglich ihrer Schwierigkeit gegeben.

Die Sicherung auf Klettersteigen

Diesem Kapitel kann nicht genug Aufmerksamkeit gewidmet werden. Nach unseren Erfahrungen, den direkten Beobachtungen auf allen Klettersteigen einer ganzen Saison hindurch, ist der größere Anteil der Klettersteiggeher noch immer ungenügend ausgerüstet, außerdem wird die Selbstsicherung nachlässig gehandhabt.

Was gehört zur Klettersteig-Ausrüstung?
Die spezielle Ausrüstung besteht aus: Steinschlaghelm, Brust- und Sitzgurt, entweder Einzel- oder Kombigurt, Einfachseil (Multisturzseil) etwa 4–4,2 m lang, Stärke 11–11,5 mm, 2 Fallenergiedämpfer, zwei Klettersteigkarabiner mit selbsttätiger Verschlußsicherung (Gurte mit Seil und mit in Kauschen eingehängte Karabiner, auch als »Klettersteigset« im Handel), griffige Lederhandschuhe, für Touren mit einem schwächeren Partner ein 15 m Einfachseil, 11 mm stark.

Die Kenntnis der allgemein üblichen Bergausrüstung darf vorausgesetzt werden. Notapotheke ist wichtig, ein Höhenmesser nützlich, der Rucksack sollte schmal und hoch sein.

Wie verwende ich diese Ausrüstung?
Herstellen der Selbstsicherung: Brust- und Sitzgurt anlegen, das Seil durch die Gurtschlaufen in zwei gleich lange Stränge ziehen und beide eng vor der Brust mit einem Achterknoten verknüpfen. An den Enden der beiden Seilstränge mittels Achter je eine enge Schlaufe knoten und den Klettersteigkarabiner darin einklinken. Beide Seilstränge mit Karabiner in die Schlaufen am Brustgurt hängen. Steinschlaghelm aufsetzen, Handschuhe griffbereit halten, eine Handverletzung durch beschädigte Drahtseile kann die Fortsetzung der Tour verhindern.

Gehen am Drahtseil.
Einen Seilstrang mit Karabiner in das Drahtseil klinken. Karabiner mit der bergseitigen Hand im Vorwärtsgehen mitführen. An den Drahtseilverankerungen rechtzeitiger Karabinerwechsel: Der zweite Karabiner wird oberhalb der Verankerung eingehängt, erst dann folgt das Aushängen des ersten Karabiners. Die Technik des Kletterns schreibt drei Haltepunkte vor. Diese Regel besagt, daß zur Fortbewegung immer nur eine Hand oder ein Fuß eingesetzt werden darf. Dies gilt auch für Klettersteige! Bei griffigem Fels entlang des Drahtseiles versuchen, auch mit den Händen zu klettern, aber nur mit eingehängter Selbstsicherung und nach der Drei-Punkte-Regel.

Gehen an Leitern, Stiften und Klammern.
Selbstsicherung mit Karabiner in die Leiternsprossen oder in das mitlaufende Geländerseil einhängen. Auf- und Absteigen nur nach der Drei-Punkte-Regel. Erst den Karabiner möglichst hoch einhängen, rechtzeitig aushängen, ohne sich bücken zu müssen, vorher jedoch zweiten Karabiner wieder möglichst hoch einhängen. Leiternsprossen, Stifte und Klammern senkrecht belasten, vorher auf Festigkeit prüfen, Füße in Sohlenmitte aufsetzen. Klettersteige mit langen Leitern nicht unterschätzen, sie fordern Gleichgewichtsgefühl und viel Kraft!

Die Gefahren der Klettersteige

Die meisten Klettersteige (Dolomiten, Brenta) verlaufen in hochalpinem Gelände, in einzelnen Fällen führen sie über die 3000-Meter-Grenze hinaus.

Sie unterliegen deshalb allen Unbilden des Hochgebirges, denen zuallererst neben der notwendigen Ausrüstung auch solide Bergerfahrung, gute körperliche und geistige Verfassung entgegenzusetzen sind. Die Gefahr der Bergnatur durch Witterungseinflüsse, Gewitter, Nässe, Schnee, Vereisung, Steinschlag, ist immer präsent. Das Risiko durch einen plötzlichen Wettersturz muß vor Antritt jeder Klettersteigtour verantwortungsvoll eingeschätzt werden. Bei abzusehender Wetterverschlechterung dürfen Klettersteige nicht begangen werden. Gewitter können sich äußerst gefährlich auswirken, denn das allgemein empfohlene Patentrezept, fort von allen metallischen Gegenständen, ist bei Klettersteigen schwierig, oft sogar unmöglich anzuwenden! Auch ein Rückzug kann problematisch sein – jeder Klettersteig ist im Abstieg schwieriger zu begehen als im Anstieg.

Zu den Gefahren, die Natur und Gelände mit sich bringen, tritt die Gefahr der Technik in Form defekter Sicherungen hinzu. Kein Klettersteiggeher darf bedenkenlos die Sicherungen, Drahtseile, Leitern, Stifte und Klammern greifen in blindem Glauben, festen Halt zu haben. Die Witterung oder auch nur die laufende mechanische Beanspruchung können die Sicherungen und ihre Verankerung beschädigt haben. Die Gefahr eines plötzlichen Sturzes ist durch defekte Sicherungen, eigene Unachtsamkeit und Unsicherheit oder Sturz eines Vorgängers nicht auszuschließen. Belastungsversuche im Hinblick auf die Anforderung im Klettersteig (siehe AV-Jahrbuch »Berg 84«) haben ergeben, daß nur ein 11,5 mm Multisturzseil das Fallgewicht von 80 kg über einen 5 m-Sturz ausgehalten hat. Fallenergiedämpfer, eingehängt in die Seilstränge zwischen Karabiner und Brustgurt, bremsen den Fangstoß erheblich und können den Bruch der Selbstsicherung verhindern. Sehr viele Klettersteiggeher verwenden noch immer alte und viel zu dünne Reepschnüre. Eine doppelte 7 oder 8 mm Reepschnur ist unsicherer als ein 11,5 mm-Einfachseil! Auch das zu enge Aufeinandergehen kann eine erhebliche Gefahr bedeuten. Bewegen sich innerhalb von zwei Verankerungen zwei Personen, verdoppelt sich die Belastung der Sicherung, deshalb Abstand halten! Auch die Gefahr, durch einen Sturz des Vorgängers mitgerissen zu werden, wird dadurch geringer.

Bergrettung – Alpines Notsignal

Trotz aller Vorsichtsmaßnahmen, trotz langjähriger Routine und Erfahrung kann es auf einem Klettersteig oft sehr schnell zu einem Unfall oder sogar zu einem Absturz kommen, auch ohne Selbstverschulden (Steinschlag!). Besonders gefährdet sind jedoch Anfänger und Leute mit Konditionsschwächen. Zuerst ist man auf Selbst- und Kameradenhilfe angewiesen. Dieser »behelfsmäßigen Bergrettung« kommt große Bedeutung zu, sie kann je nach dem Kenntnisstand der Helfer Leben retten. Jeder Bergsteiger sollte um behelfsmäßige Rettungstechniken wissen, ebenso, wie er Erste Hilfe leisten und wie er die organisierte Bergrettung verständigen kann. Können Selbst- und Kameradenhilfe den Unfall nicht beheben, muß das »Alpine Notsignal« gegeben werden. Das *Alpine Notsignal* wird akkustisch und optisch, also hör- und sichtbar, gegeben.

Zur Hilfeanforderung: 6 Signale in einer Minute in Abständen von je 10 Sekunden; eine Minute Pause, dann Wiederholung.

Zur Antwort: Drei Signale in einer Minute in Abständen von je 20 Sekunden; eine Minute Pause, dann Wiederholung.

Jeder Bergsteiger und Wanderer, der das Notsignal vernimmt, ist verpflichtet, darauf zu antworten, Hilfestellung zu leisten, wenn verlangt auch die Bergrettung zu verständigen, selbst wenn er dazu seine eigene Tour abbrechen muß. Meldestelle ist jede Schutzhütte (im italienischen Alpenraum fast alle mit Telefon), das nächste Gasthaus und die Carabinieri-Station oder Finanzwache in den Talorten. Zur Meldung an die Bergrettung ist eine ausreichende Information wichtig. Dafür sollte man das Schema der »Fünf W« verwenden:

Was ist passiert?
Unfallgeschehen, Anzahl der Verletzten, Art der Verletzungen.

Wo ist es passiert?
Genaue Ortsangabe.

Wann ist es passiert?
Zeitpunkt des Unfalls.

Wie schaut es am Unfallort aus?
Wetter, Gelände, Landemöglichkeiten, Sichtweiten.

Wer schickt die Meldung?
Angabe der eigenen Personalien.

Selbstverständlich ist die persönliche Hilfeleistung fortzusetzen, bis die Bergrettung eintrifft.

Karten/Führer/Literatur

Zum Begehen der Klettersteige gehört eine gute Landkarte. Die Kompass-Wanderkarten und – mit Einschränkung – die Freytag-Berndt-Wanderkarten 1:50 000 gibt es für das gesamte in diesem Buch behandelte Gebiet, die Klettersteige sind größtenteils darin eingezeichnet. Auch auf die neue Dolomiten-Wanderkarte im vorteilhaften Maßstab 1:25 000 sei hingewiesen, die im Buchhandel erhältlich ist. Neben der genauen Tourenbeschreibung enthält dieses Buch jedoch auch Kartenskizzen, aus denen der Tourenverlauf, wichtige Örtlichkeiten und die Höhen zu ersehen sind. Alle Angaben in diesen Skizzen entstammen den Kompass-Wanderkarten. Der Tourensteckbrief enthält die Kurzbeschreibung des Klettersteiges mit Angabe der wichtigen Daten: Das Begleitheft mit Tourensteckbrief und Skizze ist deshalb der zuverlässige Kurzführer für jeden Klettersteig! Trotzdem sei noch auf die sonstige spezielle Klettersteig-Literatur hingewiesen. Bergverlag Rudolf Rother: »Klettersteigführer Dolomiten mit Brenta, Mendelkamm und Gardaseeberge« (Höfler/Werner); Denzel-Verlag: »Dolomiten-Klettersteigführer« (Hüsler).

Allgemeines

Klettersteiggehen sollte man, wie jede andere Sportart auch, systematisch lernen. Fehlt im eigenen Freundes- und Bekanntenkreis ein erfahrener Begleiter und Lehrmeister, so bieten der Deutsche Alpenverein (DAV), der Österreichische Alpenverein (ÖAV), der Alpenverein Südtirol (AVS) sowie diesen Vereinen angegliederte Bergschulen gute, vielseitige Ausbildungsmöglichkeiten an. Auch Lehrschriften (z. B. Alpin-Lehrplan »Richtig bergsteigen«, BLV-Verlag) vermitteln Wissen, das in der Praxis am Berg unerläßlich ist. Die gewissenhafte Einschätzung des eigenen Leistungsvermögens und Könnens sind erste Voraussetzung für das Begehen von Klettersteigen.

Natur- und Umweltschutz

Die Alpen sind für Millionen Menschen ein Erholungsraum erster Ordnung und daher stark belastet. Wir alle können mithelfen, diese Belastung nicht noch mehr zu verstärken, wenn wir auf unseren Touren aktiven Natur- und Umweltschutz betreiben. Es muß eine Selbstverständlichkeit für jeden Bergfreund sein, sämtliche Abfälle wieder ins Tal mitzunehmen und dort in die überall aufgestellten Müllbehälter zu geben. Diese Einsicht ist leider noch nicht allgemein verbreitet. Darum die Bitte: »Haltet die Berge sauber!«

Bergsteigen und Bergwandern mit Sepp Schnürer

Die »BLV Kombi-Bergsteigerbücher« mit dem praktischen Kurzführer zum Mitnehmen im Rucksack wenden sich an Bergsteiger und Wanderer. Mit seiner großen Erfahrung und in eigener Kenntnis jeder Tour beschreibt Sepp Schnürer die schönsten Bergfahrten.

Bergsteigen in Südtirol
Band 1: Zwischen Bozen und Sexten

»Bergsteigen in Südtirol, Band 1« beinhaltet die Tourenparadiese im östlichen Südtirol: Tuxer Kamm, Zillertaler Hauptkamm, westliche Venediger-Gruppe und Rieserferner-Gruppe, Pfunderer Berge, Sextener und Pragser Dolomiten, Kreuzkofel-Fanes-Gruppe, Geisler-Puez-Gruppe, Sella, Langkofel, Schlern, Rosengarten, Latemar und Eggentaler Berge. 56 Tourenvorschläge führen auf Normalrouten und Wanderpfaden zu 25 Dreitausendern und 56 Zweitausendern.

158 Seiten und 71 Seiten Kurzführer, 111 Farbfotos, 26 Tourenskizzen, 1 Übersichtskarte

Bergsteigen in Südtirol
Band 2: Zwischen Bozen und Reschen

Dieser zweite Band »Bergsteigen in Südtirol« befaßt sich mit der westlichen Südtiroler Bergwelt in der Reihenfolge: Ötztaler Hauptkamm, Südwestliche Ötztaler Alpen, Texel-Gruppe, Stubaier Hauptkamm, Südliche Stubaier Alpen, Sarntaler Alpen, Mendelkamm, Ultner Berge, Marteller Berge, Suldner Berge und Sesvenna-Gruppe. 61 Tourenvorschläge zeigen Normalrouten und Wanderpfade zu 48 Dreitausender-, 34 Zweitausender- und 2 Eintausendergipfeln.

158 Seiten und 80 Seiten Kurzführer, 108 Farbfotos, 39 Tourenskizzen, 1 Übersichtskarte

Hohe Tauern
Bergsteigen und Bergwandern

Hier behandelt Sepp Schnürer den großartigen Bergraum der Hohen Tauern: Ankogel-, Hafner-, Reißeck-, Kreuzeck-, Goldberg-, Sadnig-, Schober-, Glockner-, Granatspitz- und Venediger-Gruppe, Lasörlingkamm, Deferegger Alpen und Rieserferner-Gruppe. 66 sorgfältig ausgewählte Touren führen den in Eis und Urgestein erfahrenen Bergsteiger und den geübten Bergwanderer auf Normalrouten zu 46 Zweitausendern und 57 Dreitausendern. Auch der Hüttenwanderer kommt auf seine Kosten: 50 Hütten werden mit Talorten und Zugängen beschrieben.

160 Seiten und 80 Seiten Kurzführer, 93 Farbfotos, 41 Tourenskizzen, 1 Übersichtskarte

Die »Hohe Routen«-Buchreihe – ein Gesamtwerk, in dem ein Band den anderen ergänzt – gibt dem Normalbergsteiger wertvolle Anregungen und Informationen über die schönsten, lohnendsten Hochtouren in den Dreitausender-Regionen der Ostalpen.

Hohe Route Ostalpen
Über 50 Dreitausender des Zentralalpenkammes

Dieses erste »Hohe Routen«-Buch führt von Ost nach West durch alle Gruppen des vergletscherten Zentralalpenkammes auf der höchsten Route: über die Firngipfel der Ankogel-, Goldberg-, Glockner-, Granatspitz- und Venediger-Gruppe, der Zillertaler, Stubaier und Ötztaler Alpen und der Silvretta.

214 Seiten, 54 Farbfotos, 27 s/w-Fotos, 1 farbige Übersichtskarte

Hohe Routen Dolomiten
Auf Normalwegen und Klettersteigen zu den höchsten Gipfeln

Das zweite »Hohe Routen«-Buch widmet Sepp Schnürer den schönsten und höchsten Gipfeln der Dolomiten. Es führt in die Geisler- und Puez-Gruppe, zum Langkofel, zur Sella-Gruppe, zum Schlern, Rosengarten, Latemar, zur Marmolata und zur Pala, zu den Sextener, Pragser, Ampezzaner und Zoldiner Dolomiten, zur Kreuzkofel-Fanis-Gruppe und zur Schiara.

223 Seiten, 54 Farbfotos, 2 s/w-Fotos, 1 Übersichtskarte

Hohe Routen Ortler – Adamello – Brenta
Zu 68 Dreitausendern westlich der Etsch

Das dritte »Hohe Routen«-Buch erfaßt das für Normalbergsteiger interessante Tourenangebot der Ortler-, Adamello-Presanella-Gruppe und der Brenta. Mit der ihm eigenen Genauigkeit und Sorgfalt stellt Sepp Schnürer die hervorragendsten Hochgipfel, die Hütten und Höhenwege dieser südlichen Bergwelt vor. Erstmals erscheint somit über die Gebirge westlich der Etsch eine umfassende Toureninformation.

217 Seiten, 53 Farbfotos, 41 s/w-Fotos, 2 Übersichtskarten

BLV Verlagsgesellschaft München

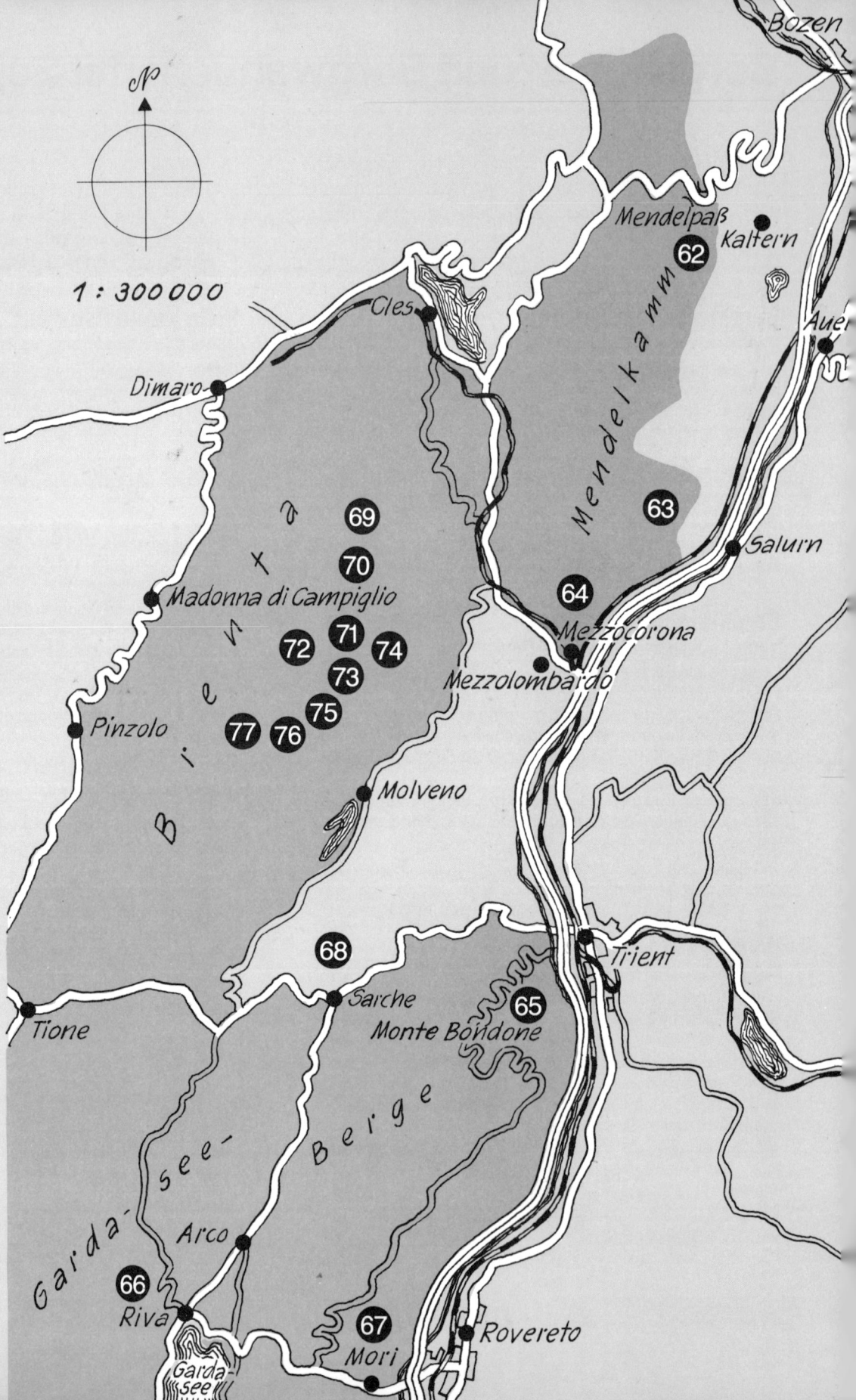

Mendelkamm – Gardaseeberge

62 Klettersteige Roènspitze
   2116 m
63 Fennberg-Klettersteig
64 Ferrata Burrone di
   Mezzocorona
65 Attrezzata Degasperi
   Monte Bondone il Palon
   2091 m
66 Via dell' Amicizia
   Cima SAT 1260 m
67 Attrezzata Monte Albano
   Mori-Klettersteig
68 Attrezzata Pisetta
   Cima Garzolet 967 m

Brenta

69 Sentiero Vidi
70 Sentiero Benini
71 Sentiero Bocchette Alte
72 Sentiero SOSAT
73 Sentiero Bocchette
   Centrale
74 Sentiero Orsi
75 Sentiero Brentari
76 Sentiero dell' Ideale
77 Ferrata Castiglioni